2000년-2020년 한국소설문학연구

이 책은 중국 조선어표기법을 그대로 적용하였음을 밝혀 둠.

2000년-2020년 한국소설문학연구

문학상 수상 소설을 중심으로

석추영(石秋英) 著

역락

머리말

한국은 전쟁과 분단의 상처를 딛고 산업화와 민주화를 거쳐 짧은 시간 안에 세계의 주목을 받는 국가로 성장했습니다. 21세기 한국 사회는 지속적인 경제 발전과 세계화, 정보화에 따른 역동적 변화를 겪으며 새로운 사회적 국면으로 이동하고 있습니다. 이러한 흐름 속에서 한국 소설은 날카로운 감수성과 현실을 응시하는 서사적 힘을 바탕으로 시대의 징후를 기록하는 중요한 역할을 담당해왔습니다.

21세기 한국문학을 이해하려면, 이 시대의 문학적 특징을 가장 잘 드러낼 수 있는 작품들이 무엇인지부터 고민해야 했습니다. 이 과정에서 자연스럽게 주목하게 된 대상이 바로 '문학상 수상작'이었습니다. 특정 문학상 하나에 한정되지 않고, 엄격한 심사 체계와 제도적 신뢰성을 갖춘 대표적 문학상 수상작품을 종합적으로 살펴보는 방식은 동시대 문학의 경향과 미학적 성취를 보다 입체적이고 균형 있게 파악할 수 있는 적절한 경로라 판단했습니다.

이에 따라 본연구는 2000년부터 2020년까지의 주요 문학상 수상작을 중심으로 작품의 주제, 인물 군상, 서사적 특징을 사회·문화적 맥락과 연관하여 다층적으로 탐구하였습니다. 이를 통해 21세기 한국 소설이 주목한 시대적 문제와 그 속에서 이루어진 새로운 미학적 실험과 서사적 움직임을 조망하고자 하였습니다.

학문의 여정은 오로지 문학에 대한 순수한 사랑과 열정으로 시작하였습니다. 그러나 그 길은 생각보다 가파르고 두려움과 막막함, 불안과 고단함이 끊임없이 찾아왔습니다. ‘하고 싶은 일’과 ‘잘 할 수 있는 일’이 반드시 일치하지 않을 수 있다는 현실 앞에서, 과연 이 길을 끝까지 걸을 수 있을지 스스로 되묻는 시간도 길었습니다.

그럼에도 불구하고 많은 분들의 은혜 덕분에 여기까지 나아올 수 있었습니다. 이 연구는 필자의 박사학위 논문을 토대로 다시 검토하고 확장하여 정리한 작업입니다. 연구의 출발 단계부터 방향을 제시하고 학문적 깊이를 다질 수 있도록 이끌어주신 김명숙 교수님께 깊은 고마움을 드립니다. 늘 하해와 같은 제자 사랑으로 큰 버팀목이 되어주시는 김호웅 교수님께도 각별한 감사의 마음을 올립니다. 아울러 소중한 가르침을 아낌없이 주신 김병민 교수님께도 마음을 담아 감사의 인사드립니다.

언제나 변함없는 응원과 따뜻한 동행으로 삶의 큰 힘이 되어주는 김미란 선생님께도 감사의 마음을 전하고 싶습니다. 또한 여러모로 세심한 도움을 아끼지 않은 김강 선생님을 비롯해, 일일이 이름을 적지 못하지만 많은 선후배와 동기들의 보살핌과 격려 역시 소중한 기억으로 남아있습니다. 마지막으로 이 책의 출간을 흔쾌히 수락해주신 역락출판사 이대현 사장님과 관계자 여러분께 깊은 감사의 뜻을 전합니다.

2025.11.
석추영

차례

서론

21세기에 접어들면서 세계는 기술혁신과 정보 네트워크의 확산을 기반으로 인류 문명의 새로운 단계에 진입하였다. 한국 또한 사회, 경제, 문화 전반에 걸쳐 질적 성장을 이루며, 이른바 '발전 국가'와 '문화 선도국'의 면모를 동시에 보여주었다. 이러한 변화는 물질적 성취에 머무르지 않고, 문화적 창조성과 인문적 상상력의 차원으로 확장되었다. 특히 한강의 노벨문학상 수상은 한국문학이 세계문학의 보편성과 특수성을 동시에 인정받은 성취로 평가된다. 이는 한국의 서사가 세계 독자와 교감할 수 있는 미학을 구축해냈음을 입증하는 중요한 계기라 할 수 있다.

그럼에도 불구하고 21세기 한국 사회 내부에는 빠른 성장의 그늘 또한 공존한다. 경제 발전과 함께 빈익빈 부익부 현상이 심화되고 고용불안, 환경오염, 인구 고령화, 인위적인 사건과 사고 등 문제가 지속적으로 나타난다. 이는 한국인의 사회를 인식하는 방식과 태도를 전환시켰고 나아가 전체 사회 발전의 과정과 방향을 변화시켰다. 2000년대 한국 사회는 활력이 넘치면서도 모순이 두드러지고 희망을 주면서도 모든 것이 불확정적인 변화무쌍한 시대였다.

력동적이고 복잡한 이 시대는 문학적인 방면에서도 새로운 기회를 제공하여 작가들의 창작에 참신한 세계를 가져왔다. 21세기에 이르러 문학은 심미적 기능이 강화되고 사회, 정치적 기능이 약해졌지만 현실과 시대 정신을 반영하는 힘은 여전히 강력하다. 새로운 시대 배경과 사회 문화 환경에서 21세기 한국문학 역시 작품의 다원화와 독특한 심미적 풍격으로 그 존재적 가치를 발한다. 미디어의 영향, 대중심리 변화, 신세대의 주입 등 변화 속에서 한국 작가들은 현실에 대한 관심, 력사에 대한 반성, 인생에 대한 사고를 부단히 진행하는 노력을 보여주고 있다. "소설은 생활의 넓이를 가장 잘 표현하는 쟝르이다. 또한 다른 문체의 유용한 성분들을 흡수하여 사회 생활을 표현하는 수요를 만족시킬 수 있다."[1] 그러므로 21세기 한국 소설에 대해 파악을 하면 력동적이고 다채로운 한국 사회는 물론 시대 문화 정신도 깊이 리해할 수 있다.

한편 지난 20년간 한국문학상[2] 수상 작품은 한국 문학의 전체적인 풍경을 이루는 주축으로 한국 문학의 개성화와 다양화를 탐색하는 중요한 수단이라고 할 수 있다. 한국문학상들은 민족문학의 개성을 파헤치면서 미학성과 실험성을 고취하여 한국 문단의 활성화를 이루고 있다. 이들은 그 시기의 전형성을 띤 훌륭한 작품을 발굴하여 문학의 가치를 창출하고 문학 장의 외연을 확장한다. 프랑스 학자 로베르 에스카르피가 "작가에 대한 가장 효과적인 유혹은 평단의 찬양과 문학적 성공이다"[3]고 하였듯이 한국문학상 수상 작가들 역시 자신의 능력을 인정하는 데 대한 동력으로 더욱 성숙된 태도로 문학에 림하여 문학장의 재형성을 촉진한다.

2000년부터 2020년까지의 한국문학 대표작이라 할 수 있는 문학상 수

---

1 童庆炳等, ≪文学理论≫, 北京 : 高等教育出版社、人民出版社, 2009年, 第192页。

2 이 책에서 일컫는 한국문학상은 1964년 한국문인협회에서 제정한 '한국문학상'이 아닌 전반 한국 문단의 주요 문학상들을 가리킨다.

3 罗贝尔·埃斯卡尔皮 : ≪文学社会学≫, 符锦勇译, 上海 : 上海译文出版社, 1988年, 第101页。

상작품은 21세기 한국 문학의 발전 방향과 현황을 짚어내는 데 과학적인 근거이다. 왜냐하면 해마다 한국 주요 계간지와 월간지에서 발표한 작품중에서 전문가들의 반복되는 심사와 신중한 론의를 거쳐 선정한 수상 작품은 동시대에서 작품성이 가장 뛰여난 대표작이라 할 수 있다. 따라서 한국문학상 수상 작품은 그 한해의 인정 받은 작품이라 할 수 있고 이에 대한 연구로 해당 시기 소설의 흐름을 판단할 수 있다고 생각한다. 물론 공정성과 친일성 등 론난이 존재하지만 특정 작가에게 수상이 집중되는 양상을 지양하고 하나의 문학상이 아닌 여러개의 주요 문학상을 대상으로 하기에 보편적인 경향과 흐름을 판단하는 데 충분한 근거로 될 수 있다고 생각한다.

따라서 본 연구는 2000년부터 2020년까지 한국 주요문학상 수상 소설에 대한 구체적이고 세밀한 연구를 통해 21세기 한국 소설이 기존과 달리 어떻게 시대의 변화를 포착하고 새로운 미학적 가치를 추구하는지 살펴보면서 문학사적 성취를 파악하는 데 목적을 두었다. 즉 21세기 인류의 거대한 변화와 전환의 도전 속에 한국문학상 수상소설들이 현대의 실존 상황에 대한 소설적 재현 양상을 살펴보고 서사적 전략을 규명하면서 문학적으로 어떤 특징과 지향성을 가지는지 따져보았다.

한국과 중국의 21세기 한국 소설에 관한 연구를 살펴보면 특정 시기 일부 작품의 내용과 형식적인 면에 대한 석사학위 론문이 주를 이루거나 또는 개별적인 작가와 작품의 특징에 대하여 분석한 단편 론문과 평론이 대부분이며 체계적인 연구가 이루어지지 않았다. 이미 존재하는 연구 성과에 대해 말하자면 전체적으로 세가지 측면의 특징을 나타낸다. 우선 연구 대상으로부터 볼 때 다문화 소설, 녀성 소설, 재난 소설, 로년 소설, 성장 소설 등으로 분류하여 론하거나 불행과 운명, 사건 사고에 대한 애도의 불가능, 다문화, 녀성성 등에 초점을 맞추었는데 이는 21세기 소설에 대한 거시적이고 종합적인 연구를 진행하지 못했다는 점에서 아쉽다. 다음 김영하, 한강,

김숨, 리기호, 권여선, 김애란, 윤성희, 공지영 등 중견작가들의 작품을 위주로 젊은 세대를 대표할 수 있는 신세대 작가에 대한 연구가 부족한데 문학사적 흐름에 있어서 신진작가, 특히 젊은 작가들의 2010년대 대표작에 대한 연구 역시 간과할 수 없다. 마지막으로 유머, 환상, 혼종적 글쓰기 등 기법방면에 초점을 맞추어 평가하였지만 현실을 배려하는 정신도 사실 21세기 한국 소설의 중요한 의미중 하나로 이러한 기법들이 현실을 반영하는 데 대한 기여에 관심이 부족했다.

이처럼 21세기 한국 소설에 대한 개별적인 연구는 매우 중요하고 필요하지만 일정한 단계에 도달한 후 더욱 폭넓고 깊이 있게 진행되여야 하며 21세기 한국 문학 전체의 흐름과 특징을 탐구해야 한다. 따라서 이 책은 이러한 연구를 바탕으로 2000년부터 2020년까지 한국 주요문학상 수상 소설의 주제, 인물, 서사적 특징 등에 착안점을 두어 립체적이면서 총체적인 규명을 진행하고저 한다.

2010년대까지 한국문학상의 종류가 400여개[4]에 이르고 한국문학상 수상 소설 또한 광범한 범위에 걸친 개념으로 그 자체가 불확정성을 갖고 있기 때문에 이를 체계적으로 고찰하는 데 큰 어려움을 가진다. 특히 멀티미디어 시대에 진입하면서 인터넷 소설도 고도로 발전되고 여러가지 인터넷 문학상도 범람하는 가운데 2000년부터 2020년까지의 한국문학상 수상 소설의 연구대상을 명확하게 확정하는 데 어려움이 있다. 따라서 이 책은 한국의 가장 권위적인 3대 문학상인 동인문학상(1955-), 현대문학상(1955-), 리상문학상(1977-)을 포함하여 한국인의 정체성과 문학사적 가치를 계승하는 신동엽문학상(1982-), 오영수문학상(1993-), 대산문학상(1993-), 한무숙문학상(1995-), 한겨레문학상(1996-), 동리목월문학상(1998-), 리효석문학상(2000-), 황순원문

---

4 차선일, <문학상을 둘러싼 소문과 진상>, ≪오늘의 문예비평≫, 2018.

학상(2001-), 김유정문학상(2007-), 김승옥문학상(2013-), 그리고 오늘날 새로운 지평을 열어갈 오늘의 작가상(1977-), 올해의 문제소설(1994-),[5] 젊은 작가상(2010-) 등 수상 소설을 연구대상으로 하려고 한다. 그중 편폭상의 제한으로 시대의 한복판을 살아가는 한국인들의 실존적 상황을 리해하는 데 중요한 의미를 담고 있는 작품과 작가의 문제의식을 생동감 있게 전달하는 소설 미학의 성취를 보여줄 수 있는 작품 99편을 선정하였다.

본 론문의 내용은 주로 다음과 같은 네개 부분으로 구성되였다.

첫째, 21세기 한국 사회문화 특징에 대한 분석이다. 앞서 말한 바와 같이 21세기 문학 언어 환경은 이미 천지개벽의 변화가 일어났고 문학 발전에 영향을 주는 일련의 새로운 요소가 등장했다. 따라서 21세기 문학에 대한 해석은 반드시 글로벌시대, 소비문화, 미디어시대, 현대성 등 여러가지 새로운 시각으로 바라보아야 깊이 있고 효과적인 해석이 가능하다. 이러한 점을 감안할 때 21세기 문학연구는 한국사회 정치문화 콘텍스트, 글로벌 시대 문학적 지향성의 전환, 소비와 정보화 시대 문학 창작 방식의 변화, 그리고 한국문학상의 특징과 발전 추세도 함께 고찰해야 한다.

둘째, 2000년부터 2020년까지의 한국문학상 수상 소설의 인물형상에 대한 분석이다. 이야기는 한마디로 '인간의 삶'을 객관적으로 형상화한 것이다. '인간'은 삶의 주체로서 필수적인 존재이므로 이야기 속의 인간의 형상인 '인물' 역시 핵심적인 요소이다.[6] 우선 '다중격차'라는 사회학의 각도에서 전반 공동체의 보편적인 양상을 살펴보기 위해 년령대에 따라 어린이, 젊은이, 로인 등으로 구분하여 고찰하였다. 다음 '아웃사이더', '페르소나' 등 정

5 한국의 현대소설을 전공하고 강의하는 350명의 대학 교수들로 결성된 한국현대소설학회에서 1년 동안 문예지에 발표된 중, 단편 소설중 가장 문제적이며 문학적인 작품을 선정한 소설들이다.

6 나병철, <소설의 리해>, 서울: 문예출판사, 2020, 99페지.

신분석학적 각도에서 인물을 분석하여 현대 한국 사회에서 포스트 자본주의 시대의 새로운 이데올로기인 '공포'[7]의 감정을 수용하는 방식을 살펴보았다. 마지막으로 새로운 사회 질서와 삶의 난제에 대응하는 방식에 따라 체화된 아비투스에 의한 자아부정형 인물과 아이덴티티의 확립에 따른 자아통합형 인물로 나누어 분석해보았다.

셋째, 2000년부터 2020년까지의 한국문학상 수상 소설의 주제 양상에 대한 연구이다. 러보크에 따르면 "독자는 한권의 소설을 읽으면서 작가가 그려놓은 삶의 세계로 쉽사리 빠져든다. 그리고는 작품이 전달하는 의미와 그것이 사회에 미치는 영향 등을 론의한다".[8] 여기에서 '작품이 전달하는 의미'는 작품의 주제로 '작품이 사회에 미치는 영향'을 파악하고 분석하는 것이 작품을 해석하고 그 가치를 추출해내는 중요한 방법이다. 따라서 '프레카리아트', '인류세 시대', '문화 인류학' 등 사회학적 개념과 사회문화비평방법으로 21세기 한국문학상 수상 소설들을 현시대 한국인의 생존 곤경, 과학문명 발전추세에 대한 우려, 문화 인류학적 가치에 대한 추구 등으로 분류하여 사회가 직면한 문제와 인류 전반의 가치를 모색하는 방법을 고찰하였다.

넷째, 2000년부터 2020년까지 한국문학상 수상 소설의 서사 특징에 대한 연구이다. 작품을 옳바르고 온전하게 고찰하기 위해서는 소설의 서사방식에 대한 분석도 필수적이다. 우선 즈네뜨의 내적 초점화 리론을 리용하여 한국문학상 수상 소설들에 나타나는 시점을 가변적 초점화와 고정 초점화로 나누어 고찰하였다. 다음 즈네뜨가 소설 속의 시간을 이야기 시간과 서사 시간으로 나누어 구분한 것에 기초하여 한국문학상 수상 소설에 나타난 서사 시간의 속도 변화에 따른 작자의 의도를 살펴보았다. 마지막으로 세밀화되고

---

7 박형신, 정수남, ≪감정은 사회를 어떻게 움직이는가≫, 파주: 한길사, 2015, 55페지.

8 권택영, ≪소설을 어떻게 볼 것인가≫, 서울: 문예출판사, 1996, 34페지.

파편화된 포스트 자본주의 사회 특징을 감안하여 서사의 불확정성, 현현(epiphany), 감각기관에 대한 표현 등 방면에서 나누어 고찰하면서 이러한 전략들을 통해 독자들과의 커뮤니케이션을 진행하는 방식과 그 예술적 효과를 분석하였다.

제1장

2000년-2020년 한국 사회문화 특징

21세기 한국은 경제, 사회, 문화 전반에서 고도화된 발전을 이룩한 자본주의 국가로 자리매김하였다. 이러한 기반 우에서 한국문학 역시 왕성한 생명력을 발휘하며 풍성한 성과를 거두었다. 이는 문학 자체의 발전뿐만 아니라 새시대 사회문화적 콘텍스트와 련결된다. 글로벌 시대의 도래는 각 지역 문화 교류를 충분히 촉진시켰고 세계화와 다문화라는 특수한 조건은 작가들이 다층적인 문화 경험을 창작 속에 반영할 수 있는 토대를 마련해주었으며 미디어 환경의 혁신과 문화 상품 시장의 발전은 문학의 전파 방식과 형식을 더욱 확장시켰다. 또한 새로운 사회 문제가 나타남에 따라 작자들은 사회적 동정의 흐름을 예리하게 포착하면서 불편한 진실을 드러내는 데 주력하였다. 지난 20여년간 세계화 시대, 자본주의 시장환경, 력동적인 사회 현실 등 사회문화적 콘텍스트는 한국문학의 전체적인 풍경을 이루는 데 큰 영향을 주었다.

제1절 21세기 한국 사회, 정치, 문화 콘텍스트

2000년대에 접어들면서 한국은 세계적으로도 손꼽히는 발달된 자본주의 국가로 자리매김하였다. 산업화, 민주화 과정을 거치며 고도의 성장을 이루었고, 이는 국민 생활 수준의 향상과 문화적 다양성의 확산으로 이어졌다. 특히 글로벌 자본주의 질서 속에서 한국은 경제적 개방성과 경쟁력을 동시에 확보하며 세계 시장에서 주목받는 국가로 부상하였다. 그러나 이러한 발전의 리면에는 자본의 론리가 심화시키는 여러가지 문제도 함께 나타났다.

2000년대 이후 한국 사회는 경제적 불평등, 각종 사회적 사건, 사고, 구조적 모순 등으로 인해 분노와 절망의 감정이 확산되기 시작했다. 이러한 정서의 루적은 사회적 질서의 흔들림으로 이어졌고 공동체적 신뢰 체계를 무너뜨렸다. 빈부의 량극화, 실업률의 증가, 저출산, 고령화로 인한 인구 위기, 그리고 무분별한 개발이 초래한 환경 파괴 등은 경제 발전의 리면에 내재한 부작용으로서 불안의 실체를 형성하였다. 이로써 시민들은 일상적 불안과 불신의 정서 속에서 생존의 위기를 경험하게 되였다. 평론가 소영현이 “삶과 문학 사이의 관계가 이전과는 다른 방식으로 존재해야 하며, 우리가 그러한 존재 방식에 대한 시대 요청 앞에 세워져있”[1]다고 말했듯이 작자들은 이전과는 다른 사회의 문제에 대하여 집중하였다.

오늘날 한국은 로동유연화, 비정규직, 하청로동, 저임금, 로동강도 등을 언급하지 않고는 설명할 수 없는 사회가 되여버렸다.[2] 1997년 외환위기 이후 기업들은 효률성과 리윤 극대화를 추구하면서 로동시장의 유연화가 보편화되였다. 그 결과 비정규직의 비률이 급증하고, 로동자들은 고강도의 로동과

1 소영현, <목격하는 증인, 기록하는 증언>, ≪문예중앙≫, 2017년 봄호, 27페지.

2 구도완 등, ≪한국사회문제≫, 서울: 한국방송통신대학교출판문화원, 2017, 22페지.

저임금에 시달리며 일자리를 가져도 빈곤에서 벗어나지 못하는 근로빈곤층의 문제가 심화되였다.

자본주의적 경쟁 체제는 사회안전망의 약화를 초래하고, 인간을 생존의 경계로 내모는 구조적 불안을 량산하였다. 사회경제적 지위가 불안정할수록 개인은 자신의 생존 기반이 흔들리는 경험을 하며, 이는 사회 전반의 불안감과 계층간의 긴장을 더욱 증폭시켰다. 특히 청년층의 경우, 로동시장 진입의 문턱이 높아지면서 취업난과 실업이 일상화되였고, 그로 인한 좌절감이 심화되였다. 정치, 경제적 제도 자체가 청년들을 로동의 바깥과 경계로 몰아내며 '포기'를 체계적으로 생산하는 현재 시스템[3]은 청년들의 생존과 자존감도 따라서 몰수해버렸고 미래에 대한 불안도 더욱 가중된다.

이처럼 한국 사회는 자본주의 발전의 그늘 아래 불안, 소외, 절망의 정서가 점차 구조화되고 있다. 사회적 약자와 청년 세대는 희망의 가능성이 박탈된 채 생존의 위기에 직면하였고 빈곤층은 도시 변두리와 사회의 주변부로 밀려난다. 결국 이러한 불안은 자살률의 증가와 같은 극단적 사회 현상으로 이어지며 한국 사회의 내면에 또 다른 균렬을 낳는다. 물론 개인의 사회적 지위와 권리에 따라 서로 다른 정도의 불안을 경험하겠지만 결코 사회 전체의 불안 감정은 근본적으로 해결되지 않는다.

따라서 2000년대 진입후 작가들은 개인을 둘러싼 불안의 출처를 파고든다. 그것은 자본의 질서 속에서 인간이 언제든 도태될 수 있다는 두려움이자, 인간이 상품으로 전락하는 현실에 대한 근본적 위기의식이다. 장강명 <표백>에서 등장하는 '표백세대' 청년들, 조해진의 <산책자의 행복>에서 구조조정으로 대학 강사에서 편의점 아르바이트로 생계를 이어가는 주인공, 윤고은의 <해마 날다>의 대학졸업 일년이 지났지만 여전히 백수 상태인 주인공,

3 구도완 등, ≪한국사회문제≫, 서울: 한국방송통신대학교출판문화원, 2017, 70페지.

장은진 <외진 곳>의 빈민 구역에서 생활하는 자매 등과 같이 작자들은 자본의 론리가 지배하는 현실에서 사회 최하층 인물들이 직면하는 존재론적 불안을 재치 있게 소묘해낸다. 이들 작품은 모두 현재 한국 사회의 주요 현안으로 떠오르는 고용불안, 소득격차, 경제적 불평등 등의 문제를 다각도로 고찰하면서 사회 현실을 면밀히 해석하고저 했다. 또한 이러한 현상이 야기하는 빈부 량극화, 빈곤의 되물림 등을 보여주면서 그에 따른 주인공들의 불안과 절망도 세심하게 조명해낸다.

한편 지난 20년 동안 한국 사회는 자연적, 혹은 인위적으로 여러가지 충격적인 사건과 사고를 경험했다. 대구지하철 화재 사고, 광우병 초불집회, 룡산 참사, 세월호 참사 등 비참한 사고들이 잇달아 발생하고 사람들은 "나도 언제든 저 같은 일을 겪을 수도 있다"[4]는 불확실성에 의해 공포와 우려가 가중된다. 이러한 사회적 재난과 집단적 상처는 문학의 대응 양식에 중대한 변화를 촉발했다. 룡산 참사 이후 등장한 '6.9 작가선언', 세월호 참사 이후의 문인 련대 활동, 강남역 사건에 대한 문학적 발언 등은 문학이 단순한 재현의 차원을 넘어 어떻게 사회 주도적 가치관을 이끌어갈 것인가 고민하고 있다. 소설가 황석영, 공지영, 김인순, 김연수, 은희경, 하성란, 편혜영 등 주요 작가들과 문학평론가 황현산, 백락청 등 문인 754명이 세월호 참사와 관련하여 <시국선언문>을 발표하면서 "우리는 우리의 생명과 일상생활을 위협하는 모든 부패 현상과 단호히 투쟁한다. 왜냐하면 우리는 이것이 문학의 륜리라고 믿기 때문이다."[5]라고 천명하며 문학의 륜리적 소명을 사회적 차원으로 확장시켰다. 황현산은 "삶을 용납하지 않는 저 억압의 끝에 문학이 '있다'"[6]

4 박형신, 정수남, ≪감정은 사회를 어떻게 움직이는가≫, 파주: 한길사, 2015, 104페지.

5 <시국선언문>, ≪한국작가협회회의회≫보, 제90호, 2014, 5페지.

6 권여선, 황현산, <우리 시대 문학은 어떻게 발언하는가>, ≪지금 내리실 역은 룡산 참사역입니다(2009년 룡산 참사 헌정문집)≫, 파주: 창작과 비평, 2010, 25면-26면.

며 문학이 시대적 비극을 가장 깊이 체험하는 륜리적 장임을 강조하였다. 김애란은 "슬픔 자체를 부정적인 감정으로 인식하는"[7] 사회적 태도를 비판하였고 황정은은 4월 16일 이후로 "말을 하든 문장을 쓰든 마침에 당도하기가 어렵"다고 하였으며 한유주는 세월호 참사 이후 "내가 아닌 사람에 대해 본격적으로 쓸 수밖에 없"며 발언하였다. 김영하는 "이 사건 이후의 대한민국은 그 이전과 완전히 다른 나라가 될 것이다"[8]며 "문학에 어떤 역할이라는 것이 있다면 그것은 과거와 현재, 미래를 언어의 그물로 엮는 것이라고 생각"한다고 하였다.

이처럼 작가들은 세월호 사건이 일어난 후 유가족의 아픔에 공감하고 사회적 애도의 과정을 함께 수행했다. 바르트는 슬픈 정서에 두가지 측면이 있다고 하였는데 첫번째 슬픔은 감성(émotivité)적인 것으로 시간에 따라 소멸이 가능하지만 두번째 슬픔인 비애(chagrin)는 시간이 흘러도 약화되거나 소멸되지 않는다고 하였다.[9] 한국 사회의 집단적 애도는 바로 이러한 '지속되는 비애'의 차원에서 리해될 수 있다. 개인은 참사로 내면화된 상처 속에서 평생 살아간다. 이러한 개인적 기억들이 모여 형성된 애도 공동체는 슬픔의 공유를 통해 사회적 공감의 장을 만들어냈다.

김탁환의 소설집 ≪아름다운 그이는 사람이여라≫, 김연수의 <다만 한 사람을 기억하네>, 방현석의 <세월>, 최은영의 <미카엘라> 등은 세월호 생존자와 유가족들의 이야기를 직접 재구성하는 '증언' 형식으로 고통을 기록하였다. 또한 우회적이거나 간접적인 방식으로 세월호 참사를 다루고 있는 작품들도 보물처럼 터져나왔다. 권여선의 <당신은 알지 못하나이다>, 김애란의 <립동>, 박민규의 <대면>, 황정은의 <웃는 남자>, 김숨의 <자라>, 김영

---

7 김애란 대담, <낭떠러지의 다음>, <문학동네≫, 2017년 가을호.

8 김영하, <작가의 말>, ≪오직 두 사람≫, 파주: 문학동네, 2017.

9 롤랑 바르트, ≪애도일기≫, 김진영 역, 이순, 2012, 105페지.

하의 <아이를 찾습니다> 등 작품은 사건을 직접 재현하지 않고, 상실 이후의 삶은 회복이 불가능함을 우회적으로 보여준다. 그리고 김애란의 <어디로 가고 싶으신가요>, 윤대녕의 <서울-북미간>, 권여선의 <끝내 가보지 못한 비자나무 숲> 등은 트라우마를 공유하는 인간들의 륜리적 련대를 그려내였다.

전쟁과 분단, 민주화 운동 등 다양한 력사적 사건을 형상화한 과거의 소설들과 달리 이러한 소설들은 사건 전모를 밝히는 것이 아니라 이 거대한 사건이 한 개인의 인생과 가족에게 남겨진 지울 수 없는 상처와 가혹한 고통에 초점을 맞추고 남겨진 사람들의 고통에 집중한다. 특히 김애란, 권여선, 김영하 등 작가들은 잔인한 고통과 상처를 들여다보는 데 그치지 않고 불행을 인정하여 받아들이고 자신을 납득시키는 방식에 대하여 탐구하면서 타인과 사회의 아픔에 대한 공감과 자기 성찰을 진행하였다.

현시대 한국 사회의 녀성문제도 간과할 수 없다. 오늘날 한국은 남녀평등을 제창하고 선전하며 녀성의 권익은 나라와 법률의 보호를 받는다. 녀성은 남성과 마찬가지로 많은 교육 기회와 좋은 일자리를 추구하며, 사랑과 결혼, 친밀한 가족관계에서도 평등하게 존중받는 삶을 추구한다. 삼종지도의 삶을 살았던 전통적인 관점에 의하면 녀성 해방은 전면적으로 실현된 듯하나 실질적으로 남녀 불평등은 여전히 사회 생활의 각 분야에 광범위하게 존재하고 '현대적'으로 변모한 새로운 형태의 남성중심주의 가부장제가 등장하고 있다. 즉 현대 녀성문제는 우리 사회의 다양한 차이와 균렬, 이를테면 계층격차, 로동시장의 이중구조, 분배와 복지 문제 등과 서로 교차하면서 복합적인 형태로 나타난다. 여기에는 경력단절, 로동시장의 임금 격차, 가족과 돌봄로동, 그리고 직장내 성폭력 등 문제가 포함되여있다.

가부장적 가족 제도는 사실 오늘날까지 은밀히 시행되는데 주로 녀성이 무급 가사 로동을 전담하면서 살림과 자녀 양육이 당연시되는 사회 풍습 때문이다. 인구의 고령화로 로인 돌봄의 수요도 늘어나고 자녀에 대한 기대 수준이 높아지면서 육아에 대한 사회 요구도 점차 높아지는데 이는 직장녀성들이 점차 늘어나는 상황과 모순되고 녀성들의 고민은 깊어간다.전통적인 가정주부와 달리 현대 직업녀성들은 직장에서 일해야 할 뿐만 아니라 대부분의 가사로동을 책임져야 한다. 더우기 현대 사회는 녀성의 가사로동에 대해 가치 판단이 모호하고 자녀를 낳고 양육하며 가사를 하는 녀성에게 특수한 보장을 제공한 부분이 미약하다. 녀성들은 현실 생존에서 사업과 가정, 개인 가치 추구와 가정 책임 사이의 모순에 직면하고 있다.

또한 녀성들이 사회에 진출하더라도 로동 시장내에서 받는 불평등한 대우와 남성과의 격차는 여전히 존재하고 고용 불안정과 차별적 위계구조는 사라지지 않는다. 녀성의 로동과 성적을 평가할 때 사회가 운용하는 것은 '남녀평등'의 기준이지만 '평등'으로 보이는 기준은 사실 남성화 기준이다. 남성의 자대로 녀성의 가치를 평가하고 남녀 사이에 존재하는 사실적 차이를 무시하며 녀성의 독특한 권리와 요구를 무시한다. 녀성들의 학력 수준이 점차 높아지고 있지만 출산과 육아로 인해 경제활동이 중단되고 로동시장에서 퇴장하면서 경력단절을 겪게 되는 것은 불가피하게 된다. 이러한 생리적 특징으로 녀성들에게는 비정규직 일자리가 집중되고 복지 사각지대에 처해 있게 된다. 또한 사회 약자로서 녀성들은 직장내에서나 일상 공간에서 권력 위계에 따른 성폭력의 피해를 받는다. 따라서 현실에 대한 불안과 막연함, 그리고 사회적 정체성과 안정감을 찾는 것이 녀성 의식의 중요한 일부가 되였다.

이러한 상황하에 작자들은 현대 녀성이 이중 역할에서 받는 생리적, 심리적 압력을 살펴보고 곤경에 처한 녀성의 생존 상황을 폭로하며 녀성들의 미래를 고민한다. 그러나 기존의 녀성 서사와 달리 오늘날 한국의 페미니즘은 새로운 특징이 나타나고 있다. 즉 강남역 살인사건, 문화예술계 성폭력

사건, 세계적으로 확산된 미투운동을 배경으로 사람들은 단순한 녀성뿐만 아니라 소수자, 약자를 포함한 전반 사회 변두리에 처해있는 자들에 대한 차별과 혐오까지 고발하며 계급과 인종을 뛰여넘어 현실의 문제를 고민하고 인간의 정체성에 대한 곤혹을 반영한다.

인간의 사회 심리 구조의 중요한 구성으로서 인간의 정체성은 사람의 생존과 발전에 큰 영향을 끼친다. 일반적으로 인간의 정체성은 자신의 의미에 대한 반성으로서의 자기 정체성과 로동에서 형성된 특정된 가치, 문화와 신념으로의 사회 정체성 두 부분으로 나눈다. 한국 최근 녀성작가들의 작품에서는 인간의 정체성을 바탕으로 녀성들이 사회적으로 자기 삶의 주체가 되려는 과정이 기본전제로 깔려있고 소재와 접근방법, 감수성에 있어서 다양한 시도들이 이루어지면서 녀성 혹은 성소수자를 통해 사회 전체 약자와 소수자들이 삶의 과정 속에 부딪치게 되는 현실의 벽을 보여주는 리얼리즘 방향으로 나아간다. 그들은 시대의 변화에 착안하여 사회적 책임감과 적극적인 대응 자세로 직장녀성, 가정주부, 로인 등이 직면한 결혼과 가정, 직장 인간관계, 동성애, 가치 추구 등 다양한 사회 현상을 제시했다. 조남주의 ≪82년생 김지영≫으로부터 시작해서 한강의 <채식주의자>, 강화길의 <음복>, 김이설의 <부고>, 임현의 <고두>, 최은미의 <눈으로 만든 사람>, 김숨의 <그 밤의 경숙>, 하성란의 <카레 온 더보더>, 한강의 <눈 한송이가 녹는 동안> 등 작품들은 사회 구조의 부당성에 압박받는 녀성들의 모습과 공동체의 질서를 유지하기 위해 강요되는 녀성들의 감정로동을 새롭게 들춰내고 백수린의 <중국인 할머니>, 박민정의 <세실, 주희> 등 작품은 녀성 문제는 한 '개인'의 차원이 아니라 '사회'적이고, '정치'적인 차원에 다다랐음을 증명한다. 이러한 작품들은 녀성, 륜리, 위계 등 동시대와의 련결 속에서만 해석 가능한 보편적 문제의식이 깃들어있는데 이는 동일한 약자로 지목되는 성소수자의 삶과 고민을 통해서도 드러난다.

모두어 말하면 21세기 한국 사회는 정치, 경제, 문화 등 방면에서 다양한 문제가 대두되고 있다. 한국 작가들은 저마다의 방식으로 공동체의 보편적인 문제의식을 공유하면서 구조적 문제를 접근하고저 한다. 인간의 가치를 탐구하고 전통적인 질서를 타파하여 새로운 현대 륜리를 구축하는 것이 오늘날 한국문학의 암묵적인 공동작업이라고 할 수 있다.

제2절 글로벌 시대 문학적 지향성의 전환

한국 현대문학은 전쟁과 분단의 상황 속에 민족문학의 가치 정립이라는 첫단계를 거쳐 산업화와 민주화 운동에 의해 문학의 사회적 확대로 이어졌고 정보화와 세계화라는 새로운 질서 속에 문학의 자기 위상의 전환으로 이어지고 있다.[10] 그것은 전통 문화의 계승과 세계화의 세례를 받으면서 다원화된 문화에서 자신만의 가치와 정체성을 더욱 확고하게 확립해 나가고 있기 때문이다.

글로벌 시대는 전통 사회가 형성하는 이원적 대립을 극복하면서 인간과 자연, 인간과 인간, 인간과 사회가 조화롭게 공생하는 관계를 구축하는 데 주력한다. 앤서니 기든스는 세계화를 '세계 범위내 사회 관계의 강화로 정의했다'.[11] 세계화가 급속히 진행되면서 인류는 점차 공동의 운명을 자각하게 되였다. 현대 사회는 계급, 민족, 지역, 국가 등 기존의 경계를 넘어, 인류 전체의 시각에서 문제를 인식하고 해결하려는 방향으로 나아가고 있다. 이러한 흐름 속에서 세계는 상이한 문화와 가치의 차이를 인정하면서도, 환경, 성별, 문화, 정체성, 인구, 발전 등 전 지구적 과제에 대해 협력적인 대응을

10 권영민, ≪한국 현대문학사 2(1945-2010)≫, 서울: 민음사, 2020, 19페지.

11 罗兰·罗伯森, ≪全球化：社会理论和全球文化≫, 梁光严译, 上海：上海人民出版社, 2000年, 第203页。

모색해 왔다. 다시 말해, 인류가 서로의 차이를 존중하면서도 공존의 기반을 마련하려는 과정에서 '운명공동체'라는 개념이 형성된 것이다. 이러한 인류 운명공동체의 형성은 단일한 주체의 행동이 아니라, 국가와 민족, 그리고 인류 전체라는 다층적 주체들 간의 지속적인 소통과 상호 리해를 필요로 한다. 가치의 다양성과 문화적 차이를 인정하는 기초 우에서, 인간의 내재적 본성과 인류의 근본적 리익에 부합하는 보편적 륜리의식과 공동체적 가치관이 새롭게 구축될 때, 비로소 인류는 지속 가능한 공존의 길로 나아갈 수 있다.

인류의 공동 가치는 인류가 보편적으로 인정하는 공동 가치관이고 인류의 생존과 발전 수요를 바탕으로 형성된 근본적이며 총체적인 가치관이다.[12] 한국문학 역시 세계화의 흐름 속에서 인류 운명공동체라는 시대적 인식을 감지하고, 인간이 서로 련대하며 공존할 수 있는 방식을 적극적으로 탐색해 왔다. 여기에는 인간의 보편적 가치 추구, 타문화 수용, 다문화 사회의 공존 방식, 생태 문제 등이 포함되여있다.

우선 한국 작가들은 세계화 시대에 인간 존재의 본질을 탐색하고 인간의 보편적 감정을 환기시키면서 인생의 의미를 문학적으로 구현하고저 한다. 하나의 작품이 세계적으로 문학적 지위를 획득하는 과정은 단순한 문화적 확산이 아니라 민족적 특수성 속에 내재된 심미적 경험을 매개로 하여 인류 보편적 정서를 구현하는 데서 비롯된다. 이러한 맥락에서 한국문학은 민족적 특수성의 경계를 넘어 보편적 인간성을 탐구하고, 인류가 공동으로 맞닥뜨린 문제들에 대한 서사적 응답을 시도하고 있다.

'지구촌'이라는 의식은 한국 작가들의 창작 과정에 내면화되여 일종의

12 潘从义：≪人类命运共同体视域下人类共同价值体系构建研究≫, 博士学位论文, 湖北大学, 2020年, 第111-114页。

무의식적 동력으로 작용한다. 이들은 인종과 지역의 경계를 초월한 인간적 가치를 지향하면서 민족 문화의 고유한 감수성과 심미적 전통을 보존하려는 태도를 견지한다. 세계문학계에 확실한 존재감을 각인시킨 사례로 2012년 신경숙 ≪엄마를 부탁해≫의 맨 아시아문학상 수상과 2016년 한강 ≪채식주의자≫의 맨 부커 인터내셔널상 수상을 꼽을 수 있다. ≪엄마를 부탁해≫는 미국에서 저작권 2만딸라 계약, 초판 발행부수 10만부, 최대 인터넷 서점인 아마존과 공신력을 인정받는 도서관 판매집계기관인 뉴욕타임스의 베스트셀러 순위 진입 등 전례를 찾을 수 없는 성과를 거두었을 뿐만 아니라 유럽과 아시아 각국에서의 번역, 출판으로 이어졌다. "소설은 어머니를 찾는 한 가족의 초상화인 동시에 한국전쟁 이후 한국사회의 초상화이기도 하다"며 "가족이란 소우주를 통해 어떻게 한국 사회가 전통과 시골의 생활방식으로부터 벗어나 현대화됐는지를 보여줬다"[13]는 맨 아시아문학상 심사평은 이 작품이 한국 사회의 문화적 맥락을 바탕으로 하면서도, 가족의 관계와 모성의 서사를 통해 인류 보편의 감정 구조를 형상화하고 있음을 주목한 것이다. 특히 작품 속 어머니의 존재는 개인적 기억이나 가족의 이야기 차원을 넘어, 인간 본성에 내재된 사랑, 헌신의 감정을 환기시킨 것이 중요한 리유였음을 보여준다. 한강의 ≪채식주의자≫ 역시 "간결하면서도 불안정하고, 아름답게 씌여진 이야기"로 "평범한 한 녀성이 그녀를 가정에, 그리고 가족과 사회에 옭아매는 모든 관습과 추측을 거부하는 궤적을 따라가"면서 "독자들의 마음속에 오래동안 각인"될 것이라는 심사평을 받았다.[14] 이는 소설이 한국적인 것을 보여주는 동시에 동시대를 사는 인간의 수치와 욕망, 그리고 타인을 리해하고저 하는 불안정한 시도를 충격적이면서 리해의 어조로 담아내였기

13 출처: 경향신문 https://www.khan.co.kr/culture/culture-general/article/201203161058491

14 출처: KBS NEWS https://news.kbs.co.kr/news/view.do?ncd=3280332&ref=A

때문이다.

2024년 한강의 노벨문학상 수상은 한국문학의 세계적 위상을 한층 공고히 하였다. 한강의 노벨문학상 수상은 단순히 한 개인 작가의 성취를 넘어, 한국문학이 세계문학의 중심부로 이동했음을 상징하는 사건이라 할 수 있다. 한강의 작품은 인간의 존재, 폭력, 륜리, 생명이라는 근원적 문제를 탐색하며, 동시대 인류가 공유하는 보편적 질문에 응답한다. 이와 같은 성취는 한국문학이 더 이상 지역적 한정성을 지닌 문화적 산물이 아니라 '글로벌 휴머니즘'이라 불릴 만한 새로운 문학륜리의 장으로 부상했음을 의미한다.

이 밖에 2003년 독일 리베라투르상을 수상한 오정희의 ≪새≫, 2009년 프랑스 주목받지 못한 작품상[15]을 수상한 신경숙의 ≪외딴 방≫, 2014년 프랑스 주목받지 못한 작품상을 수상한 김애란의 ≪달려라 아비≫, 2017년 이딸리아 프레미오 셀레치오네 반카렐라상을 수상한 리정명의 ≪별을 스치는 밤≫, 2017년 이딸리아 말라파르테상을 수상한 한강의 ≪소년이 온다≫, 2018년 프랑스 에밀 기메 아시아 문학상을 수상한 황석영의 ≪해질무렵≫, 2018년 미국 셜리 잭슨상을 수상한 편혜영의 ≪홀≫, 2020년 독일 독립출판사 문학상을 수상한 김영하의 ≪살인자의 기억법≫ 등은 모두 우주적 생명에 대한 인식과 인간 존재의 보편적 경험을 기반으로, 지구 공동체의 현실과 미래를 성찰하는 대안을 제시한다. 그들의 서사는 생명의 본질과 인간 삶의 의미, 그리고 존재의 륜리를 탐색하는 과정을 통해 가족적 뉴대와 사회적 련대의 다양한 가능성을 서사적으로 드러낸다. 이러한 탐구는 단순한 개인의 체험을 넘어, 인간이 타자 및 세계와 맺는 관계의 근본적 구조를 모색하는 륜리적 상상력의 발현이라 할 수 있다.

---

15 프랑스의 '주목받지 못한 작품상'은 언론에서 주목받지 못한 '숨겨진 걸작'에 수여하는 상으로 프랑스 언론과 문단에서 영향력을 인정받고 있다. 출처: 독서신문. http://www.readersnews.com/news/articleView.html?idxno=479511

더불어 이들의 작품에는 각기 다른 심미적 전통, 문학적 사유, 문화적 배경이 응축되여있어 민족 정신의 창조적 력량을 보여준다. 그러나 동시에 인간 존재의 긍정적 가능성과 사회 진보에 대한 확고한 신념을 바탕으로 보편적 인류 의식으로 나아가는 개방적 태도를 견지한다. 이러한 미학적, 사상적 복합성은 한국문학이 세계문단에서 보편적 공감대를 형성하고, 주요 문학상 수상으로 이어질 수 있었던 근본적인 원동력이라 할 수 있다.

다음 인간과 자본, 정보의 자유로운 이동으로 특징 지어지는 21세기에 다문화 역시 한가지 중요한 현상으로 한국 작가들은 타문화를 수용하고 이민자의 삶을 포용하면서 공동체적 삶의 기반을 다져간다. 정보기술의 발전과 미디어의 확산은 세계 각 지역의 문화 기호와 류행 양식을 실시간으로 교류, 융합시키며 '글로벌 문화 환경'을 구축하였다. 특정 지역의 문화가 더 이상 고유한 전통에만 머물지 않고 다른 문화권과의 접촉을 통해 변형되고 재의미화되면서, 문화는 끊임없이 이동하고 확장되는 유기적 체계로 작동하게 된다. 이러한 문화 의식은 개방적이고 다원화된 것이며 창조적인 것이고 이런 문화 융합 현상은 맥루한(Herbert Marshall McLuhan)이 제시한 '지구촌'[16] 구상도 증명했다. 한국도 중국의 전통 문화, 향항 영화, 대만의 무협 소설, 일본의 만화, 유럽과 미국의 팝 음악, 할리웃 영화 등 문화 글로벌화가 가져온 충격을 거부할 수 없었고 정신적 유토피아가 되였다. 작자들은 문화 경험이 점차 풍부해져 전통 문화와 타문화에서 균형점을 찾으면서 자아와 세계의 관계를 재구성하려는 추세를 보이고 있다. 윤후명의 <구름의 향기>, 윤대녕의 <피아노와 백합의 사막>, 김연수의 <벗꽃 새해>와 <인생은 아름다워>, 백수린의 <중국인 할머니> 등에는 중국의 지리, 력사, 원화 등 문화적 요소가 등장할 뿐만 아니라 장국영의 <몽중인(梦中人)>, <월량대표아적심(月亮代表我的心)>,

---

16 홍문표, ≪현대문학비평리론≫, 서울: 창조문학사, 2003, 869페지.

그리고 전통적 가요 <모리화(茉莉花)> 등 류행 음악까지 소설 속에 녹여 주인공의 마음을 정화하고 내면 회복을 탐구하는 중요한 작용을 일으킨다. 또한 정미경의 <밤이여, 나뉘여라>에 반복되여 등장하는 뭉크의 그림 <절규>와 <마돈나>, 박민정의 <모르그디오라마>에 등장하는 빠리의 모르그디오라마, 공지영의 <맨발로 글목을 돌다>의 아우슈비츠 수용소 등 이미지들은 인물들의 일상과 련결되여 내면의 고통을 상징적으로 드러내고 정영문의 <어떤 작위의 세계>는 샌프런시스코에서 겪은 것을 소설 전반에 녹여 세상에 대한 작자의 세계관을 드러냈다. 작가들은 다양한 국가의 문화 기호와 류행 요소를 서사 속에 창의적으로 변용함으로써 개인이 자신을 해방하고 정신적 근원을 회복하는 서사적 려정으로 전환시켜 타문화에 대한 존중과 공존의 륜리를 탐색하였다. 결국, 다문화 현상은 인간이 삶의 새로운 차원을 발견하도록 이끌며, 각기 다른 문화의 정수를 흡수, 변형하여 상호 발전의 가능성을 모색하게 하였다.

각 지역의 문화뿐만 아니라 이주민의 대량 류입으로 한국에서 구성원 단일성에 대한 인식도 새로운 국면을 맞이하게 되였다. 글로벌화가 심화됨에 따라 한국 다문화 사회는 나날이 형성되고 이주민들에 대한 한국 사회의 대응은 현실에서는 관용과 경계심이, 담론에서는 다원주의와 동화주의가 혼재해있는 양상을 보이고 있다.[17] 문학에서도 이러한 현상들이 재현되고 있는바 관용과 배제, 배려와 폭력, 차별과 리해, 사랑과 미움 등 상호 대립적인 시선들이 다양하게 교차되면서도 인종차별적인 타자화가 서사의 핵심을 이루고 있다. 연경남은 '다문화 소설'이란 21세기 민족국가 개념이 급속도로 퇴조하고 중심 개념이 해체되면서 세계화, 정보화의 영향으로 전세계의 다양한 문화와 권력이 혼재되는 다양성의 시대에 둘 이상의 문화권이 충돌하면서

17 엄한진, ≪다문화 사회론≫, 서울: 도서출판 소화, 2011, 167페지.

야기되는 환경의 변화, 사회의 변화를 다루는 소설이라고 말한다.[18] 현재 한국 작가들은 다문화 현상이 초래한 여러가지 문제들을 고민하면서 이주민들이 겪고 있는 정체성의 혼란과 경제의 빈곤, 사회의 차별과 불평등한 대우, 그리고 향후 한국 사회에서 진정한 주체로 거듭나기 위한 방법을 탐구하고 있다.

공선옥의 <가리봉 연가>, <류랑가족>, 박범신의 <나마스테>, 손홍규의 <이무기 사냥군>, 천운영의 <잘 가라, 서커스>, 김인숙의 <바다와 나비>, 황석영의 <바리데기>, 김미월의 <중국어 수업>, 김애란의 <그 곳에 밤, 여기에 노래>, 전성태의 <강을 건너는 사람들>, 김금희의 <센티멘탈도 하루이틀> 등 수많은 작품들은 이주민들의 가난한 실상, 사회의 편견과 배제, 삶에 대한 절망 등을 보여주는 한편 그들이 스스로 현실에 대해 자각하면서 련대를 통해 불합리한 현실에 저항하는 가능성을 함께 보여준다. 작가들은 이주민이 사회의 주변부에 머무르는 객체가 아니라, 스스로 발화하고 행동하는 주체로 성장해가는 과정을 서사화함으로써 다문화 사회의 륜리적 과제를 탐색한다.

특히 다문화 서사는 타자의 목소리를 재현하고, 소외된 이들이 시민적 권리와 존엄을 회복할 수 있는 상징적 공간을 마련한다는 점에서 문학적·사회적 의미를 지닌다. 이러한 서사는 단순한 사회 고발을 넘어, 인류 공동체가 지향해야 할 상호리해와 공존의 가치를 실천적으로 제시한다. 나아가 글로벌 시대의 한국문학은 민족과 인종, 언어의 경계를 넘어 인간 사이의 상호 호혜적 관계를 모색하며, '함께 살아감'의 륜리를 구체적 서사로 구현해내고 있다.

세번째로 세계화 시대 한국 문학은 전 세계가 우려하는 생태적 문제에

---

18 연남경, <다문화소설의 탈경계적 주체 연구-'이방인'의 정체성을 중심으로>, ≪현대문학리론연구≫, 현대문학리론학회, 2012.

관심을 가지면서 우주 공동체라는 과제에 대하여 탐구한다. 현재 지구 온난화, 황막화, 오존층의 파괴와 다양한 생물의 멸종 등 생태 안전 문제는 날로 복잡하고 심각해지면서 전 세계의 보편적인 관심을 끌고 있다. 각 나라들은 새로운 발전 전략을 모색하고 인구, 경제, 사회와 환경이 서로 조화로운 지속 가능한 발전의 길을 찾고 있다. 생태학이나 생태주의의 기본적인 정신은 상호 의존과 다양성의 인식이다. 이처럼 모든 개체는 오직 상호 의존을 통해서 생존한다는 것이 생태학의 진리다.[19] 2000년 이후 인간과 자연의 관계는 대립과 의존의 관계로부터 한층 나아가 조화롭고 통일된 관계라는 인식을 갖고 있다. 인간은 자연계를 분렬시켰을 뿐만 아니라 자연계를 더욱 높은 차원으로 끌어올렸고 인간과 자연을 모두 발전시켰다. 인식 수준이 향상됨에 따라 자연과의 유기적인 조합을 추구하고 사람과 자연 사이의 공동 발전을 추진하려고 노력한다. 한국 문학 작품에서 사람과 자연 관계에 대한 탐구는 조화롭게 공생하는 리념을 포함하면서 재검토하였다. 자연은 인류가 생존하는 생명의 모체로 인류에게 생존하는 물질적 자원을 제공할 뿐만 아니라 카타르시스 기능을 가지면서 인류가 존재하는 정신적 근원이다. 생태 문학은 자발적이든 자각적이든 기본적으로 자연이 사람에 대한 정신 정화 기능이라는 리념을 지니고 있음을 발견하기 어렵지 않다. 구효서의 <풍경소리>, 최윤의 <소유의 문법> 등은 모두 가정 파탄이나 신체적 결함으로 상처를 품은 인물이 자연의 품에서 위로를 받고 성장하는 과정을 통해 자연이 부여하는 정신적 정화와 치유를 보여주었고 정연희의 <한나절>이나 정찬의 <인간의 흔적> 등은 자연의 순수함 앞에서 인간의 내재된 죄의식을 반성하는 카타르시스를 보여주었다.

물론 인류가 자연을 파괴하고 환경이 악화된 현상 역시 간과할 수 없었

---

19 홍문표, ≪현대문학비평리론≫, 서울: 창조문학사, 2003, 853페지.

고 작품들은 자연 환경이 한국의 장기적인 생존과 발전에 대한 중요한 가치를 보여주기 위해 노력하였다. 과학기술의 진보로 인해 인류가 자연을 지배하는 힘이 크게 강화되였고 그것을 리용하여 스스로의 사욕을 채우는 현실에서 작자들은 경종을 울려주기도 한다. 김애란의 <물속 골리앗>과 <벌레들>, 김숨의 <뿌리 깊은 나무> 등 작품들은 인간이 자연에 대한 존중을 버리고 개발을 위해 가차없이 파괴한 뒤의 고통과 불안 등을 다루면서 현대인들의 진정한 마음의 '황무지'를 보여주었다.

이와 같이 한국 작자들은 진정한 우주공동체를 실현해 나가기 위해 자연 만물이 공존하고 그 고유 가치를 존중하며 서렬화가 없이 평등의 차원에서 모든 문제를 대응하면서 인간과 자연, 사회와 문화 등 관계망이 상생과 호혜의 균형적인 구조를 이루는 방향을 향해 작업해 나갔다.

제3절 소비와 정보화 시대 문학 창작 방식의 새로운 돌파

21세기 진입후 자본주의 시장과 매체의 변혁에 의해 문학은 내용과 형식에서 큰 변화가 생겼고 상품화라는 필연적인 추세로 발전하였다. 미디어 시스템의 폭발적인 발전과 기하급수적인 확장은 2000년대 가장 눈길을 끄는 새로운 문화 풍경이다. 정보화 시대 인터넷 산업이 전례없이 발전하면서 문학은 매체와의 관계가 더욱 밀접해졌으며 정보 기술에 대한 의존성 역시 현저히 강화되였다. 디지털 매체가 시공간의 경계를 넘어 대중의 사회 생활에 침투되면서 한국 문학은 현대 매체 발달이라는 현실의 절대적인 영향 아래 놓여 생산-분배-소비의 양상에 커다란 변화가 일어났다. 정보 문화의 굴기는 현대 문학의 모습을 바꾸었고 문학 작품의 생존 공간은 전통적인 종이 매체에서 인터넷으로 확장되였다. 작가와 독자들의 소통 방법 역시 바뀌기 시작했으며, 개인의 의견이 다양한 매체를 통해 사회적으로 확장되기 시작했다. 매체의 충격으로 문단은 '문학의 죽음', '문학의 위기', '문학의 소외'에 대한 론의가 그늘로 드리워져있지만 "예술의 혁신은 그 내용이나 형식에 의해서가 아니라 기술에 의해서 이루어진다"[20]는 벤야민의 주장과 같이 문학은 디지털 기술에 의해 그 내용과 형식이 새로운 혁신의 기회도 맞이하고 있다. 시간과 공간의 울타리를 깨고 자유로이 전파하는 디지털의 특징은 소설의 창작, 재현 방식, 시각적 습관 등을 근본적으로 변화시켰다.

한편 문학과 상품 경제의 관계 역시 복잡하게 뒤섞여있어 문학의 발전은 시장 법칙과 갈라놓을 수 없다. 맑스와 엥겔스는 <정치 경제학 비판>의 서언에서 예술 활동을 '예술 생산'이라고 하였는데 이는 사회 생산 실천의 측면에서 볼 때 문예 활동은 사회 생산과 소비 행위중의 하나임을 뜻한다.[21] 오늘날 문학의 상품화는 기정 사실이고 책은 공급과 수요의 지배를 받아 문학은 론쟁의 여지가 없이 출판업의 '생산 부문'이고, 읽기는 출판업의 '소비 부문'이다. 시장 운영 방식과 시장 경쟁 정신은 문화의 생산과 소비에 영향을 주면서 이에 적응된 문화를 형성한다. 그래서 현대 사회에서 개성, 실효, 리익, 선택, 경쟁을 중시하는 문화 의식은 시장 경제의 발전에 따라 끊임없이 강화된다. 한국 사회의 사회 문화 구조 역시 자본주의 시장의 주도성을 드러내고 국민들의 심미적 취미와 문화 수요는 문학 활동의 중요한 추진력이 되여갔다. 따라서 한국 문학은 현대 미디어의 발전과 상품 경제의 영향을 받으면서 일정한 변화를 나타낸다.

우선 창작 주체의 변화로 인터넷 작가들의 대량 등장과 창작 플랫폼의 확장이다. 2000년에 진입후 가속화된 인터넷의 확산은 주류 문학 밖에서 또 다른 문학의 흐름을 만들어내고 있다. 인터넷 공간 신분의 익명화와 '전

---

20 벤야민, ≪기술복제 시대의 예술작품≫, 최성만 역, 서울: 길도서출판, 2007년, 99페지.

21 谢中山：≪全球化语境中当下中国文学的大众化问题研究-以新世纪为中心≫, 博士学位论文, 吉林大学, 2007年, 第71页。

국민 창작'의 시대적 특징은 인터넷 문학을 개인 표현의 자유 공간으로 만들었다. 사람들은 미디어를 통해 자신의 생각을 스스럼없이 표달하고 자신만의 개성을 드러내는 서사물을 창조하며 소셜 네트워크나 게시판, 창작 플랫폼 등을 통해 사회와 소통하였다. 이렇게 다양한 읽기와 반복적인 쓰기 경험은 새로운 형식의 문학으로 발화되고 축적되여 등단이라는 기존의 문학 제도를 탈피하면서 스스로 작가가 되는 경로를 마련해주었다. 인터넷 카페에 개설된 수많은 문학 코너, 창작소설, 팬 아트 등의 게시판은 창작물들을 자유롭게 올리는 장으로 활용하고 높은 열기와 조회수를 가진 인터넷 소설이 집결하여 출판되면서 작품 판매량은 많은 전통 문학 작품을 따라잡을 수 없게 한다. 글을 올린 사람이 무명작가라 할지라도 그는 작가로 활동할 기회를 얻고 그 작품은 책으로 출판될 기회를 얻게 된다. 따라서 인터넷 문학 작품의 체량이 신속하게 증가되고 인터넷 문학은 오프라인으로 확대되며 전통 문학과 읽기 시장을 쟁탈하게 된다. 이렇게 대중 문화 시장이 진일보 개척되고 풍부한 상상력과 비슷한 경험, 그리고 일상적 삶을 나타내는 작품들이 대중 시야에 들어오기 시작하며 인기를 끌었다. 대표적인 사례로 2001년 귀여니라는 필명을 가진 아마츄어 작가가 인터넷에 련재한 장편소설 ≪그 놈은 멋있었다≫가 불러일으킨 '귀여니신드롬'은 인터넷 문체로 그동안 딱딱하고 평범하게 보였던 소설의 틀을 깨뜨리면서 큰 성공을 불러일으켰다. 인터넷 소설은 소비 사회와 매체 변혁의 공동 작용의 산물로서 문학 애호가들이 인터넷을 통해 창작하는 자발적인 행위였지만 20년 동안 상업적 가치가 있는 문화 제품으로 발전하면서 소비 문화로 전락되였다. 인터넷 문학의 상품화 발전이 가속화됨에 따라 각 문학 사이트는 이러한 상업 모델을 통해 대량의 전문적인 인터넷 문학 작가를 양성하여 독자층을 확보하고 경제적 리윤을 얻었다.

기성작가들 역시 인터넷의 열기를 잡고 온라인 공간에서 신작을 련재하면서 자연스레 독자와의 거리를 좁히고 작품의 열독량을 확대한다. 박범신이 네이버 블로그를 통해 련재한 ≪촐라체≫, 황석영이 '한겨레' 온오프라인에 련재한 ≪바리데기≫, 정이현이 교보문고 블로그에 련재한 ≪너는 모른다≫, 박민규가 예스24의 스토리 블로그에 련재한 ≪죽은 왕녀를 위한 파반느≫, 공지영이 네이버에 련재한 ≪도가니≫, 신경숙이 인터넷 서점 알라딘에 련재한 ≪어디선가 끊임없이 나를 찾는 전화벨이 울리고≫, 네이버 캐스트에 매일 업데이트된 조정래의 '정글만리' 등은 모두 뜨거운 호응을 얻었다. 작자들은 온라인으로 작품을 련재하면서 독자와의 만남을 시도하다가 일정한 조회량에 도달하면 인쇄 매체인 책으로 출간하여 판매량을 확보한다. 이는 시장 경제의 원리를 따르면서 멀티미디어의 기술을 리용하여 상품의 리윤을 보장하는 일종의 경로였다. 이처럼 멀티미디어가 문학 생산과 전파에 대한 개입은 문학의 시장화 발전을 추진했다. 이 밖에 김숨, 심상대, 백영옥 등 작가들도 웹 소설 플랫폼에 작품을 련재하면서 웹 소설이 보여주고 있는 한계를 넘어서는 웹과 모바일을 통한 순수문학 류통의 가능성을 탐구하고 있다. 또한 인터넷을 매개로 하는 멀티미디어 시, 하이퍼텍스트 시, 인터넷 문학, 팬픽(Fan fic), 컴퓨터 게임, 하이퍼텍스트 소설 등의 새로운 문학 형식을 보여주고 있다. 결국, 디지털 시대가 가속화된다 해도 그간 축적된 문학의 전통은 새로운 문학을 견인하고 이끄는 근원적 힘으로 디지털과 문학의 상호 발전과 공존을 모색해 나가게 될 것이다.

두번째로 독자의 역할 변화이다. 인터넷이 갖추고 있는 시공간의 무제한성 특징은 작가와 독자의 상호작용 효과를 구축하여 독자가 2차 창작에 개입하게 하였고 소비 시대의 영향하에 문학에서 작자의 권위가 해체되고 점차 독자 중심으로 전이되여 가는 경향을 나타내고 있다. 우선 가상의 공공 령역 특징은 수용자인 독자가 작품 생산에 적극적이고 능동적으로 참여하게 하였다. 뜻이 맞는 독자와 작가는 인터넷 커뮤니티를 구축하여 평등한 대화와 교류를 진행한다. 전통적인 문학 창작에서 작가는 외부 세계와 개인 경험을 결합시켜 지식인의 립장에서 사회 현실과 인물 운명을 쓰고 작가와 독자 사이의 관계가 밀접하지 않았다. 그러나 매체화 시대에 작자는 상호작용의 온라인 구역을 통해 자유롭게 독자들과 교류하고 그중 독특한 아이디어를 흡수하여 내용을 최적화시키고 스토리 라인을 재구성하여 작품을 풍부화시킨다. 대부분의 온라인 소설 창작을 보면 작가들은 텍스트의 세부 사항, 인물의 맥락, 출판 정보 등을 독자에게 전달하고 최신의 정보력으로 무장한 독자들은 원작에 대한 자유로운 접근을 시도하여 자신의 심미 체계를 구축했다. 그들은 대중의 시각으로 삶의 단면을 표현하였고 보편적인 가치관과 인생관을 전달하면서 텍스트의 2차 창작에 개입한다. 독자가 전자 글쓰기로 원본을 쉽게 수정하거나 확장시키는 하이퍼텍스트 소설, '문학웹진 뿔', '문학웹진 나비', '북엔' 등 출판계의 온라인 창간은 문학의 생산과 소통이 디지털 공간에서 새로운 방식으로 진행되고 있음을 충분히 보여준다. 모두어 말하면 전자책의 경우는 독자가 마음대로 내용을 변경해서 읽을 수 있고 제작하는 과정에 함께 참여하여 공동 창작 또는 집체 창작을 할 수 있다. 따라서 작가와 독자의 경계가 무의미해진다.[22]

한편 작가들도 모든 것이 상품화되는 가치체제에서 베스트셀러에 진입하고 싶고 자연히 독자라는 '고객'의 구미에 맞춰 창작을 진행하게 된다. 문학의 생산과 소비에서 독자는 시장이다. 한편의 창작을 리해하고 받아들이는 데에는 수용자의 기대지평이 바탕을 이루고 있으며, 이 기대지평에 반응하는 작품의 상태와 영향에 따라 작품의 예술성이 결정된다.[23] 독자들의 구매력이 작가들의 창작태도에 결정적인 영향을 미칠 수 있는 오늘날 작자들은

22 홍문표, ≪현대문학비평리론≫, 서울: 창조문학사, 2003, 870페지.

23 홍문표, ≪현대문학비평리론≫, 서울: 창조문학사, 2003, 536페지.

독자라는 시장을 무시할 수 없고 문학의 권위와 지식인들이 문학에 대한 고수는 독자의 심미적 수용에 의해 대체된다. 과거에 문학 활동의 중심에 있던 작가는 창작 전략을 독자의 심미적 취미와 문화적 수요에서 출발하여 재정립하고 독자를 존중하는 방식과 독자가 관심을 가지는 분야를 리해하면서 '가독성'을 가진 '보기 좋은' 소설을 쓰는 것이 공통된 인식이 되였다. 야오스는 수용의 차원에 서있는 독자의 능동적인 작용을 강조하면서 작품과 작품의 관계를 작품과 사람의 상호작용에 넣어야 한다고 하였다.[24] 야오스는 작가, 작품, 독자를 하나의 동태적인 문학 과정으로 여긴다. 이 동태 과정에서 한 문학 작품의 생명은 수용자(독자)의 참여가 없으면 반드시 종결된다. 야오스의 관점은 이미 완성된 문학 작품이 독자의 요소에 들어가야만 독자의 참여를 통해 수용의 사슬에 끊임없이 충실해지고 풍요로워지며 사람들에게 계속 전달될 수 있다는 것을 한층 더 설명한다. 야오스의 독자 중심론도 문예 소비학의 측면에서 볼 때 그는 독자를 전통적인 의미의 독자로 간주할 뿐만 아니라 독자를 소비의 주체로 간주한다. 문화 시장이 점점 번영하고 다양하며 산업화됨에 따라 문학의 생산-전파-소비도 상호 자극적이고 상호 지향적이며 밀접한 순환 체인을 구성한다. 이런 측면에서 보면 문예가 문화 시장에 들어간 후에 우리는 생산(문예 창작)을 중시해야 할 뿐만 아니라 소비(독자의 읽기)도 중시해야 한다. 그러므로 문학이 작가 중심에서 독자 중심으로의 전환은 문학 리론가 '사람'으로 전환된 결과일 뿐만 아니라 문학이 시장 규칙을 따른 결과이기도 하다. 비록 독자 중심론의 발생 원인은 이보다 훨씬 복잡하지만 시장 법칙은 무시할 수 없는 동인이다.

2000년대 이후 한국 문학 중심이 작가 중심에서 독자로 전환하는 것은

24 H.R.姚斯, R.C.霍拉勃著: ≪接受美学与接受理论≫, 周宁、金元浦译, 沈阳：辽宁人民出版社, 1987年, 第19页。

자연스러운 과정이자 문학이 시장 경제에서 발전하는 필연적인 결과였다. 그래서 더 많은 독자를 확보하고 더 좋은 경제적 효과와 사회적 효과를 얻기 위해 작가는 다양한 방식으로 독자와의 정보를 소통하고 독자에 대한 존중을 표현하면서 소설 창작에 다른 변화를 일으킨다.

제4절 한국문학상의 특징과 발전 추세

상은 해당 분야의 보편적이고 자률적인 세계의 추구에 의해 뒤받침되고 또 그것을 강화한다. 문학상 또한 례외일 수가 없다. 그 수많은 문학상이 저마다의 독특한 성격을 표방하고 있음에도 불구하고 암묵적으로 전제된 '문학성'의 성취도를 가장 중요한 기준으로 삼는 것은 그 때문이다.[25] 21세기에 진입하면서 큰 성과를 이룬 한국문학상들은 다양화된 가치 추구와 개성화된 특징으로 한국 문학의 성취를 높이고 문학장의 안정화를 도모하는 데 기여한다.

우선 한국 주요 문학상들은 새로운 길을 제시할 현실적 필요성을 감안하는 동시에 그 설립 목표와 취지에서 알 수 있듯이 민족문학의 계승과 발전을 위해 자신만의 고유한 전통 방식을 내세우고 있다. 1950년대 한국문단은 전쟁중에 류실된 문인의 수를 늘이고 신인 작가들을 발굴하는 한편 기성작가의 권위에도 힘을 싣기 위해 문학상의 제정에 힘을 썼다. 1955년에 한달의 시차를 두고 제정된 현대문학상과 동인문학상이 그 대표적인 례인데 두 문학상은 모두 우익 성향의 리념적 공통성을 바탕으로 한국문학의 발전을 목표로 하는 민족주의 문학관에서 출발하여 제정하였다.[26] 현대문학상은 전쟁으로

25 정과리, <문학상의 력사와 기능>, ≪한국프랑스학론집≫, 1999, 17권, 225페지.

26 김경숙, ≪<사상계>의 문예 전략 연구≫, 부산대학교 박사학위론문, 2019.

초토화되고 분단의 아픔으로 피폐해버린 땅에 기성 작가들의 창작 의욕을 고취시키면서 민족문학 정신을 이어나가기 위해 설립하였다. 한국 소설 형식을 대표하는[27] 동인문학상 역시 김동인의 문학을 기리고 력사의 풍파를 견뎌내는 문학인들에게 희망과 고무를 안겨주기 위해 제정하였는데 모두 한국 현대문학사의 수레바퀴 역할의 의의를 가진다.

한국문학상의 민족성은 특히 작가의 이름으로 주어지는 문학상에서 더욱 두드러지는데 이 때의 향토성은 당대의 시대 분위기와 련관된다. 울산매일신문사가 1993년에 제정한 오영수문학상은 한국적인 정서를 바탕으로 향토색 짙은 단편소설 창작의 외길을 걸었던 소설가 오영수의 문학 정신을 재조명하고 예술혼을 기리는 취지를 갖고 있다. 온정과 선의로 넘치는 한민족의 따뜻한 소설 세계를 의미하는 오영수문학상은 도시 로동 계층의 성장과 불합리한 삶의 조건에 잇따른 불안이 떠도는 1990년대에 향토성을 꿋꿋이 지켜가는 문학상이라 평가할 수 있다. 2001년 ≪중앙일보≫는 “세기가 바뀌고 삶의 양식이 달라진다 해도 결코 변해서는 안될 인간성과 한국인의 정체성 그리고 우리말의 아름다움을 확대, 심화시켜 나간다”는 취지 아래 황순원문학상을 제정하였다. 황순원문학상은 소설가의 지명도나 심사위원의 영향력을 전혀 허용하지 않고, 오로지 작품 자체의 수준을 기준으로 모두가 납득할 작품을 뽑는다는 기치를 내걸고 소설 미학의 전범을 보여주면서 황순원의 문학을 계승하려고 노력하였다. 김유정문학상도 개성 있는 작가로 검증된 김유정을 기리는 사업의 하나로 한국 문단의 창작 활성화 및 향토문학 발전에 기여하기 위해 설치하였는데 이는 수상작에 대한 심사평에서도 여실히 드러난다. 2010년 제4회 김유정문학상 수상작 김애란의 <너의 여름은 어떠

27 박완서, 김원우, ≪동인문학상 수상작품집 21회-25회(1990-1994)≫, 조선일보사, 2003, 301페지.

니>는 "젊은 세대의 감성과 환상을 오늘날의 어법으로 정확하고 꼼꼼하게 전달하는 능력이 1930년대 김유정 소설이 도달했던 어떤 경지를 련상시킴으로써 그 시대 김유정이 거둔 문학사적 가치 전승에 크게 이바지한다"는 리유로 당선되였고 2013년 제7회 수상작 리인성의 <한낮의 유령>은 "익숙하지 않은 방식과 새로운 형식으로 무장한 리인성의 오롯한 문학적 노력은 값지고 귀하며 김유정문학상의 의미와 걸맞다"는 의미에서 선정되였다. 이 밖에 리효석문학상, 동리목월문학상, 만해문학상, 김승옥문학상 등 문학상들도 모두 민족 정서를 순화시키고 민족성과 포용성을 겸비하며 한국문학의 가치를 이어가는 환경을 확립하기 위해 노력한다.

다음 한국문학상은 시대적 요구에 적극적으로 호응하고 해당 시대의 문학 환경에 민감하게 반응하면서 한국 문단의 성실한 보고자를 자처한다. 이는 한국문학상이 력사의 틈바구니에서 고취한 민족정신을 존속하면서 오늘날까지 문학적 업적을 확대하고 지속적인 생산성을 유지할 수 있는 또 다른 리유이다. 1977년 문학사상이 제정한 '리상문학상'이 그 대표라고 할 수 있는데 이는 1회 수상작 김승옥의 <서울의 달빛 0장>의 문학성과 그에 대한 심사평에서도 시대적 의미를 추출할 수 있다. '동시대적 인간의 문제', '뛰여난 통찰력과 풍부한 상상력' 등 평가에서 나타나듯 리상문학상은 사회를 투시하고 전통의 계승과 선진문학을 수용하면서 한국 문학 방향을 이끌어 가는 시대적 의미를 중요시하고 있다. 즉 사회적 감정을 파악하고 현실을 통찰하면서 그것을 예술적으로 승화시키는 것이 한국문학상들이 작가의 력량과 문학성을 평가하는 중요한 기준으로 작용하고 있는데 이는 한국의 가장 권위적인 3대 문학상의 심사평에서도 드러난다.

2000년부터 2020년까지 한국 3대 문학상인 동인문학상, 현대문학상, 리상문학상[28]의 심사평을 아래와 같은 키워드로 귀납할 수 있다.

키워드	구체적 표현	회수
삶	삶, 삶과 죽음, 삶의 풍경, 삶의 모습, 삶의 단면, 생, 삶의 가치, 삶의 의미, 삶의 본질, 삶의 진정성, 삶의 잠재성, 삶의 성찰, 삶의 실천, 삶의 고통, 타락한 삶, 람루한 삶, 루추한 삶, 삶의 매콤함, 삶의 비극성, 삶의 비의, 삶의 연약함 등	8
시대, 현실	시대의 아픔, 시대 문제, 시대, 오늘의 현안, 시대의 꿈, 시대 감정, 시대 함의, 시대적 응전력, 시대의 묵시록, 시의성, 시대의 생명권력 현실, 현실의 면모, 비루한 현실, 현실의 문제, 현실적 삶, 현실감, 현대사회, 고통스런 현실 등	4
참신함	신선함, 참신함, 혁신적, 새로운 등	8
존재, 실존	존재 자체, 인간의 존재, 현대인의 존재형식, 존재조건, 존재론적 질문, 존재의미, 실존 등	8
불안	불안, 불안 의식, 불안과 방황 등	6
서사	서사, 서사의 구조, 기억의 서사, 서사 기법, 서사 미학 등	6
미학	미학, 균형의 미학, 소설적 미학, 문체의 미학, 수사학적 미학 등	4
상상력	상상력 등	4
상징성	상징성, 상징적, 상징, 상징어 등	4
내면세계	내면, 내면세계, 내면풍경 등	0

문학상의 심사평은 수상 작품에 대한 객관적이고 개괄적인 평가이자 문학상의 평가기준의 구체적인 체현이다. 따라서 '디지털인문학'[29]의 방법을 리용하여 문학상 심사평의 기록을 바탕으로 심사평 키워드를 귀납 분석하면 그 평가기준과 특징을 추출할 수 있다. 물론 심사평에서 상술한 키워드들이

---

28 이 책에서는 한국문학상 수상 작품 각각에 대한 정밀한 분석보다는 일종의 경향성을 추출하는 데 주력하기 위해 21세기 진입후 한국 3대 문학상의 심사평을 기준으로 살펴보았다.

29 디지털 인문학은 연구자가 대량의 디지털 파일에서 사람들이 사용하는 언어와 어휘데이터 분석을 진행하여 거기에 반영된 문화 현상을 제시하는 연구이다. 胡乃麟 申富英, ≪新世纪国外文学研究: 热点、方法、立场-基于 6 种 A&HCI 文学期刊 2014—2018 年的分析≫, 山东社会科学, 2019年5月, 总第285期。

단독으로 나타난 것이 아니라 흔히 한편의 작품에서 여러가지 키워드를 포괄하고 여러가지 사상을 함께 추구하고 있지만 도표에서 보면 '삶'에 관한 키워드가 제일 많은 비률을 차지하고 '시대 / 오늘 / 현실'의 키워드가 두번째로 많이 등장한다. 이는 문학상의 평가기준의 사회성 즉 현실 반영을 주요 경향으로 하고 있음을 보아낼 수 있다. 동인문학상, 현대문학상, 리상문학상은 한국 문학의 길라잡이로서의 역할을 성실히 수행하면서 시대를 관통하는 무게 있는 작품들을 발굴하고 인정해주면서 스스로도 권위를 부여받게 되였다. 3대 문학상 이 밖의 문학상들도 날로 변화하는 시대에 립각하여 한국의 현실을 응시하고 현대인의 내면 세계를 들춰보면서 사회적 책임을 행하려는 일종의 자세를 드러낸다.

한편 지금 한국 소설에서 '재현'의 문제가 첨예하게 인식되고 있음은 물론 그것이 녀성–서사에 의해, 페미니즘으로 견인되고 있다는 것에도 이견이 없을 듯하다.[30] 한국문학상 수상 작가들의 경우 역시 녀성 작가들의 점유률이 컸고 그 수가 해마다 늘어나 상승하는 추세를 보인다. 아래 도표(표1)는 2000년부터 2020년까지 해마다 3대 문학상 대상을 수상한 작가들의 성별 비률과 추세를 분석한 것인데 결과적으로 보면 녀성작가들의 비률이 절반 이상을 차지하고 계속 상승 추세를 유지하고 있다.

30 노태훈, <녀성서사 재현의 확대와 심화-일련의 페미니즘 논쟁을 따라가며>, ≪문학과사회≫, 문학과 지성사, 2018년 겨울호, 2018. 11.

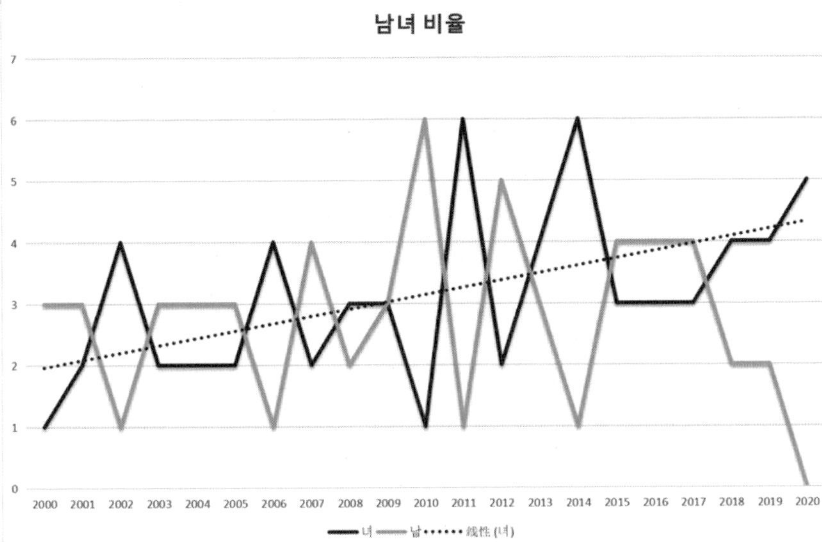

(표 1)

녀성 작가들의 증가와 활약은 한국문학상의 다원화를 드러낸다. 한국 당대 녀성 작가들은 날로 변화하는 시대에 민감하게 반응하면서 소녀로부터 가정주부, 직장의 녀성, 로인 등에 관심을 기울이면서 성장, 결혼, 가정, 인간 관계, 사랑에 대한 추구 나아가 사회에서 녀성의 가치 등 다양한 사회 현상에 대하여 치밀한 설득력으로 강렬한 공감을 자아낸다. 2000년대 이후의 한국 녀성 수상 작가들은 현대 녀성의 생존 현황, 생활 공간과 그 운명의 방향 등에 관심을 가지고 있다. 2020년 ≪젊은 작가상 수상 작품집≫에 수록된 작품 대다수가 '녀성'과 관련한 문제를 고찰하고 있다는 점을 고려한다면 조금 거칠기는 해도 다음의 결론을 얻을 수 있다. '녀성'과 관련한 문제를 자기 삶의 그것으로 뚜렷하게 경험한 독자들이 문학에 요구하는 것(혹은 문학으로부터 발견하는 것)으로서 ≪젊은 작가상 수상작품집≫은 분명 일종의 시대정신의 발현(적어도 반영)이라 볼 수 있다는 것이다.[31] 이는 2017년도 주요

문학상 특징중 하나가 수상자를 포함해 최종심에 오른 작가가 전부 녀성인 현상에서도 나타난다. 그중 대산문학상을 심사한 황종연 문학평론가는 최근 10년 사이 작가, 평론가를 포함한 독자의 기대지평이 상당히 바뀌였고 세월호 참사를 전후로 포스트민주주의(절차적 민주주의, 법치 국가 성격이 유지됨에도 정부가 국민을 배신하는 역설적인 상황) 비판, 녀성혐오 론난 등 사회 변화에 빨리 적응한 게 녀성작가인데 이는 단순히 젊고 전투적인 게 아니라 기성사회를 보는 방식이 이전과는 완전 다르고 앞으로 문학계 판도를 바꿀 것으로 예상된다고 하였다.[32] 즉 한국 문단은 모든 녀성 특유의 힘과 기교를 표현하면서 집중적으로 상을 받는 녀성 작가들이 선두를 달리는 국면이 형성되였다. 녀성 작가들은 시종일관 녀성의 사회적 책임의식을 포기하지 않고 녀성의 특별 감각을 바탕으로 풍부하고 다채로운 소설 창작 실천을 이루었다.

한국문학상은 또한 등단 년도와 상관없이 작품 자체의 력량을 평가하여 문학에 실질적으로 기여할 능력이 있는 작가들을 발굴, 격려하는데 이는 수상 작가가 점차 젊은 년령층으로 확장하도록 이끌어간다. 표 2는 2000년부터 2020년까지 대상을 수상한 작가들이 수상 시기 년령을 분석한 도표인데 젊은 층의 작가들이 절반 이상의 비률을 차지한다. 이러한 양상으로부터 볼 때 세대교체를 체감케 하는 21세기 한국문학상 수상 소설의 주도적인 흐름은 젊은 작가들의 력량으로 다져지고 있다는 것을 설명한다.

---

31 선우은실, <우리가 우리의 문제에 대해 말할 때 필요한 것-'당사자성'을 중심으로>, ≪문학들≫, 2015, 18페지.

32 리윤주, <문학상 세대교체… 80년대생 녀성작가 싹쓸이>, ≪한국일보≫, https://www.hankookilbo.com/News/Read/201711170455183100.

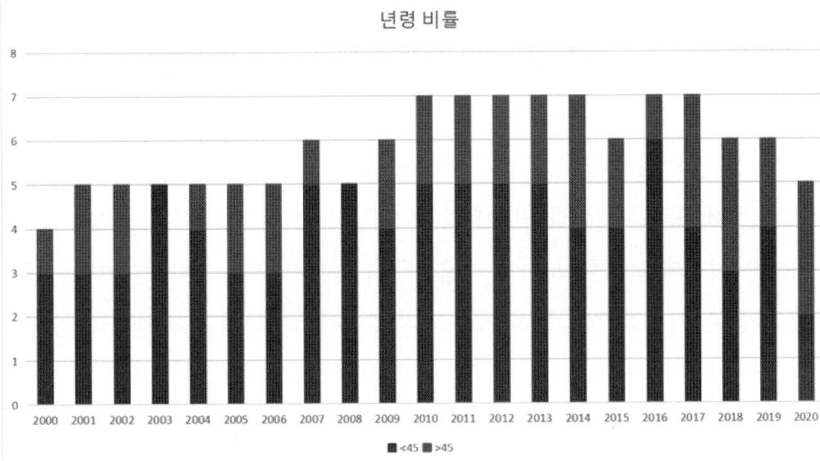

(표 2)

2010년 문학동네가 제정한 '젊은 작가상'을 놓고 보더라도 비교적 최근에 신설한 문학상이지만 기존에 생긴 다른 많은 문학상 못지 않게 그 영향력이 점점 확대되고 있다.[33] 그 리유는 등단 십년 이내 작가들을 대상으로 선정하는데 이는 아직 집중적으로 조명되지 않은 문단의 개성을 파헤치고 한국문학의 미래와 가능성을 탐구하는 데 의미가 있다. 또한 이는 독자들이 '젊은 작가'에 대해 주목하고 있다는 것을 설명하는데 리유는 '자신과 련관된 시선에서' 한국 문학이 어떤 지점을 바라보고 있는가에 촉각을 세우고 있다는 점이다.[34] 김애란이 한국일보문학상 최년소 수상자, 리상문학상 력대 최년소 수상자로 화제를 불러일으킨 것도 이 점을 증명한다. 또한 김중혁, 손보미,

33 가장 최근의 통계를 보더라도 인터넷 서점 알라딘이 보고한 결과에 따르면 2020년 상반기 판매 서적 1위이다.
https://newsis.com/view/?id=NISX20200611_0001055878&cID=10701&pID=10700.

34 선우은실, <우리가 우리의 문제에 대해 말할 때 필요한 것-'당사자성'을 중심으로>, ≪문학들≫, 2015, 18페지.

김종욱, 황정은, 정지돈, 김금희, 박민정, 강화길에 이르기까지 수많은 신예 작가들이 한국 주요 문학상을 수상하면서 두각을 드러내는 것은 한국 문단이 젊은 작가들을 최대한 효률적으로 조명하고 새로운 세대의 담론으로 전환하겠다는 것을 의미한다.

젊은 세대들의 개성과 민감성의 특징은 그 파급력이 굉장하고 젊은 수상 작가들은 자신의 독특한 문화적 수용과 깨달음으로 기성 세대보다 더욱 풍부하고 다양한 기법적 장치들을 시도하며 주류 문화와 현실 격차를 소통하는 다리가 되여주면서 시대의 새로운 목소리와 활기를 보여준다.

모두어 말하면 한국문학상은 한국 문학의 전통적 가치를 계승하는 한편 현실에 대한 문제의식을 보여주고 젊은 작가와 녀성 작가들이 점차 활약하고 있음을 보여주면서 21세기 문학장의 외연을 확대하는 추세를 드러낸다.

제2장

2000년-2020년 한국문학상 수상 소설의 인물 군상

작가는 인물을 구성하기 위해 삶과 주변 인물을 관찰하기에 인물은 그 시대를 구성하는 인간의 신체적, 정신적, 사회문화적 특징 요소가 담겨있다. 소설은 우리들이 살아가는 이야기를 쓰고 사회의 다양한 인간상과 세태를 반영한다. 소설에서 인물은 이야기를 형상화시키고 작가의 주제의식을 드러내는 가장 기본적인 요소이다. 따라서 소설의 작업은 '새로운 인간형의 창조 작업'[1]이라 할 수 있으며 문학작품 연구중 인물에 관한 연구는 가장 핵심적이고 기본적인 연구이다. 소설 분석의 방법론이 아주 세련되고 다양해진 오늘날에 있어서도 소설의 구성 요소중 인물 또는 성격이 아직도 가장 많은 관심을 끌고 있다고 할 수 있다. 작중인물은 여러 요소로 형성되는데 그중에서도 성격의 요소가 가장 중시되어 성격이란 말이 아예 작중인물의 대명사가 되기도 한다.[2] 특히 사회학의 방법과 심리학의 방법을 집중적으로 원용하는 것은

1 정한숙, ≪소설기술론≫, 서울: 고대출판부, 1973, 83페지.

2 조남현, ≪소설원론≫, 서울: 고려원, 1993, 129페지.

성격창조의 지평을 보다 더 활발하게 타개한다.[3]

제1절 '다중격차' 사회의 초상화

다중격차(multiple disparities)란 다양한 불평등 령역이 반복적인 상호작용을 통해 서로가 서로를 강화시켜 개별 불평등의 작동 방식과는 다른 독립적인 작동 방식을 갖춘 불평등의 특수한 형태다.[4] 21세기 한국의 불평등은 이제 단순히 빈부 격차가 아니라 '다중격차'로 나타나고 있다. '다중격차'는 소득, 자산, 주거, 교육, 문화, 건강 등의 다양한 령역에서 격차가 벌어지는 현상으로 이러한 불평등의 문제는 각 령역간에 상호관련성이 점점 더 밀접해지면서 구조화되는 경향을 보인다.[5] 계층의 량극화는 소득과 자산의 격차로 이어지고 그것은 잇달아 주거, 교육, 건강 등의 격차로 련결되면서 어린이, 젊은이, 로인들의 생활에 여러가지 영향을 끼친다.

1. 미시체계가 파괴된 어린이

브론펜브레너(Urie Bronfen Brenner)는 아동의 발달을 사회문화적 관점으로 리해하고저 미시체계, 주간체계, 외체계, 거시체계, 시간체계라는 다섯가지로 구분하는 생태학적 체계리론을 정립했다. 그는 어린이가 발전하는 환경은 작은 것에서 큰 것으로 확산되는 생태계이며 모든 체계는 일정한 방식을 통해 개체의 발전에 영향을 미친다고 생각한다.[6] 그중 미시체계는 어린이의

---

3 조남현, ≪소설원론≫, 서울: 고려원, 1993, 138페지.

4 황규성, <다중격차: 다차원적 불평등에 대한 개념화 시론>, ≪동향과 전망≫, 2016년 97호.

5 전병유, 신진욱, ≪다중격차, 한국 사회 불평등 구조≫, 서울: 페이퍼로드, 2016, 25페지-35페지.

발전에 가장 직접적인 영향을 주는 체계로 어린이가 일상적으로 마주하는 가정, 학교, 주변 이웃, 지역 사회와 같은 구체적인 환경을 포함한다. 미시체계는 어린이가 성장하는 실제 생활에 구체적으로 존재하면서 발달 과정에 직접적이면서도 강력한 영향을 미친다.

어린이는 생태계의 한 구성 인자로서 성장 과정에서 자기 조절 능력을 발휘하고, 주변 환경과의 지속적인 상호작용을 통해 삶에 적응해 간다. 그러나 환경이 요구하는 적응의 수준이 개인의 감당 범위를 넘어설 경우, 어린이는 혼란과 방황을 경험하게 된다. 특히 가족, 친구, 교사, 이웃과 같은 주변 사람들은 어린이와 직접적인 상호작용을 이루며 발달에 결정적인 영향을 미친다. 따라서 가정과 학교와 같이 어린이의 일상과 밀착된 환경은 발달 과정을 규정하는 핵심적 생태 요인으로 리해될 수 있다. 나아가 이러한 요인들은 다시 다양한 하위 요소로 이루어져 미시체계 전반에 작용하는데, 일부 요소의 불균형만으로도 어린이의 발달 체계는 생태적 균형을 상실하게 된다.

한국 소설에 등장하는 어린이는 시대의 모습을 상징하는 표본의 역할을 하는데 주거, 교육, 경제 등 격차로 인해 가정과 학교 등 미시체계의 균형이 파괴되면서 자아 혼란을 느끼고 정체성 문제를 겪으면서 성장한다. 어린이는 그 사회의 일원으로 사회는 어린이를 보호하고 좋은 것, 아름다운 것을 많이 보여주면서 순수한 심성을 지켜줘야 하지만 현재의 한국 어린이들은 행복하지 못하다.[7] 2013년 보건복지부에서 조사한 아동청소년 종합실태조사 결과에 의하면 한국 아동 삶의 만족도는 100점 만점에 60.3으로 OECD 회원국

---

6 邱学青：≪论边缘儿童产生的成因及其游戏治疗≫, ≪南京师大学报≫, 2007年第6期。

7 ‘OECD 어린이, 청소년 행복지수’ 조사에서 한국이 OECD 국가중 6년째 련속 최하위를 기록했으며 2010년 OECD 국가의 자살률 현황에서도 청소년 자살률이 상위권에 속해있다. TIMSS 평가중 능동적, 창의적 학습 수준을 측정하는 ‘자신감’과 ‘흥미도’ 부분에서도 최하위권이다. ≪조선일보≫ 2014. 11. 20.

가운데 최하위였으며, 빈곤 아동이 일반 아동에 비해 평균 행복감이 낮은 것으로 나타났다.[8] 아동의 행복감에 영향을 주는 요인들에 관한 선행연구들을 살펴보면, 개인 내적 요인, 가족 관련 요인, 학교 관련 요인, 성별, 년령, 소득수준, 건강 등을 포함한 인구사회학적 요인이 영향을 미치는 것으로 보고되였다.[9]

다원화로 발전되는 사회적 가치 추세에 전통적인 인간관계 모식은 점점 해체되고 가정 구조의 변화, 사회 환경의 변화는 어린이들의 성장에 더 많은 불확실성을 초래하면서 곤경에 처한 아동[10]들이 존재한다. 오늘날 한국 어린이가 처한 성장 환경은 자연재해거나 전쟁, 빈곤과 같은 전통적 고난과는 다른 양상을 보인다. 이들은 개인의 의지로 극복하기 어려운 사회 구조적 위기—경제 불안, 가족 해체, 다문화 갈등, 학교 폭력—의 복합적인 영향을 동시에 받고 있다. 특히 리혼과 가족 구조의 변화, 그리고 경제적 불안정은 어린이의 정서적 불안을 증폭시키며, 다문화 배경에서 비롯된 정체성 혼란은 어린이의 기본 권리와 존엄을 쉽게 침해한다. 또한 학교와 가정에서의 폭력은 어린이에게 두려움과 우울, 사회적 위축 등 심리적 문제를 야기한다.

한마디로 한국 어린이들은 성장 과정에서 가정, 사회, 그리고 교육, 의료 등 미시체계의 생태인자가 파괴되면서 다방면의 곤경에 부딪치게 되는데 한국문학상 수상 작가들은 이러한 어린이들의 어두운 내면을 들여다보고

---

8 백혜영, 강현아, <빈곤이 아동의 사회적 자본을 통해 행복감에 미치는 영향>, ≪한국아동복지학≫ 54호, 2016.

9 백혜영, 강현아, <빈곤이 아동의 사회적 자본을 통해 행복감에 미치는 영향>, ≪한국아동복지학≫ 54호, 2016.

10 武艳华：≪困境儿童的福利需求、救助不足与保护机制研究≫, ≪社会工作与管理≫, 2018年第3期, 2018年5月15日。 곤경에 처한 아동이란 서양 사회 정책 분야에서 나온 것으로 자신, 가정이 처한 사회 환경 등 방면에서 모두 특수한 어려움을 겪어 기본적인 생존 처지와 발전 권리에 장애를 초래하는 것을 가리킨다.

어린이들이 가변적이고 복잡한 사회의 실상을 마주하면서 충격과 상실 속에 성장하는 과정을 그려낸다.

전성태의 소설 <낚시하는 소녀>의 소녀는 재건축을 앞둔 비탈진 동네에서 어머니와 함께 가난하고 고립된 삶을 영위한다. 소녀의 어머니는 로쇠한 창녀로서, 삼만원밖에 되지 않는 소풍 비용 앞에서 한숨을 내쉬고, 공과금 고지서가 가득 쌓인 식탁 우에서 랭동피자를 데워 먹으며 하루를 버텨낸다. 낮에는 잠을 자고 밤마다 일을 나가는 어머니가 겪는 모멸감 속에서, 소녀 또한 사회적 고립과 정서적 결핍을 함께 감내해야 한다.

소녀는 창밖의 오동나무에 매달린 낚시대 끝의 록음기를 통해 새소리를 수집하는 행위를 지속한다. 이는 단순한 놀이가 아니라, 외부 세계와 소통하려는 무의식적 갈망의 표출이다. 그는 어미새 없이도 스스로 노는 새끼새나 건물 틈의 새끼고양이에게서 자기 존재의 그림자를 발견하며, 도시의 경계 너머에 펼쳐질 또 다른 세계를 상상한다. 특히 소녀가 훤히 드러난 곳에 둥지를 튼 새를 안타까워하고, 무성한 이파리 속으로 숨어드는 새를 응원하는 장면은, 가시적 세계에서 배제된 채 은폐된 공간에 익숙해진 소녀의 무의식을 드러낸다.

그러나 어느 순간 자연의 소리에 어른들의 잡음이 섞여있음을 알게 되고 엄마의 일상을 낚아 올리게 된다. 오동나무는 옆집 모텔의 소음을 막아내지 못했고 끝내는 엄마의 저녁 약속 전화까지 낚시대 끝에 매달린 엠피스리에 고스란히 록음된다.

소설은 헤드셋을 통해 자연의 소리로부터 세상의 소음을 듣게 되는 소녀의 형상으로 삶이 드러내는 민낯을 대면하고 생활의 실체를 맛 보는 어린이 모습을 부각하였다. 빈곤으로 외진 곳에 처한 소녀는 외부 세계와의 소통을 갈망하면서 리해의 통로를 만들어가지만 세상은 그 통로를 통해 현실을 잔인하게 직시시킨다. 이 과정에서 소녀는 렬등감과 고통에 빠지게 되고 세상과 더욱 소원해지는 동시에 고독 속에서 조숙해진다.

김애란의 <노찬성과 에반>의 노찬성 역시 아버지가 사고로 돌아가시고 할머니와 단둘이서 의지하며 가난을 겪는 인물이다. 자살로 의심되는 아버지는 차사고로 떠났지만 보험금 한푼 받지 못했고 할머니는 아픈 허리를 겨우 이기며 휴계소 식당에서 일을 한다. 찬성은 동네 쉼터에서 관광객의 흉내를 종종 내는데 이는 현실을 떠나고 싶은 간절한 념원이자 잠간이면 나아질 수도 있다는 스스로에 대한 위로이다. 그러던 어느 날 우연히 흰 개를 주어다 기르면서 무리에 어울리지 못한다는 어떤 동질감에 에반이라고 이름까지 지어주고 친구처럼 의지한다. 그러나 아끼던 에반이 아빠와 같은 병인 암에 걸리면서 찬성은 고민에 빠지게 된다.

> '아빠도 그랬을가?'
>
> 찬성이는 고개 숙여 에반을 바라봤다. 에반은 찬성의 무릎에 앉아 미세한 진동을 느끼며 꾸벅 졸고 있었다. 찬성은 의사에게 들은 얘기를 하나하나 되짚었다. '수술은 해도 좋고, 안해도 좋다'는 게 무슨 뜻인지 곰곰 생각했다. 이럴 때는 무얼 하면 좋을지 알 수 없었다.[11]

사랑하는 에반과 돈이라는 현실 앞에서 찬성이는 방황한다. '수술을 해도 좋고 안해도 좋다'는 의사의 의미를 파악하지 못하며 병세가 악화되여가는 나약한 생명에 대한 무기력과 외로움만 남는다. 결국 그는 고통을 덜어주는 안락사를 맞히기 위해 비용 10만원을 구하러 아르바이트에 나가지만 에반은 고통을 이기지 못해 끝내 스스로 도로에 뛰여들어 죽음을 선택한다.

11 김애란, ≪바깥은 여름≫, 파주: 문학동네, 2017, 57페지.

> 대형 화물 트럭 몇대가 시끄러운 경적을 울리며 찬성 옆을 사납게 지나갔다. 머리속에 난데없이 '용서'라는 말이 떠올랐지만 입 밖에 내지 않았다. 찬성이 선 데가 길이 아닌 살얼음판이라도 되는 양 어디선가 쩍쩍 금 가는 소리가 들려왔다.[12]

'용서'는 견딜 수 없는 불치병에 걸렸지만 경제적으로 힘들기에 끝내 수술을 시키지 못한 채 자살로 아들을 보낸 할머니가 입에 달고 사는 말이다. 돈 때문에 스스로 도로에 뛰어들어 목숨을 끝내 버린 에반을 보며 '용서'라는 단어를 떠올리는 찬성은 할머니가 겪었던 가난에 의한 상실의 아픔을 똑같이 경험한다. 성장 과정에서 겪은 모든 경험은 어린이의 심리와 인격을 구축시키는데 빈곤은 어린이들의 본능적인 위기감과 불안을 이끌어내기 마련이다. 어린 찬성이는 어른으로부터 되물림 받은 가난을 겪으면서 어둡고 구석진 곳에서 상실이라는 비극적이고 잔인한 경험을 통해 성장한다.

경제적 빈곤에 의해 소외된 어린이와 달리 가정 관계의 위기에 자신을 봉합해버리는 어린이들도 등장한다. 전경린의 <강변마을>의 소녀는 폭력적인 오빠, 울음과 웃음으로 요란한 세명의 동생들, 계집애라는 할머니의 힐난과 엄마의 원망, 예측 불가능한 아버지의 분노 속에서 끊임없이 부대끼면서 공포에 잠식된 일상을 살아가는 인물이다. 가사일과 심부름, 잔소리와 구박에만 파묻혀 홀대만 받는 존재였던 소녀는 어느 날 처음으로 사촌 외가에 가서 즐거움과 해방을 경험한다.

그러나 행복한 시간은 외가에 걸린 사진 속 사촌이모가 아버지의 내연녀임이 드러나면서 봉합되어버린다. 소녀와 형제들이 사촌 외가집에 가게된 것은 아버지의 내연녀가 애를 낳기 위해 소녀의 집으로 들어가기 위함이였

---

12 김애란, ≪바깥은 여름≫, 파주: 문학동네, 2017, 81페지.

다. 어른들의 치욕으로 바꿔왔던 락원에서 현실로 되돌아오면서 주인공은 더욱 치열한 가정 환경에 처하게 된다. 외면당한 갓난 아기의 울음소리는 처절하다 못해 지쳐있었고 할머니와 엄마의 악다구니에 소녀는 비참한 기분을 느낀다.

그 뒤로 강변마을에 있던 외할머니 집의 이야기만 나오면 소녀는 등짝을 맞는다. 그 리해할 수 없는 통증 속에서 소녀는 차츰 외가집은 떳떳하지 않은 것, 입에 올릴 수 없는 존재임을 알아간다. 잠간의 안정감을 제공했던 외가집은 굳게 잠긴 자물통처럼 주인공의 몸 안에 묻히고 공포와 결핍으로 채워진 집에서 주인공은 점점 더 고독해지며 락원은 다시 불가능하다는 것을 실감한다. 따뜻했던 외가집과 랭기가 도는 집에서 겪은 두가지 체험을 통해 소녀는 자신의 위치와 역할을 인식하게 되고 이 동태적인 과정에서 자아와 사회에 대해 새로운 인식을 얻는다. 아버지의 비루한 욕망과 외도는 소녀에게 이상 락원을 경험시킨 동시에 파산시켰고 어머니의 타락과 할머니의 힐난은 소녀가 외로움과 혼돈 속에서 성장하게 한다.

작자는 기형적인 가정 구조로 불안과 슬픔을 경험하면서 성장하는 소녀의 형상을 통해 불화와 치욕으로 넘쳐나면서 아름다움이 허락되지 않는 어린이들의 현실을 보여준다.

편혜영의 <소년이로(少年易老)>에서 10대 소년 소진은 폭언을 퍼부으며 불평만 늘어놓는 아버지, 극성맞은 사내 아이들에게 시달리느라 지쳐있는 어머니, 그리고 고불화가 잦은 형제들 속에서 갈등과 소란으로 가득한 가정 환경에 놓여있다. 그는 이 불안정한 가정으로부터 벗어나기 위해, 소음과 혼잡이 가득한 자신의 집과 달리 침묵과 적막이 지배하는 유준의 집을 일종의 피난처로 삼는다. 그러나 그 곳 역시 병든 유준 아버지의 신음과 랭랭한 유준 어머니의 무관심에 의해 죽음의 기운이 감도는 공간일 뿐, 소진의 내면적 결핍을 채워주지 못한다. 소극적인 외부의 환경은 소년의 미숙한 심리에 곤혹을 초래하고 자아 모순에 빠지게 하며 외부와 분리시킨다.

소진이 유일하게 매혹을 느끼는 장소는 바로 유진의 집에서 진입이 금지된 서재이다. 소진은 종종 '땅속으로 들어가는 기분인 듯'한 화랑 끝에 있는 서재에 몰래 들어가 유준 아버지의 만년필로 글을 모방하기도 하고 컴퓨터도 켜보며 또 잠겨있는 서랍을 반복적으로 흔드는 행위를 통해 일종의 쾌감을 경험한다. 가정의 불화로 정체성 확립이 어려운 소진에게 서재는 어른들의 세계를 탐독하고 모방할 수 있는 신비의 세계로 그가 점차 어른으로 성장해 가는 배경이 된다. 특히 커다란 비밀을 품은 듯한 서랍에 대한 집착은 안정감이 결핍된 그의 내면을 채워주는 행위이다.

결국 소진은 불안정한 가정과 낯선 외부 공간 속에서 안정적 기반을 상실한 채, 낯설고 두려운 세계가 곧 삶이라는 사실을 자각하며 성숙의 길로 나아간다. 작가는 불안한 가정환경 속에서 형성된 비밀과 억압, 그리고 이를 통해 질서와 환멸을 동시에 체득하는 과정을 통해, 소년이 동심의 세계에서 성인의 세계로 이행하는 복합적 성장의 양상을 형상화한다.

한편 신분적 배경이나 신체적 장애 등 차별로 인해 학교에서 집단적 따돌림이나 폭력을 당하는 어린이들도 등장한다. 그들은 학교라는 작은 공동체에서 유리되거나 주동적으로 집단에서 탈출하는 방법을 탐구한다. 김종옥의 <거리의 마술사>의 자폐증이 있는 남우(男雨)는 우울한 모습과 이름 때문에 레인맨(Rain Man)이라는 별명을 가졌다. 걷는 모습이 기계처럼 이상했고 항상 고개를 숙이고 다니기에 아무도 정면으로 바라보지 않는다. 아이들은 남우를 부르지 않았고 그를 교실 한구석에 놓인 신발장이나 청소도구함 정도로 생각했다.

남우가 선택한 탈출구는 '마술'이라는 상징적 행위이다. 그는 자신을 괴롭히던 아이를 쓰러뜨리는 듯한 시늉을 통해 억눌린 분노를 드러내고, 그 순간 만큼은 폭력의 피해자가 아니라 가해자에게 공포를 환기하는 주체로 자리한다. 그러나 아이들의 오해와 집단적 폭력이 이어지면서 남우는 결국 창문을 통해 교실을 벗어나는 극단적 방식을 택한다. 이 장면은 개인이 가상적 행위를 통해 폭력의 질서를 전복하려 하지만, 그 시도가 좌절로 귀결되는 비극적 현실을 보여준다.

남우의 마술은 비록 실패했지만 처음으로 자신의 세계에 친구들의 시선을 끌어모았고 교실이라는 완강한 질서에서 자신을 구원하는 데 성공하였다. 미드는 인간 자아에는 주체적 행동을 유발하는 개인적 측면의 주체적 자아와 일반화된 타자들의 기대를 내면화한 사회적 측면의 객체적 자아가 있다고 하였다.[13] 남우의 주체적 자아는 주위의 조롱과 폭력 속에 자폐라는 객체적 자아의 결함을 인지하면서 모순에 빠진다. 그는 자신과 함께 '타자'라는 동질성을 가진 안나를 통해 위로를 얻으려고 하지만 오히려 질투라는 더욱 큰 곤경에 빠지게 된다. 어린이는 사회의 일원으로서 성장하는 과정에서 자아와 외부 환경과의 관계를 조절하고 끊임없이 상호 작용하는 과정에서 생태계에 적응하는 방법을 모색해 간다. 그러나 따돌림과 차별이라는 폭력이 조절 기능의 균형을 파괴하면 집단과 분리된다. 따라서 남우는 마술이라는 가상 행위를 통해 교실이라는 집단에서 탈출하는 비극적 방식을 선택할 수밖에 없는 인물이다.

김애란의 <가리는 손>의 재이는 엄마가 한국인이고 아빠가 동남아인인 혼혈아이다. 더우기 부모의 리혼으로 그는 이상한 눈길과 뒤담화를 면치 못한다. 까만 피부를 가진 그는 한겨울에도 얼굴과 목이 다를 정도로 선크림을 듬뿍 바르면서 공동체 속에 동화되려고 노력하지만 소수자라는 정체성 때문에 차별을 받는다. 그렇게 '평범'함에 어울리려는 처절한 몸부림에도 그는 다문화라는 특수한 가정환경으로 학급 대표 선거에서 모욕적인 투표

---

13 宇海金: ≪乔治·H·米德的自我理论研究≫, 博士学位论文, 复旦大学, 2008年, 第63-64页。

문구를 받고 떨어진다. 그러던 어느 날 중학생 몇명이 박스 줏는 할아버지를 폭행하여 그 자리에서 숨지게 한 사건이 일어나는데 떠돌아다니는 동영상에는 그 과정을 멀리서 지켜만 보고 있던 재이도 찍혀있다. 결국 재이는 다문화 가정의 아이여서 울분이 많아 주동자일 수 있다는 부당한 편견에 둘러싸인다. 나중에 재이의 엄마는 동영상에서 멀리서 로인이 쓰러지는 장면을 지켜보고 있다가 입을 막는 재이의 모습을 보고 그 가리는 손이 어쩌면 놀람이 아닌 웃음을 가리기 위한 손일지도 모른다고 생각하며 소설은 끝난다.

재이는 객관적 자아, 즉 타자의 시선 속에서 드러나는 외모의 결핍과 부모의 리혼이라는 가정적 요인으로 인해 내적 불안을 경험한다. 이러한 조건은 그의 주체적 자아에 정서적 파동을 일으키며, 더 나아가 편견과 차별이 내포된 암묵적 폭력은 자아를 점차 예민하고 불안정하게 만든다. 이 과정에서 형성된 렬등감은 무의식적 층위에서 타자에 대한 혐오와 공격성으로 전환되고, 이는 손으로 가린 웃음이라는 행위적 제스츄어 속에 표출된다. 결국 사회화 과정의 단절은 어린이의 자아 정체성을 혼란에 빠뜨리고 정신적 위기를 야기한다. 작가는 재이라는 인물을 통해 학교 폭력이라는 집단적 경험이 어린이의 자아 동일성 실현을 가로막는 양상을 형상화하고 있다.

이상에서 살펴본 바와 같이 한국문학상 수상 작품들은 현대 사회의 주거, 교육, 경제 등 '다중격차'가 초래한 여러가지 곤경에 처하여 부동한 고독과 아픔을 겪고 있는 어린이들을 등장시킨다. <낚시하는 소녀>의 소녀와 <노찬성과 에반>의 찬성은 빈곤한 가정의 경제적 어려움으로 고독과 외로움을 느끼고 <강변마을>의 소녀와 <소년이로>의 소진은 기형적인 가족 관계에 의해 루추한 비밀로 가득찬 어른들의 세계를 대면하며 <가리는 손>의 재이와 <거리의 마술사>의 남우는 학교 폭력으로 자아 정체성의 혼돈과 슬픔을 겪으며 성장하는 인물이다. 즉 인격이 형성되는 중요한 시기에 그들은 복잡한 가정 구조로 보살핌을 제대로 받지 못하거나 되물림 받은 가난과 벗어나기 어려운 빈곤 속에 고통과 상실을 느끼고 차별에 의한 학교 폭력으로 외로움과 불안을 느낀다. 한마디로 가정, 학교와 주변의 가장 직접적인 환경인 미시체계가 파괴되면서 공허한 삶과 마주하고 자아와 외부 생태계와의 상호작용 속에 정신적 혼란을 느끼는 어린이들의 모습을 보여주었다. 작자들은 이러한 형상을 통하여 '다중격차' 시대 민감하고 취약하며 고독하게 성장하는 한국 어린이들을 생동하게 보여주었다.

2. 륜리적 딜레마에 빠진 젊은이

청년 세대는 사회학적으로 독립된 사회집단이자 근대 이후 지속적으로 주목받아 온 문화적, 경제적 주체이다. 생물학적으로는 성인에 속하지만 사회적, 경제적 지위와 역할에서 완전한 독립을 이루지 못한 과도기적 존재라는 점에서 특징적이다. 특히 산업화와 민주화 과정을 거치며 청년은 단순한 년령 집단을 넘어, 특수한 문화적 감수성과 사회적 정체성을 형성하는 세대적 범주로 인식되였다. 이에 따라 청년 연구는 정치적, 경제적 지위보다는 소비문화와 생활양식, 대중문화의 생산과 수용이라는 사회문화적 차원에 더 큰 비중을 두어 왔다. 다시 말해 청년은 랑만성과 진취성을 동시에 지닌 세대로 리해되였고, 새로운 문화를 창조하는 존재로 리상화되였다.

그러나 후기 자본주의로 이행한 오늘날 한국 사회에서 청년은 더 이상 랑만적 상징이나 문화적 생산자의 지위에 머물지 않는다. 오히려 이들은 주거, 고용, 교육 등 다층적인 령역에서 구조적 제약을 겪고 있으며, 개인적 리상과 사회적 현실의 괴리를 절실히 경험한다.

한국 현대 대표작가 김영하는 한국 젊은이들을 '가장 아름답고 또 가장 아름다울 나이인 그들이 가장 불행하게 지내고 있다는 역설'이라 말한 적 있는데 이는 소득, 자산, 주거, 교육 전반에서 '다중격차'를 겪는 한국 청년

세대의 실태를 정확히 드러낸다. 구체적으로 한국의 청년실업은 점차 심화되고 국가와 시장은 외환 위기 이후 이 문제를 해결하기보다는 청년세대에게 더욱 치열한 경쟁만 강요하고 있다.[14] 특히 경제 활동에도 불구하고 빈곤을 벗어나기 어려운 신빈곤 세대에서 주류를 차지하는 것이 청년층[15]으로 그들이 겪는 불평등의 문제는 아주 다양하고 '88만원 세대', '삼포 세대', '이퇴백' 등 신조어들이 범람하기 시작했다.

따라서 청년들은 자신의 로동이 존중받지 못하고 일상적인 모욕을 경험하면서 분노와 자괴감으로 인해 륜리적 신분의 의무를 리행하지 못하는 경우가 비일비재하다. 생존 자체가 위협받는 조건에서 청년들은 생존과 도덕 사이의 륜리적 딜레마를 피할 수 없게 되는 것이다. 륜리적 딜레마는 두개의 도덕적 명제로 구성되여있다. 선택자가 각각의 명제에 대해 독립적으로 도덕적 판단을 내릴 경우, 두 선택은 모두 옳은 것이며 보편적 도덕 원칙에도 부합된다. 그러나 일단 그 가운데 하나를 실제로 선택하게 되면 다른 하나는 보편적 도덕 원칙을 거스르게 되는 것이다.[16] 경제 중심에서 소외된 저소득층은 생존의 압박으로 사회적 정의나 도덕적 질서에 대하여 관심을 가질 여유가 없다. 작자들은 이러한 사회구조의 폐단을 감지하고 '자본주의내에선 사실 인간이 인간으로 살아나간다는 것 자체가, 그래서 인간에서 사람으로 넘어가는 것 자체가 어렵다'[17]는 관념을 륜리적 곤경에 빠진 젊은이들을 통해 보여준다.

물질세계가 날로 풍부해지면서 개인의 불안과 욕구는 부단한 자극을

14 박형신, 정수남, ≪감정은 사회를 어떻게 움직이는가≫, 파주: 한길사, 2015, 109페지.

15 정윤희, <'신빈곤'에 관한 문학적 서사-김애란의 소설집 ≪침이 고인다≫>, ≪세계문학비교연구≫ 제44집, 2013년.

16 聂珍钊 : ≪文学伦理学批评导论≫, 北京 : 北京大学出版社, 2014, 第262页。

17 리기호, 임현 대담, <누구나 알지만 불가능한 리기호>, ≪문학동네≫ 2018년 여름호.

받고 그로 인해 인간성이 외곡되면서 사회질서와 도덕체계에 미치는 충격도 크다. 리기호의 <오래전 김숙희는>의 정재민은 생존을 위해 도덕적 질서에 어긋나는 륜리적 선택을 하는 인물이다. 유아용 교구 제작업체에서 영업사원으로 일했던 그는 납품 계약 만료가 얼마 남지 않자 각별하게 공을 들이던 유치원 교사인 김숙희를 유부녀인 줄 알면서도 계속 만난다. 또한 김숙희가 남편을 살인했다는 사실을 알았을 때 그녀를 도피시키고 자신의 사업을 시작하기 위해 그녀 남편의 사망보험금을 모른 척 받는다. 유부녀 김숙희와의 불륜은 사회적 금기지만 계약이 만료되고 사업자금이 필요한 상황에서 부득이한 선택이였다. 고용 불안을 온몸으로 겪고 있는 한국 현시대 청년의 일원인 정재민에게 김숙희의 등장은 삶의 안전감을 보장해주는 구세주였다. 정재민의 형상은 생존 위기 앞에서 도덕이 개인에 대한 구속력이 점차 약화되고 새로운 사회, 경제적 질서하에 사회적 규범과 도덕 체계가 근본적인 도전에 직면했음을 보여준다. 특히 조사실에서 경찰의 취조와 정재민의 응답은 사회적 도덕 체제를 상징적으로 드러내는데, 경찰의 질문에 대한 정재민의 망설임과 불안은 그의 륜리적 곤경을 더욱 생동하게 드러낸다. 정재민은 세부적인 질문이 이어질수록 부끄러움을 느끼며 자신의 륜리적 선택을 정당화할 수 있는 근거를 찾으려 애쓴다. 한국 사회는 외부적으로 강력한 도덕률이 작동하지만 경제 론리에 지배되는 사회구조는 인간이 오히려 륜리적 원칙을 외면하도록 강요받고 혐오와 수치심 같은 부정적인 정서를 경험하게 한다. 결말에서 정재민은 김숙희를 람루하고 살찐 녀자로 평가하는데 이는 과거 자신의 륜리적 선택에 대한 내적 혐오와 자기부정의 심리가 투영된 결과로 해석될 수 있다. <오래전 김숙희는>의 정재민은 잔혹한 사회, 경제적 구조와 륜리적 질서 사이의 문제를 깊이 고민하는 진실된 인간의 모습을 반영하였다. 자신의 삶이 보장받기 위해 타인의 리익을 희생시키고 정의 앞에서 눈을 감을 수밖에 없는 상황은 한 개인의 생존을 위한 무의식적 선택이자 사회륜리적 비극이다.

황정은의 <양의 미래>에서 녀자는 자신의 생존과 실종 사건의 목격자라는 사이에서 륜리적 딜레마에 빠진 인물이다. 주인공은 가난에 찌들리고 사회에 소외된 한없이 나약한 인물이다. 그녀의 막막하고 루추한 삶은 그녀가 일하는 지하 서점처럼 빛이 들어오지 않는다. 10년째 간암 투병중인 어머니와 간병과 살림을 도맡은 왜소한 아버지, 모텔에서 섹스를 나누다 배고프면 동전을 모아 햄버거를 사먹는 련인, 사소한 시비로 가끔씩 뺨을 때리는 매장의 손님들, 그녀는 자신을 둘러싼 숨 막히는 공동체에서 어떤 의미도 찾지 못한다.

그러던 어느 날 사라진 소녀의 목격자가 되면서 그녀는 생계와 정의 사이에서 륜리적 혼란이 일어난다. 그러다 죄책감에 창고와 련결된 지하터널에 숨겨져있을 수 있다고 관리원에게 소심하게 말해보지만 단번에 부정당한다. 결국 밥 먹으러 지하에 내려간 그녀는 망치를 들고 바람이 느껴지는 벽을 마주보면서 다시한번 륜리적 고민에 빠진다. 그러나 몇번 휘두르면 가능할 것 같은 벽을 끝내는 허물어뜨리지 못하고 다시 도시락을 들어 꾸역꾸역 먹기 시작한다. 그녀는 자신의 삶을 무너뜨릴 수 있는 어떤 진실을 밝히는 일이 두려웠던 것이다. 망치와 도시락, 즉 진실과 생계 사이에 그녀는 후자에 타협한다. 화자가 밥을 먹을 때도 벽을 향해 앉아있는다는 것은 소녀에 대한 미안함과 내면의 갈등이 불러일으키는 륜리적 혼란을 의미한다. 하지만 중요한 것은 화자가 턴넬의 존재를 믿고 싶어하지만, 또 망치로 가려져있는 나무판자를 깨고 턴넬이 거기 있다고 단언할 용기는 없다. 작자는 도덕을 외면하고 현실적 타협을 선택하면서 소녀들을 보호해주지 못하는 비정한 어른의 모습을 통해 결국 그 소녀들도 도덕과 현실 앞에서 륜리적 딜레마에 빠지게 될 수많은 '양'들의 미래를 압축하여 보여준다.

'돌봄의 위기'(crisis of care)는 현재 공적인 토론에서 주요한 주제중 하나로, '시간 빈곤'(time poverty), '일-가정 량립', '사회적 소진' 개념과 맞물려있다.[18] 한국은 유교적 전통의 영향으로 로인을 존중하고 어린이를 보호하며 돌봄의 책임을 수행하는 것이 사회의 기본적인 도덕 규범으로 자리 잡았다. 그러나 오늘날 한국의 젊은 세대는 사회에 대한 새로운 인식과 자기 실현의 욕구를 갖게 되면서, 부모 부양과 자녀 돌봄과 같은 전통적 륜리 규범과 충돌하는 경우가 발생한다. 이들은 사회적 관습과 주류가치에 의문을 제기하며, 가치관 또한 보다 합리적이고 리성적이며 다원적인 양상을 보인다. 따라서 본능적인 욕망과 사회 륜리 규범을 잇따라 반성하면서 전통적 가치와 현실, 륜리와 개인적 리상 사이에 대하여 고민하는 젊은이들이 한국 소설에서 구체적으로 다루어진다.

김경욱의 <천국의 문>에는 치매를 앓는 아버지를 위해 꿈을 접어야 하는 주인공이 등장한다. 아버지 때문에 부모가 리혼한 뒤 엄마는 새 남자를 만났고 동생은 일본 류학을 떠났다. 녀자는 선택의 여지가 없이 아버지 곁에 남았지만 아버지가 치매에 걸리게 되자 모든 부담은 녀자 어깨로 떨어진다. 결혼 포기는 물론 아버지의 입원비 때문에 녀자의 집은 시 외곽으로 밀려나고 나중에는 반지하로 내려앉는다. 그러나 아버지의 치매는 호전되기는커녕 점점 폭력성을 로출하고 망치나 칼까지 휘두른다. 잔혹한 현실 앞에 녀자는 선과 악의 굴레에 빠지고 그 굴레를 탈출하는 계기가 아버지의 죽음이라고 생각한다. 아버지만 없다면 휴대폰도 최신형으로 바꾸고 영어 학원도 등록하고 류학의 꿈도 이룰 수 있다고 생각하지만 한편 그러한 자신의 생각에 죄책감을 느낀다. 녀자는 효도라는 륜리적 자대에 짓눌려 아버지를 림종까지 지키려 하지만 그에 따른 불투명한 미래에 대하여 불안하고 방황한다. 그녀가 실비아 플라스의 <아빠>라는 시에서 "아빠, 아빠, 개자식, 나 다 끝났어"

18 낸시 프레이저, <자본과 돌봄의 모순>, ≪창작과 비평≫, 2017, 45권 1호.

라는 원문을 끝내 읽어내지 못하는 데서 이러한 자신의 내면의 목소리를 대변한 데 대한 모욕감과 수치스러움을 느낄 수 있다. 이처럼 녀자는 사회적 륜리가 떠밀어주는 책임에 얽매여 욕망의 발현과 대치되는 가치 판단 사이에 갈등하는 인물이다. 아버지가 죽었으면 좋겠다는 욕망은 결국 녀자의 삶에 대한 욕망이다. 그러나 이런 삶을 갈망하는 원동력은 그녀의 도덕적 관념을 크게 위반하게 되는 것이다.

소설에 자주 등장하는 오로라 세계, 녀자의 직업 등 요소들은 녀자의였다는 녀자의 인식이 깔려있는데 이는 아버지의 죽 륜리적 딜레마에 빠진 복잡다단한 내면세계를 더욱 력동적이고 풍요롭게 재현한다. 직업이 어린이집 교사인 녀자는 어린이집의 냄새와 료양원의 냄새는 같은 것이라고 느낀다. 피여나는 생명과 죽음은 본체 하나음을 바라는 자신의 죄책감에 대한 위로이다. 또한 녀자는 아버지가 죽음에 이르러야 자신과 아버지가 모두 빛의 세계로 들어갈 수 있다고 생각한다. 자신이 동경하는 오로라 빛의 세계는 아버지가 부재할 때만 진입 가능한 세계이기 때문이다. 특히 주인공의 의식 속에 나타난 환상의 남자 간호사는 륜리적 딜레마에 빠진 자신을 구출하려는 방어기제의 작동이다.

작자는 효도와 돌봄이라는 사회적 륜리와 자신의 꿈 사이에서 방황하는 주인공의 내적 갈등을 통해 현실과 전통적 도덕 앞에서 자아를 잃어버린 현시대 청년들의 모습을 보여주었다.

로인의 돌봄 문제뿐만 아니라 결혼제도와 자녀 양육 문제에서도 한국 젊은이들은 륜리적 혼란에 빠진다. 윤이형의 <그들의 첫번째와 두번째 고양이>는 결혼을 유지하기 위해 자신을 희생하고 서로에게 양보하지만 결국 실패하는 부부의 모습을 그린다.

안해 희은이는 일에 대한 열정과 꿈에 대한 추구 때문에 결혼을 계획하지 않았지만 뜻밖의 임신으로 모든 것을 포기하고 결혼길에 오른다. 프리렌서 번역가인 그녀는 자유와 자아 가치 실현이 공존하는 이 직업을 즐긴다. 그러나 그녀가 작은 생명을 기쁘게 받아들이는 순간부터 모든 것이 뜻 대로 되지 않았다. 출산후 고통과 육아의 피로는 사회적으로 당연시되고 자아가 상실되는 결혼이라는 현실이 그녀에게 혼란을 일으킨다.

중학교 교사를 꿈꾸며 평생 독신으로 지내려 했던 남편 정민 역시 결혼을 하면서부터 고단한 삶이 시작된다. 안해의 일에 대한 욕심을 충족시켜주려고 아이를 돌보고 가족을 부양하기 위해 매일 아침 일찍 아르바이트도 나간다. 그리고 틈틈이 교사 시험을 준비하면서 휴가라는 개념조차 잊은 채 바삐 돌아치지만 부부의 서로에 대한 몰리해로 상처를 받는다. 그들은 꿈이라는 현실과 가정이라는 륜리적 책임 사이에서 딜레마에 빠진다. 정민이가 그리던 교사 생활과 희은이가 바라던 자유스런 번역직은 결혼이라는 제도하에 산산이 부서진다. 그들은 착한 부모, 행복한 가정이라는 사회적 타이틀에 짓눌려 비틀거리다가 사회 도덕이라는 굴레에서 벗어나 과감히 리혼을 선택하며 륜리적 곤경에서 벗어난다.

작자는 도덕적 책임과 현실이라는 륜리적 딜레마에 빠진 젊은 부부의 모습을 통하여 결혼에 대한 의무와 도덕적 기준이 동일화된 사회문화를 고발하며 결혼 자체가 륜리적 도덕으로 성패를 가를 수 없고 자신의 존재의 의미와 가치를 실현하는 과정만이 륜리적 삶을 풍요롭게 할 수 있음을 보여준다.

이 밖에 <상류엔 맹금류>에서 부모의 빚을 떠안고 간고하게 나아가는 재희, <풍경의 쓸모>에서 정규직을 위해 도덕적 나락으로 떨어지는 시간강사, <하나의 숨>에서 하나의 죽음을 밝히는 진실과 순탄한 교사 생활 사이에서 후자를 선택한 선생님 등 한국 소설 속의 젊은이들은 노력하고 발버둥치지만 도덕과 현실, 륜리와 생존 사이에서 곤경에 봉착한다. 자본의 힘을 극대화하는 신자유주의 체제하에 한국의 경제 상황은 더욱 류동적이고 불안해졌으며 로동시장의 유연화는 로동자의 안정적인 경제활동을 더욱 어렵게 만들었다.[19] 작자들은 신자유주의 체제에서 잉여인간이 갈수록 늘어나고 소득, 자산, 교육 등 격차가 점차 심화되는 상황 속에서 현실과 륜리 사이의 좁다란 선 우에서 위태롭게 줄타기를 하는 젊은이들이 랑만과 활력을 잃어가는 모습을 형상적으로 보여주었다.

3. 빈곤과 역할 변화에 의한 '자기 방임'의 로인

로인의 자기 방임(elder self-neglect)은 로년 학대의 일종으로 로인의 행위가 자기 의도와는 상관없이 스스로에게 잠재적인 위협을 가하거나 즐거움을 추구하기 위한 행위가 존재하지 않고 자아 돌봄의 요구를 무시하는 행동패턴을 반복하는 특징을 나타낸다.[20] 자기 방임을 하는 로인들은 자신을 외부세계와 단절시키고 스스로의 행위가 잠재적인 위험이 있다는 것을 인지하지 못하며 도우미거나 돌봄 써비스를 거부하고 건강을 홀시하는 몇가지 공통된 특징을 가지고 있다. 이러한 로인의 자기 방임은 개체를 둘러싼 사회문화적 환경과 생애과정(life-course)의 영향을 받고 있다. 즉 자기 방임은 사회적 지원의 부족, 사회적 고립, 빈곤으로 인해 반응적으로 나타날 수 있는 현상으로 신체적 건강의 저하, 미비한 로후 준비, 위축된 경제적 여건, 정서적 단절 및 고립 등과 같이 로년기의 은퇴, 로화, 죽음 등의 이슈들과 맞물려있으며 높은 불안은 여러가지 부정적인 지표들과도 련관이 높아 로년기의 적응과 삶의 질에 중요한 의미를 갖는다.[21]

---

19 박형신, 정수남, ≪감정은 사회를 어떻게 움직이는가≫, 파주: 한길사, 2015, 146페지.

20 张晏芳:≪空巢老人自我忽视及其影响因素研究≫, 硕士学位论文, 云南师范大学, 2017年, 第3页。

21 김수지, 리장범, 권은주, <도시와 농어촌 로인의 로화불안과 자기 방임>, ≪보건사회연구≫, 2019. 39(3).

그동안 한국 소설의 로인 형상은 로년소설에서 주로 나타나고 있는데 로인 인물에 대한 연구도 로년소설을 위주로 진행되여 왔다. 1970년대의 로인은 가족으로부터 소외됨으로써 자신의 존재에 대한 회의감을 갖는 특징을 띠고 1980년대의 로인은 자신이 처한 상황을 객관적이고 사회적 시선으로 바라보며 1990년대 로인은 로년의 삶을 추구하는 자신들의 고뇌와 두려움을 드러낸다.[22]

2000년대에 들어서면서 한국 사회에서 로인의 지위와 역할에는 뚜렷한 변화가 나타났으며 독거로인, 로인 소외, 로인 자살과 같은 로인 문제가 본격적으로 사회적 의제로 부각되기 시작했다. 무엇보다 고령화의 가속화와 더불어 로인 빈곤은 심각한 사회적 현안으로 대두되고 있다. 그것은 가정 단위가 핵가족을 중심으로 구성되면서 자녀가 가족 전체를 부양할 수 있는 경제적 여건이 약화되였기 때문이다. 그 결과 가족 범위를 넘어선 로인 부양은 점차 개인과 가정에 부담으로 작용하게 되였다. 또한 로화에 따른 신체적 쇠약과 만성 질환은 경제적 로동을 지속할 수 있는 능력을 약화시켜 로인의 경제적 자립을 어렵게 만들었다. 더 나아가 과거 가족내에서 담당했던 역할 역시 변화되여 경제적 곤난에 처한 자녀를 지원하거나 손주 양육을 대신 맡는 사례가 증가하면서 로인들은 자급자족의 한계와 빈곤의 악순환 속에 놓이게 되였다. 요컨대 오늘날 한국의 로인 세대는 소득, 자산, 건강 등 여러 령역에서 구조적 격차를 직접적으로 체감하며 살아가고 있다.

다른 한편 퇴직 이후 로인들이 지닌 지식과 평생 경험에서 오는 권위는 젊은 세대에게 더 이상 존중받지 못하고 오히려 낡은 구습으로 간주되는 경우도 있다. 로인들이 경제와 로동의 중심에서 점차 벗어나게 되면서 사회의 부단한 변화와 발전에 적응하지 못하고 신구세대간의 갈등이 심화된다.

---

22 최선호, <현대 로년소설 연구>, 아주대학교 박사학위론문, 2017.

정신적 고립과 위신의 붕괴로 인한 심리적 변화는 로인들이 불안과 고독의 나락으로 빠지게 한다.

이러한 맥락 속에서 한국문학상 수상 작품의 로인들은 가난의 되물림이거나 빈곤에서 헤여나오지 못한 저소득층 형상으로 등장한다. 로년에 접어들었음에도 불구하고 경제적으로 계속 로동을 하거나 또는 자식을 대신해 손주들을 부양하는 여전히 힘든 나날을 보내다가 건강과 경제적 여건의 어려움으로 자기 방임의 행위가 나타난다.

김애란의 <노찬성과 에반>에 나오는 할머니는 손주와 자신의 생계를 위해 경제적 부담을 짊어지고 삶을 견뎌가는 인물이다. 골육종에 걸린 아들은 고통을 이기지 못해 차에 뛰여들어 자살을 하고 고아가 되여버린 손주 찬성이를 홀로 힘겹게 키운다. 그는 수술비를 마련하지 못하여 그대로 아들을 보내버린 데 대한 죄책감에 매번 담배를 피우며 "주여, 저를 용서하소서…"라고 중얼거린다. 부모가 없이 남겨진 손주 찬성이가 안스럽기도 하지만 또 끝까지 키워낼 능력도 자신도 없다. 따라 이따금 '우리 강아지'하고 찬성의 뺨에 볼을 비비면서 안아주기도 하다가도 귀찮은듯 팔을 저어 내보내기도 하면서 '대학'은 가지 말기를 바라는 모순에 빠진다. 허리에 파스까지 붙여가며 휴계소 식당에서 하루종일 일을 하고 저녁에 누울 힘마저 없는 그녀도 한때 살아보려고 노력을 했다. 향수를 뿌리고 교회 원로 목사님도 만나면서 살길을 도모했지만 그것마저 소원 대로 되지 않았다. 경제와 신체적인 한계에서 손자를 양육하는 그녀는 이 지루하고 루추한 삶에서 하루빨리 해방되고 싶어하는 자기 방임의 태도를 드러낸다.

할머니는 에반을 보자마자 성가셨다. 개 한마리 키우는 건 사람 한명 기르는 일과 같은 공이 든다며 고개를 내저었다.

-하긴 사람을 키워봤어야 알지.

할머니가 살짝 혐오 어린 눈으로 에반을 바라봤다.

-게다가 엄청 늙었잖니?

-얘가 늙었어?

-그래, 저 이발 봐라. 사람이건 짐승이건 털 빠지고 이 나가면 끝난 거야. 넌 그런 것도 모르면서 개를 키우겠다 하니?[23]

때마침 건너방에서 할머니가 한숨 토하듯 "아이고, 죽어야 모든 고통이 사라지지. 죽어야 근심이 없지. 하나님 나 좀 조용히 데리고 가요."라고 말하는 소리가 들려왔다.[24]

노찬성의 할머니는 삶을 포기하고 싶지만 찬성이 때문에 하루하루를 견디여가는 인물이다. 로인이라는 신체적 특징과 가난이라는 경제적 절망은 할머니에게 모든 것이 부담이고 고통이였다. 작자는 경제 능력이 약한 할머니가 홀로 손주를 부양하는 모습으로 저소득층의 생활고가 가중되면서 기초생활마저 보장이 어려운 로년의 삶을 보여주고 있다. 사회가 발전하면서 질병, 리혼, 가난 등 륜리적으로나 경제적인 원인으로 해체된 가정이 증가하게 되고 조부모의 보호와 부양을 받는 손자녀들도 많아진다. 따라서 사회활동에서 퇴출한 로인들이 부양의 역할을 떠메게 되지만 그들은 신체적 기능이나 경제적 능력상 많은 제한을 받게 면서 고민과 고통에 빠지게 된다.

김경욱의 <인생은 아름다워>는 전립선염을 앓고 있는 로인이 고통스러운 삶과 지나온 과거에 대한 자책감에 자기 방임을 하면서 자살을 시도하기 위해 자살면허를 따는 과정을 그린 이야기다. 주인공은 퇴직한 수학선생님이

23 김애란, ≪바깥은 여름≫, 파주: 문학동네, 2017, 49페지.

24 김애란, ≪바깥은 여름≫, 파주: 문학동네, 2017, 62페지.

다. 그는 육체적 아픔과 가난, 그리고 고독이 가져다주는 심리적 고통에 자살을 꿈꾸는 비극적 인물이다. 해외려행을 한번 다녀오고 싶어하는 안해의 평생 소원을 들어주지 못한 데 대한 죄책감과 류학 간 자식들에 퍼부은 퇴직금으로 인한 경제적 부담감에 억눌린 채 나약하고 무기력한 나날을 보낸다. 특히 전립선염으로 늘 방광이 터질 듯한 고통을 안고 사는 주인공은 평생의 고생에도 불구하고 빈곤에 억눌려 불만을 제대로 표출하지 못하고 스스로 감내하는 현대 로인의 초상을 보여준다.

결국 그는 마지막 존엄을 지키는 것이 유일한 소원이 되였고 자살을 최후의 로후대책으로 간주한다. 그러나 6년째 공무원 시험에 매달린 막내때문에 자살도 함부로 못한다. 그는 가난과 질병, 죄책감 등 육체와 정신의 이중 고통에 삶과 죽음의 갈림길에 들어서서 방황한다. 가족 친지들을 먼저 보내고 홀로 남아 전전긍긍하는 그의 모습은 로인들의 고독과 외로움은 피치 못할 '사회 질병'임을 암시한다. 작자는 빈곤과 과거에 대한 과오, 그리고 고독감을 느끼는 주인공을 통해 현시대 로인들의 실존적 고통과 존엄성에 대하여 성찰하고 평생 열심히 달렸음에도 불구하고 자식들의 뒤바라지에 가난밖에 남지 않은 경제적 곤경을 보여주었다.

<상류엔 맹금류>의 제희 부모 역시 자식에게 가난을 되물림해주고 자식에 의지해 살아가는 로인이다. 두 사람은 젊었을 적 장사 때문에 진 빚을 갚기 전에 늙어버렸고 량심과 도덕을 챙긴 대신 자식들에게 빚더미라는 불행을 넘겨준다. 결국 딸 넷 가운데 대학에 진학한 사람들은 한명도 없었고 결혼해 사는 자식들은 모두가 형편이 그만그만했다. 그들은 리해와 격려라는 허울을 쓰고 자식을 부둥켜안고 있지만 결국 모든 것은 자식의 어깨를 짓누르는 무게가 되고 뼈를 긁어놓는 상처가 되였다. 가난보다 더 무서운 건 질병이였다. 제희 아버지는 겨우 마련한 수술비로 폐 한쪽을 제거하는 수술을 받았지만 검사를 반복하는 과정은 아물 만하면 열리는 상처처럼 가족의

숨통을 조여왔고 로인 부부는 서로 오가는 거친 말로 자신의 불만을 드러낸다.

작자는 로인 부부가 자식에게 '부패물'이나 다름없는 쓸모 없는 존재라는 것을 우연히 수목원의 맹금류 축사에서 도시락을 먹는 장면으로 은유해서 보여준다. 제희의 부모는 소득과 직업, 건강을 포함한 사회적인 효용성을 상실한 전형적인 인물이다. 과거의 사업 실패와 건강의 퇴화는 그들이 비생산적인 로인으로 전락되면서 가족의 짐이 되여버리고 점차 소외되는 자아방임의 근본적인 리유라고 할 수 있다.

전경린의 <강변마을>의 사촌 외가집 할머니는 자식의 과오를 위해 견디는 인물이다. 주인공의 사촌 외가집 할머니라는 신분 자체가 그녀에게는 수치이자 분노이며 어쩔 수 없이 받아들여야 하는 현실이였다.

소설에서 할머니는 사촌외할머니라는 명의로 혈연관계가 없는 아이 세 명을 여름 방학 동안 돌봐준다. 그것은 처녀인 딸이 유부남의 사생아를 낳으러 아이들 집으로 들어갔기 때문이다. 즉 세명의 아이들은 그녀의 딸의 불륜남의 자식들이였다. 그녀는 화가 나기도 하고 절망하기도 하지만 순진무구한 아이들을 정성껏 돌봐준다. 그녀는 딸의 행위에 분노하면서도 현실을 개변시킬 능력이 없어 묵묵히 받아준다. 가끔 누워서 화가 난듯 두 눈을 커다랗게 뜨고 방문 우에 걸린 액자 속 사진들을 바라보며 한숨을 내쉬다가 아이들의 부채질에 활짝 웃으며 힘이 나서 벌떡 일어나기도 한다.

> 먼지를 뒤집어쓰고 사촌 외가집에 들어서니 외할머니가 외출했던 차림 그대로 멍하니 마루에 앉아있었다. 눈 밑이 짓무른듯 붉었다. 뭔가 물어볼 말이 있었지만 외할머니가 울고 있으니 입을 다물 수밖에 없었다. 외할머니는 허둥지둥 손바닥으로 얼굴을 닦고 우리를 불러들였다.

"내 새끼들 오나?"

외할머니는 우리의 등을 쓸어주었다.

"아버지 봤나?"

"봤어요."

"그래, 그래…"[25]

이 대목은 아이들의 아버지가 할머니의 딸을 데리고 아이들을 보러 온 뒤의 할머니 모습이다. 할머니가 아이들을 정성껏 돌봐주는 리면에는 자신의 손주도 잘 봐달라는 소원이 곁들어있다. 그것은 경제적으로 능력이 없는 자신이 곧 미혼모의 아이로 태여나게 될 손주를 돌봐줄 자신이 없기 때문이다. 아이들의 아버시가 아이들을 보러 오자 만남을 확인하면서도 끝까지 나가지 않는 것은 이러한 모순되는 심리를 잘 체현한다. 딸의 외도는 그녀가 평생 감당해 온 멸시와 모욕의 고통을 함축하는 비유로 독해 가능하다. 따라서 군말 없이 아이들을 봐주지만 딸의 죄책감이나 고마움 대신 랭정한 태도는 신산한 그녀의 로년을 보여주며 위기에 내몰린 늙고 빈곤한 녀성의 적라라한 표상이기도 하다.

이처럼 경제적 기반을 잃고 시대의 변화 속도를 따라가지 못하는 로인들은 사회의 하층부에서 어렵게 생계를 이어가거나, 혹은 손주 양육을 통해 가족내에서 제한적인 역할을 감당하며 존재의 의미를 찾아간다. 그러나 이러한 노력에도 불구하고 그들은 여전히 빈곤의 굴레에서 벗어나기 힘들다. 신체적 쇠약과 경제적 불안정의 이중고에 처한 로인들은 젊음과 생산성을 중시하는 현대 사회의 가치 체계 속에서 점차 주변화된다.

다음 사회적 권력과 문화적 영향력에서 밀려나면서 고립감과 상실감을

25 전경린, ≪강변마을(2011년 제56회 현대문학상 수상소설집)≫, 서울: 현대문학, 2010, 35페지.

경험하는 로인들도 등장한다. 사회에서 담당했던 역할이 사라짐과 함께 로인은 쓸모 없는 존재로 전락되고 세대간의 가치관 차이와 기술 발전 속도를 따라가지 못하는 현실은 그들의 불안과 외로움을 심화시킨다.

리승우의 <칼>에 등장하는 로인이 바로 자식 앞에서 위엄이 소실되고 사회적 활동에서 물러나면서 찾아오는 불안과 고독 속에 점차 병적으로 나아가는 인물이다. 로인의 아들은 화자를 고용하여 밤새 로인의 말 상대가 되여주는 일을 시킨다. 그러나 로인은 일방적으로 한마디도 하지 않거나 또는 끊임없이 늘어놓으면서 남과의 대화를 거부한다. 로인이 진정 원하는 것은 그가 침묵하던 말을 하던 그 앞에서 견디는 것이였고 잠들 때 곁에 있어주는 것이다. 또한 로인은 가구를 포함한 모든 것을 온통 하얀색으로 장만했다. 어두워지기 전에 전등을 모두 켜서 온 집안을 환하게 밝혔고 간혹 외출을 하더라도 어두워지기 전에 집으로 돌아온다.

로인이 두려운 것은 아들이 자신을 해치려고 항상 칼을 숨겨서 온다는 것이다. 한때 전국을 돌아다니면서 영향력을 행사했던 로인은 자신이 무력해짐에 따라 아들한테 권위를 빼앗길지도 모른다는 불안감이 점차 나타나기 시작했다. 자신의 충고와 권위가 효과를 발하는 줄 알았지만 결국 평생 노력이 무능한 아들의 손에 훼손되여간다는 생각은 그를 갉아먹고 있었다.

사회적 지위를 잃은 로인은 세상과 단절되고 가족 관계의 고립 속에서 부유하면서 자아방임의 태도가 나타나기 시작한다. 불안하게 흔들리는 눈빛, 이곳저곳 두리번거리며 손을 잡으려는 행동, 누군가에게 쫓기우는 꿈 등은 로인이 아들에게서 소외되면서 생기는 심리적 불안과 박탈감에서 산생되는 행동들이다. 침묵과 피해망상, 실면 등 무기력한 일상 속에서 그는 존재의 의미와 생의 방향을 상실하게 된다.

리승우의 또 다른 소설 <전기수(傳奇叟) 이야기>에 등장하는 로인 한상철 역시 한때 권위와 영향력을 행사하였지만 비리에 섞이며 평생 자신을 가두어두고 삶의 가치와 의미를 상실하면서 현실에 부적응하는 모습을 보여주었다. 한상철은 나무가 둘러싸여 입구가 찾기 어려운 고립된 전원주택에 살고 있는 사람이였다. 황폐하고 늙은 얼굴에 삶의 그림자보다 죽음의 그늘이 더 짙은 그는 휠체어에 앉아 '세상에 대한 관심을 완전히 거두어버린 듯한 무표정'으로 세상과 단절한 자아방임의 로인이다. 그가 30년 동안 귀머거리에 벙어리를 자처하면서 외부세계와 불통하고 자신을 고립시킨 것은 오래전 세상을 떠들썩하게 한 고위 관리의 죽음과 관련되였기 때문이였다. 사건과 관련해서 은신하고 있으면 그를 다시 불러주겠다는 상사의 약속을 굳게 믿었던 한상철은 권력을 위해 자신을 희생하였지만 그 역할과 가치가 미약해지면서 고독하고 외로운 로년을 보낸다.

그러던 어느 날 한상철은 늘 이어폰을 귀에 꽂고 듣던 라지오에서 갑자기 그 상사가 죽었다는 소식을 듣게 되자 외마디 비명을 지르며 앞으로 고꾸라진다. 이 비명은 그동안 참아왔던 괴로움의 표현이자 자신의 이야기를 시작하겠다는 일종의 신호였다. 한달후 한상철의 요청에 다시 그의 집을 방문했을 때 한층 건강해진 로인은 자신의 이야기를 들어달라면서 쉬지 않고 어두운 과거의 억울함을 쏟아내고 응어리를 풀어낸다. 그가 기다린 것은 자신을 불러줄 타인의 목소리가 아니라 자기 목소리를 들어줄 타자의 귀였다. 로인은 그렇게 삶의 지표면 아래 흐르고 있었던 이야기를 늘어놓고 인차 숨을 거둔다. 그것은 자기 실현이 좌절되고 사회에 버려진 자의 일종 고해성사였다.

작자는 억울하고 외롭게 죽어간 한상철을 통하여 권력의 은폐를 위하여 자신을 희생시켰지만 리용의 가치가 없어지자 입과 귀를 막아버리고 사회에 버림 받은 로인의 실상을 보여주었다.

이 밖에 <기도에 가까운>에 등장하는 죽음과 대면한 세 로인, <뿌리 이야기>에서 평생 떠도는 삶을 살아온 고모할머니, <음복>에서 평생 시할아버지의 뒤시중을 들면서 한을 품은 시할머니, <근린>에서 사랑을 추구하다 결국 자살을 선택한 로년커플 등 로인들은 모두 건강의 약화와 경제적 어려움, 또는 가치관의 변화 등 다양한 사회의 균렬과 격차로 조롱과 비난의 대상이거나 무능한 존재로 취급되는 비극적인 인물들이다. 새로운 사회 시스템에 적응하기 어려워지면서 권력을 행사하던 그들은 사회에서 퇴출되면서 아래 세대들의 미래를 막는 걸림돌로 표상화되고 쓸모 없음을 느끼면서 상대적인 박탈감에 불안을 겪고 자아방임의 태도를 보이면서 삶의 희망을 버린다.

제2절 포스트 자본주의 시대 공포 감정의 수용자

공포는 포스트 자본주의 시대에 새로운 이데올로기로 등극함으로써 개인들의 사회적 삶을 지배하는 륜리의 토대이자 사회를 또 다른 모습으로 바꾸어가는 힘으로 작용하고 있다.[26] 감정이 사회적 성격을 지닌다는 점에서 오늘날 공포를 발생시키는 사회적 조건은 분명히 전통사회와 다르다. 현대사회에서 미래에 대한 책임은 점차 공동체가 아니라 개별 주체에게 전적으로 전가되고 있다. 개인들은 이제 꿈, 희망, 기대를 스스로 정하고 그에 대한 책임도 스스로 져야 하지만 사회 량극화, 복지의 축소, 지구온난화, 실업사태 등은 신뢰체계를 무너뜨리고 경제적 공포, 정치적 공포, 사회적 공포, 나아가 사람에 대한 공포에 이르기까지 공포를 전면화하고 있다. 특히 한국 사회는 이러한 공포관리체제의 특성을 가장 잘 보여주는데 복지 사각지대의 사람들은 빈곤에 시달리고, 무한경쟁에 처한 사람들은 그들의 인간적 감정까지도 박탈당하고 있다.[27] 개인의 사회적 지위, 경제적 자원, 생활 여건 등 구체적

26 박형신, 정수남, ≪감정은 사회를 어떻게 움직이는가≫, 파주: 한길사, 2015, 55페지-56페지.

조건에 따라 불안과 공포의 경험은 서로 다른 양상으로 드러난다. 그러나 그 차이에도 불구하고 공통적으로 지적할 수 있는 점은, 이러한 정서가 미래에 대한 전망을 제약하고 사회가 지닌 성장과 발전의 동력을 약화시키는 방향으로 작동한다는 사실이다. 이러한 공포에 대처하기 위해 개인들은 아웃사이더의 모습으로 공포를 회피하거나 페르소나의 형태로 공포를 감추거나 전가시킨다. 그들은 사회 환경이 조성한 공포를 근본적으로 극복하기 어렵다는 것을 인지하여 일상에서 직면한 공포를 최소화시키는 데 노력하고 있다.

1. 공포의 감정을 회피하는 '아웃사이더'

전세계적으로 나타나는 온갖 불안의 징후들에서 공포는 오늘날 사회를 뒤덮고 있는 가장 지배적인 감정이다.[28] 현대 인간이 지닌 보편적인 공포의 감정은 불확실한 미래거나 비관적인 예측가능성에서 산생된다. 2000년대에 들어서면서 한국 사회의 많은 젊은이들은 사회에서 생존의 어려움을 느끼고 미래에 대한 불확실성에 공포를 느낀다. 살아남기 위해서 결혼이나 련애 그리고 출산을 포기하고 나아가 인간관계와 희망마저 포기한다. 또한 이런 '포기의 땅'인 한국을 '헬조선'이라고 부르며 가망이 없다고 절망하고 분노한다.[29] 한국 사회의 청년들은 사회적 가치 인정에 실패했다는 좌절감과, 언제든 타인으로 대체될 수 있다는 불안감 속에 놓여있다. 이들의 일상은 불균형적인 로동 분배와 경제 론리 중심으로 운영되는 사회 질서 속에서 지탱되며, 이러한 조건은 점차 청년들의 도전 정신과 모험 의지를 약화시킨다. 결국 욕망 실현이 좌절되고 책임을 수행하지 못했다는 압박감이 루적되면서, 강박

---

27 박형신,정수남, ≪감정은 사회를 어떻게 움직이는가≫, 파주: 한길사, 2015, 54페지-60페지.

28 박형신, 정수남, ≪감정은 사회를 어떻게 움직이는가≫, 파주: 한길사, 2015, 54페지.

29 구도완 등 ≪한국사회문제≫, 서울: 한국방송통신대학교출판문화원, 2017, 69페지.

적이고 경직된 심리적 경향이 두드러지게 나타난다. 노력해도 벗어나기 어려운 악순환의 구조와 현실을 개변하기 어려운 부족한 능력, 작자들은 이러한 젊은 세대의 모습을 부각하여 자신의 사회적 삶을 스스로 조직해 나가지 못하는 공포감이 아웃사이더로 나타나면서 젊은이들의 불안과 미래에 대한 두려움을 반영한다.

아웃사이더는 문자 그대로 국외자(局外者) 또는 렬외자(列外者)라는 뜻으로 어떤 집단이나 사회, 어느 패거리를 막론하고 그 사이에서 원만하게 아무탈 없이 지낼 수 없는 사람이다.[30] 즉 외부세계와 차단됨으로써 사회와 타인으로부터 소외된 존재라고 할 수 있다. 그들은 어떤 한가지 일에 몰두함으로써 끊임없는 정신의 긴장 상태를 불러와 패배감으로 귀결되기도 하고 자신을 세계로부터 분리시키며 비현실감이나 무관심한 기분으로 빠져들거나 성, 범죄, 질병에 관한 생각에 몰두한다.[31]

김중혁의 <상황과 비률>에서 송미는 스물여덟살의 포르노 배우이다. 일가친척이 없는 그녀는 잘 기억나지 않는 외할머니가 물려준 집에서 홀로 외로이 살고 있다. 또한 렬악한 촬영현장에서 졸도하는 기타 녀배우와 함께 경쟁이 치열한 시장에 살아남기 위해 회사들의 비인간적인 전략을 묵묵히 받아들인다. 사회의 편견을 받으면서 각종 존엄을 잃는 상황에 직면해야 하는 송미는 현실에 대한 공포감을 느끼면서 아웃사이더의 경향을 드러낸다. 그녀의 공포 감정은 사회와 원만한 관계를 형성하지 못하고 세상으로부터 인정을 받지 못하는 데서 비롯된다. 따라서 자위라는 성적 행동으로 스스로를 위로하면서 안전감을 되찾으려 노력한다. 그녀는 진공포장된 과자 봉지를 두 손으로 터뜨리면서 밀폐되여있던 무언가를 두 손으로 구출한다는 감각,

---

30 콜린 윌슨, ≪아웃사이더≫, 리성규 역, 파주: 범우사, 2015, 6페지.

31 콜린 윌슨, ≪아웃사이더≫, 리성규 역, 파주: 범우사, 2015, 31페지.

"펑" 하고 사람을 놀래우는 소리, 그리고 자신을 둘러싸고 있던 공기가 뒤틀리는 외곡 등에서 온몸을 저릿하게 만드는 오르가슴을 느낀다.

> 서른개의 비닐봉지를 련달아 터뜨려본 것은 송미에게도 처음 있는 일이였다. 스무개가 지났을 때는 정신이 아득해졌고 발가락 끝까지 짜릿했다. …비닐봉지가 터질 때마다 송미는 두 손으로 박수를 칠 수밖에 없었다. 비닐봉지가 펑, 하고 터지면 비닐봉지를 움켜쥐던 송미의 두 손이 짝, 박수를 쳤다. 펑, 짝, 펑, 짝, 펑, 짝, 펑, 짝, 비닐봉지 속의 공기가 파편을 뿌리며 터져나오자 거실이 흔들리고 송미도 흔들렸다. 송미는 서른개의 비닐봉지를 모두 터뜨리고 거실에 드러누웠다. 아래도리가 얼얼했다.[32]

평소 거짓 신음을 지르는 일에 질렸던 그녀는 풍선 터지는 소리에서 쾌감을 느끼면서 봉인된 자신의 욕구를 분출하는데 이는 고독과 차별을 홀로 삼키면서 스스로 자위하는 아웃사이더 특징을 띤 인물임을 보여준다. 집단에서 렬외되고 사회적 존재감을 느끼지 못하는 그녀는 이러한 행위로 마음속의 공포를 회피하고 스스로 위로한다.

한국 사회 청년들은 면접에서 로동 과정에 이르기까지 자신이 존중 받는 경험보다는 모욕과 모독을 일상적으로 경험하고 있다. 이런 경험들이 한편으로는 사람을 존중할 줄 모르는 사회에 대한 분노로, 다른 한편으로는 자기 자신에 대한 자괴감으로 이어진다.[33] 작자는 사회로부터 소외되고 현실적 문제를 해결할 능력이 없는 송미의 형상을 통해 사회 공동체에서 기본적인 존엄조차 보장받지 못하는 고립된 청년들의 두려움을 부각시켰다.

---

32 김중혁, ≪가짜 팔로 하는 포옹≫, 파주: 문학동네, 2015, 29페지.

33 구도완 등, ≪한국사회문제≫, 서울: 한국방송통신대학교출판문화원, 2017, 79페지.

C 윌슨은 아웃사이더들은 비현실감에서의 해방을 자유라고 보는데 이는 환상을 볼 때나 강렬한 열정의 순간을 통해 경험하는 '존재에 대한 통찰의 순간'[34]에서 이룩된다고 하였다. 권여선의 <역광>의 주인공이 바로 자아 분렬을 느끼면서 상상 속에 빠지는 아웃사이더의 면모를 드러낸다. 주인공은 예술인 레지던스에 입주해있는 신예소설가이다. 그녀는 불안장애를 갖고 있는 알콜중독자로 자주 악몽에 시달리며 현실에 공포를 느끼고 수시로 커피잔에 소주를 부어마신다. 입주 환경 속에 어울리지 못하고 늘 홀로 있던 그녀는 새로 입주한 위현(伪现)이라는 소설가에 관심을 가진다. 위현은 시력을 점점 잃어가면서 번역가로부터 소설가로 전업한 사람이다. 관찰과 분석의 태도는 아웃사이더의 고유한 특성의 하나이다.[35] 외부 세계에 대한 두려움으로 진입이 어려운 그녀는 타자에 대한 끊임없는 관찰과 분석의 태도를 보인다. 그녀는 위현을 멀리서 관찰하며 타인들이 위현에 대한 태도에 지나치게 예민해진다. 특히 위현에 대한 '달'과 '추'의 태도에 질투와 못마땅함을 드러낸다. 그러나 소설의 끝에서 위현이라는 인물은 애초 입주 예정자 명단에 없었다는 섬뜩한 상황이 벌어진다. 즉 위현은 주인공인 그녀의 상상에 의해 그려진 인물이였던 것이다. 마치 실존인물인듯 빛을 발하는 위현은 그녀의 욕망이 투영된 또 다른 자아였다.

그녀의 공포는 소수자를 배척하는 사회에 대한 신예소설가의 불안에서 생성된다. 이제 금방 문단에 들어선 그녀는 늘 홀로 술을 마시며 불안과 혼란을 느끼고 사회 관계 시스템에서 심한 스트레스를 받는다. 산책하려고 나섰던 숲속에 갑자기 돌풍이 휘몰아쳐 미칠듯 질주하여 돌아온 그녀의 무서운 환상이 이러한 그녀의 내면세계를 재현한다. 그러한 그녀가 산책이 끝난

34 콜린 윌슨, ≪아웃사이더≫, 리성규 역, 파주: 범우사, 2015, 300페지-301페지.

35 콜린 윌슨, ≪아웃사이더≫, 리성규 역, 파주: 범우사, 2015, 28페지.

뒤 우연히 만난 위현은 현실 속 억압된 욕망에 대한 재현이며 무의식 속 자아의 실현이다. 또한 그녀의 '달'과 '추'에 대한 질투에서 신분이나 가치 등 사회적인 틀 속에 갇혀 이질적인 렌즈를 통해 타인을 정의하는 상황에 대한 불만을 보아낼 수 있다.

소설은 이처럼 불안정한 사회 관계와 억압된 욕망 앞에 그것을 거부하고 대항하려고 노력하지만 끝내는 현실을 회피하면서 아웃사이더 특성을 드러내는 인물 형상을 허무하게 드러낸다.

리기호의 <나를 혐오하게 될 박창수에게>의 주인공 김숙희 역시 아웃사이더 특징을 드러내고 있다. 고등학교까지 쉴새없이 아르바이트를 뛰며 겨우 학업을 유지하던 김숙희는 자신보다 열한살 이상인 아무 것도 가진 것이 없는 이사짐쎈터 직원에게 시집 간다. 남편은 가정에 책임감이 강하고 김숙희에게 충성하며 가장으로서의 책임을 변함없이 지킨다. 그러나 거의 매일 일을 나가는 남편 때문에 소통이 부재하고 사랑이 부족한 일상 속에 그 정신적 외로움을 주체할 수 없게 된다. 그렇게 다른 남자를 만나 자신의 욕망을 채우지만 죄스러움에 남편에게 불륜을 고백하나 생활고에 지친 남편의 응답을 얻지 못한다. 륜리학적인 각도에서 볼 때 문학작품에서 스핑크스 인자를 구성하는 인간적 인자(human factor)와 동물적 인자(animal factor)의 다양한 조합과 변화는 인물의 서로 다른 행동의 특징과 성격으로 나타난다.[36] 계속 말을 거는 자신에게 피곤을 느껴 수면제를 몰래 타먹였다는 남편의 행동을 발견한 후 그녀는 낯선 남편에 대한 공포를 느끼면서 동물적 인자의 충동을 억제하지 못하고 살인이라는 최종 비극을 초래한다.

김숙희는 가난에 의해 소외되고 소통이 단절된 렬외자에 속한다. 시간이 흐르면서 그녀는 정상적인 것과 비정상적인 것 사이에서 혼돈되고 결국 살인

---

36 聂珍钊：≪文学伦理学批评导论≫，北京：北京大学出版社，2014年，第276页。

이라는 폭발에 이르게 된다. 작자는 이러한 김숙희의 아웃사이더적인 면모를 그녀의 인간성 인자와 동물성 인자의 내적 투쟁과 분리과정을 통해 생동하고 섬세하게 이끌어간다.

김중혁의 <가짜 팔로 하는 포옹>의 피존은 소극적 아웃사이더이다. 소극적 아웃사이더는 자신의 부정적인 특성을 경험함에도 불구하고, 의지가 박약하여 자기 멸시에 빠지거나, 비현실감을 극복하지 못한 채 무반성적인 태도로 일관하는 존재이다.[37] 피존은 알콜중독자 모임에 가입하였지만 자신을 주체하지 못하고 매일 독하고 가장 싼 위스키를 한병 씩 마시고 잔다. 그는 위스키 뚜껑을 열 때까지도 환불할 수 없다는 죄책감에 괴롭고 첫잔의 위스키가 식도를 타고 넘어갈 때부터 녀자한테 매정하게 거절당했을 때의 장면만 무한 반복되여 고통스럽다. 리혼하고 한달후부터 위스키를 마시기 시작한 그는 한심하다고 비웃는 녀자의 목소리가 환청으로 들리면서 술 먹는 속도도 점점 빨라진다. 또한 술만 마시면 소주병을 꼭 닫아놓거나 단추를 목부분까지 채우면서 모든 것을 잠그는 병적인 집착이 있다. 단추가 마음의 문이였던 그는 그 문을 열기가 두려웠고 자신의 안을 들여다보기가 겁이 나서 자신을 꽁꽁 싸매였던 것이다. 이 모든 것은 그가 현실의 외로움을 직시하는 데 대한 공포를 드러낸다.

그는 비겁하고 소심한 자신이 부끄러웠고 창피했다. 외부세계와 대립할 만큼 의지를 가지지 못했던 그는 깨여있으면 취하고 싶고 술을 마시면 깨여있고 싶은 자아 모순에 빠지면서 더욱 고통의 나락으로 빠진다.

> 경찰관님, 고통 같은 것은 말입니다. 절대 얼굴에 드러나지 않습니다. 그게 다 어디 붙는지 아십니까? 알콜에 달라붙어서 말입니다. 살에 붙고, 조각조각

37 콜린 윌슨, ≪아웃사이더≫, 리성규 역, 파주: 범우사, 2015, 268페지.

나서 뇌에도 붙고, 또 내보내려고 해도 손톱 발톱 그렇게 안 보이는 데 숨어살면서요, 조용히 있다가 중요한 순간이 되면요, 제 뒤통수를 후려치고요, 그러는 겁니다.[38]

소극적 아웃사이더 피존은 내면의 부정적 자아를 극복하지 못한 채 끝내 죽음이라는 비극적 파국을 맞는다. 고통에 파묻혔던 피존은 현실을 변혁할 힘을 상실함으로써 고통의 굴레에서 벗어나지 못했던 것이다. 젊은이들은 타인에게서 존재 자체의 의미와 가치를 인정해주는 것이 필요하지만 그것이 거부당하면서 다른 형태의 방식으로 사회에 반항한다. 이러한 모습들을 작자들은 아웃사이더 특징을 띤 인물로 부각시키면서 젊은이들이 경험하고 있는 내적 고민과 위기를 표현한다.

박금산의 <안해를 창밖으로 던져버린 사내>에는 단체로 래프팅을 갔던 딸을 잃어버리고 '외상후 스트레스 장애'에 시달리는 부부가 등장한다. '외상적'이라고 부르는 경험들은 아주 짧은 시간 동안 정신적으로 상당히 강한 자극을 주어서 일반적인 방법으로는 극복할 수 없기 때문에 계속 마음을 불안하게 만드는데[39] 안해는 돌이킬 수 없는 상처를 이겨내지 못한 채 딸의 유품을 정리하다 돌연 봉사활동에 나서기도 하고 풍토병에 걸리기도 하면서 삶의 무력감 속 심리적 불안을 겪는다.

화자인 남편은 딸을 잃은 아픔에서 헤여나오기 위해 출근도 하고 정상적 일상을 살아보려고 노력한다. 그러나 안해의 병적인 행위에 점차 공포를 느끼다가 끝내는 창밖으로 물건을 던지기 시작한다. 음식 찌꺼기에서 시작하여 안해의 속옷까지 던지다가 어느 날 안해의 경멸어린 어조에 안해까지 창밖으

---

38 김중혁, ≪가짜 팔로 하는 포옹≫, 파주: 문학동네, 2015, 117페지.

39 지그문트 프로이트, ≪정신분석입문≫, 최석진 편역, 서울: 돋을새김, 2011, 194페지.

로 던져버린다. 딸을 잃어버린 슬픔과 안해의 조롱이 겹쳐진 상황 속에서 그는 창밖으로 물건을 던지는 방식으로 자신 마음속에 쌓인 불만과 고통을 해소하려 했던 것이다. 결국 안해까지 창밖으로 버리고 안해의 유해를 납골당에 보내지 못하고 과거 안해가 선물했던 모래시계에다 안해의 뼈를 갈아 넣는다. 아웃사이더는 세상에서 받은 상처를 내면화하여 비리성적이거나 비정상적인 형식으로 분출하는 특징이 있다. 장기적인 억압과 슬픔은 때때로 파괴적 충동으로 표면화되는데 남편은 기억의 장치를 뇌로부터 완벽히 씻어내기를 원하고 자살을 상상하지만 그것을 실행할 용기가 부족하여 현실 회피의 방식으로 안해에게 전이시켜 해결해버린다.

한강의 ≪채식주의자≫에 등장하는 영혜는 가정주부로서 안해의 역할을 잘 수행한다. 그러던 어느 날부터 고기를 꿈꾸면서 랭장고 고기를 전부 버리고 남편의 몸에서 고기 냄새가 난다며 잠자리까지 거부한다. 프로이드는 "외상성 신경증 환자들은 종종 자신이 겪었던 외상성 사건을 반복적으로 꿈꾼다"[40]고 하였다. 영혜는 어린시절, 자신을 물었던 개가 아버지에 의해 잔혹하게 도살당하고, 상처를 치료한다는 리유로 그 고기를 강제로 먹어야 했던 경험을 지닌다. 이 기억은 그녀의 내면 깊숙이 '살륙을 서슴지 않는 인간의 마비된 동물성'에 대한 근원적 공포로 각인된다. 이 공포는 무의식 속에 지속적으로 잠재하며 그녀의 정체성을 흔들어 놓는다. 결혼후 남편의 가부장적 권위와 억압에 로출되자, 이 억눌린 공포가 꿈의 형식으로 되살아나면서 영혜의 심리적 균렬을 드러내는 계기로 작용한다.

'고기'는 남성특권을 상징하며 '고기'에 대한 거부는 남성의 폭력적 권력에 대한 저항이다.[41] 이러한 의미에서 볼 때 영혜가 육식을 거부하는 행위

---

40 黄作:≪不思之说——拉康主体理论研究≫, 北京：人民出版社, 2005年, 第183页。

41 리찬규, 리은지, <한강 작품 속에 나타난 에코페미니즘 연구: ≪채식주의자≫를 중심으로>, ≪인문과학≫, 2010년 46호.

는 남성 중심적 질서로 유지되는 사회 구조에 대한 근본적 저항의 표현이라 할 수 있다. 그녀는 어린시절 아버지의 폭력 속에서 성장하였으며, 성인이 되어서는 자신을 하나의 '주부적 기능'으로만 규정하려는 남편의 정신적 지배에 의해 또 다른 형태의 폭력을 경험한다. 이러한 반복되는 억압과 폭력에 맞서 영혜는 극단적 선택을 시도하지만 결국 실패로 귀결된다.

정신병원에 감금된 영혜는 피골이 상접한 상태로 약과 주사를 온몸으로 거부하면서 치열하게 나무가 되려 한다. 자기 멸시는 아웃사이더가 외부환경의 압력에 굴복되어 자신을 무력하고 나약한 존재로 인식할 때 나타나는 심리적 양상이라 할 수 있다. 남성적인 질서에서 벗어나기를 실패한 영혜는 자신을 포함한 인간을 멸시하고 폭력과 지배, 서렬화가 배제된 식물세계를 동경하기 때문이다. 물론 자연 속에도 서렬과 생태적인 불평등이 자리 잡고 있지만, 제도적인 억압과 종속적인 관계는 초래하지 않는다.[42] 외부에 대한 반항이 좌절당하자 영혜는 주체로서 삶을 포기하고 현실에 대한 공포를 회피하면서 아웃사이더의 특징을 드러내는 것이다.

모두어 말하여 한국문학상 수상 작품의 젊은이들은 욕망과 의지가 묵살당하거나 존중과 인정을 받지 못하자 병리적 방식으로나마 자신의 목소리를 드러내고 사회의 상징적 질서에서 탈출하려는 몸부림을 보이는 아웃사이더 형상을 드러낸다. 불안정한 현실, 예측 불가능한 미래, 소외와 상실에 의한 고독 및 무자비한 폭력이 조성한 공포에 젊은이들은 그것을 개변해 나갈 능력이 부족하자 현실을 회피하면서 자신의 억눌린 욕망을 분출하고 있다. 이런 인물 류형들은 두려움에서 파생된 여러가지 복잡한 감정으로 세계를 대면한다.

42 리찬규, <가스통 바슐라르와 펠릭스 가타리: 생태학적 상생의 문화를 위하여>, ≪한국프랑스학론집≫, 2008년, 62권.

2. 공포의 감정을 전환하는 '페르소나'

근대사회는 개인에게 무한한 자기 실현의 가능성을 부여하는 한편 극한의 경쟁 체제 속으로 밀어넣어 일상을 위협하면서 무장해제시킨다. 고용불안과 같은 사회 현상은 생존의 보장이 확정되지 않은 인간을 불안과 두려움에 휩싸이게 한다. 이에 현대인은 이러한 공포를 '가면'의 형태로 전이시켜 심리적 균형을 유지하면서 삶을 지속시킨다.

융은 인간은 천개의 페르소나를 갖고 상황에 맞게 꺼내 쓴다고 하였다. "인격은 한 사람이 사용했던 모든 가면의 총체이다."[43] 현실 생활에서 인간은 자신이 담당한 사회적 역할에 따라 서로 다른 페르소나를 보여준다. 융은 다음과 같이 말했다. 사람은 사회에 인정되고 받아들여지며 생존에 유리하기 위해서, 또는 여러가지 상황에 적응하거나 부동한 사람을 대처하기 위해 특정한 행위와 태도를 취하는데 이는 마치 가면을 쓰고 인간 본래의 진실한 본성을 숨긴 것과 같다.[44] 극도의 경쟁과 생존의 불확실성이라는 공포로 점철된 사회에서 살아남기 위해 사람들은 모두 자신을 보호하기 위한 인격의 탈을 썼다. 그러나 이러한 방어적 인격 구조는 시간이 지날수록 고착되여 인간 본연의 감정을 점차 약화시키는 결과를 낳는다.

한국문학상 수상 소설에 등장하는 다중 인격의 인물들은 실제로 주관적인 세계에서 서로 다른 가치관이 충돌되거나 현실과 욕망의 갈등이 초래한 불안과 절망감에 두려움을 느낀다. 지속적인 욕망이 거세되면서 산생된 좌절과 분노의 감정은 새로운 인격을 형성하고 특정한 시간대에 인물의 행동을 좌우지한다.

---

43 余祖伟：≪人格面具与心理防御机制探析≫, ≪广西社会科学≫, 2009年第6期, 2009年6月25日。

44 C·S霍尔/V·J诺德贝：≪荣格心理学入门≫, 冯川译, 上海：三联书店, 1987年, 第48-50页。

김인숙의 <빈집>의 남편은 겉으로는 성실하고 착하지만 내면에는 욕망과 비밀이 똬리를 틀고 있는 이중 성격의 인물이다. 화물운송을 하면서 27년 동안 처자식을 먹여살리고 안정된 가정을 꾸려온 남편은 평범하면서도 부지런한 인간이다. 일터에서는 친절하고 공손한 태도, 일하는 내내 달고 있는 미소, 욕설에도 묵묵히 일만 하는 인내심을 갖고 있어 젊은 녀성 고객들에게 인기가 많다. 그러나 집에서는 잔정은 물론 요령이나 융통성이 없이 부끄러움을 잘 타 가족들의 답답함을 자아낸다.

남편은 경쟁 사회에서 가정의 생계를 유지해야 하는 불안을 갖고 있다. 성실한 인격은 이러한 감정을 대처하기 위한 페르소나로 그 내면에는 이질적인 또 다른 인격이 존재하고 있다. 그것은 고모부가 유산으로 남겨준 쓰레기 덩치에 지나지 않는 영천의 빈집에서 여지없이 드러난다. 부끄러움이나 소심함이 없는 또 다른 얼굴을 드러낼 수 있는 영천 집은 그가 공포의 감정을 전환시키는 유일한 공간이다. 그는 이사하는 집들의 열쇠를 몰래 훔쳐 영천의 집에 가져다 놓는다. 열쇠를 가져 올 때마다 원룸들이 그 곳에 자리를 잡고 무한 번식한다는 상상으로 공포스런 세상을 정복한다는 쾌감을 느낀다. 겸손과 착함은 남편이 세상을 대처하기 위해 쓰는 사회적 가면이다. 그는 생존을 위해 내면의 진실한 감정을 억누르고 타인에 대한 배려로 포장된 행동을 통해 자신을 숨긴다. 그러나 이러한 위장은 결국 자아의 본질적 욕망을 억압하고, 진정한 감정의 발현을 차단한다. 따라서 타자가 개입되지 않은 빈 공간을 열쇠로 채워가는 것은 구질구질한 세속의 불만과 불안을 견디는 행위이다. 그는 자신만의 세상을 창조하는 과정에서 주체성을 실현하고 잠시나마 공포의 감정을 제거하면서 희열을 느낀다. 작자는 남편이라는 인물을 통해 생계를 유지하기 위해 고독과 외로움을 견디면서 상황에 따라 가면을 설정하여 공포를 전환시키면서 내적 불안을 완화하는 인간상을 보여주었다.

정미경의 <호텔 유로, 1203>의 주인공 역시 낮에는 글을 쓰는 작가의 얼굴로 삶을 이어나가고 날이 어두워지면 몸을 파는 '밤의 신데렐라'로 이중 가면을 쓰고 있다. 일상 속의 그녀는 청소공 엄마를 모시고 무릎과 엉덩이가 튀여나온 추리닝을 입고 사는 리혼녀이다. '스스로 충만해지는 삶'과 같은 단어로 방송용 원고를 쓰는 그녀는 마음의 진실을 보여주지 않아도 되는 방송작가라는 직업에 흡족한다. 특히 시를 좋아하는 그녀는 현란한 세상에 감추어진 시가 불쌍하다고 한탄하기도 하고 시에 공동취미를 가진 년하남과 짤막한 련애를 하지만 끝내 현실에 못이겨 헤여진다. 그는 문학인이라는 탈을 쓰고 글쓰기로 자아적 가치와 사회적 인정을 받으려 하지만 다른 한편으로 엄마의 루추한 인생을 되물림 받을가 봐 공포를 느낀다. 따라서 몽환적인 밤의 신데렐라를 욕망하는 그는 호텔을 드나들며 모든 것이 빛나는 아케이드가 모니터 우로 쏟아내야만 하는 센티멘탈한 문장들보다 아름답다고 느낀다. 자신의 신분을 상승하기 위해서라면 밤마다 '낯선 손길'이 몸을 스치는 쓰라린 느낌은 참을 수 있고 '축축한 혀가 늙은 애완견처럼' 몸을 핥는 불쾌함 역시 견딜 수 있으며 명품 옷을 훔치는 것도 서슴지 않는다.

> 세상은 안팎이 같아서는 살아가기 힘든 곳이니까 두개의 얼굴을, 가능하다면 세개의 얼굴을, 할 수만 있다면 백화점 지하식품 매장에서 파는 제주도산 돼지처럼 오겹살의 얼굴을 가지기를.[45]

주인공의 고백에서 드러나듯 생존에 대한 불안감, 내면의 렬등의식과 가치 질서의 충돌하에 주인공은 두가지 얼굴로 세상에 대처한다. 엄마의 비참한 삶을 경멸하고 회청색 수의 같은 옷을 물려받기를 거부하지만 방송

45 김인숙 등, ≪바다와 나비(2003년도 제27회 리상문학상 수상작품집)≫, 서울: 문학사상사, 2003, 284페지.

작가의 신분은 '공부 잘해봤자 예쁜 년 못 당하'는 엄마의 철학처럼 도시에서 느끼는 렬등감과 불안감을 지워줄 수가 없다. 따라서 전화기의 목소리로도 '세상의 중심에 서있음'을 느끼게 할 수 있는 강인함을 획득하려고 또 다른 얼굴로 '밤의 신데렐라'가 된다. 작자는 주인공의 형상을 통해 후기자본주의 사회의 공포에 지향점을 잃어버린 방황하는 현대인들의 삶과 사회상을 보여 주었다.

김연수의 <달로 간 코미디언>에서 아버지는 타인에게 웃음을 안겨주는 코미디언이다. 안경을 벗고 초점이 없는 눈을 거슴츠레 뜨면서 바보처럼 웃기만 하고 부딪치거나 미끄러지거나 속옷 차림으로 기여다니는 개그는 주위 사람들의 요구를 포용해가며 형성된 페르소나이다. 그는 웃음과 바보라는 가면을 쓰고 관중들의 조롱과 비난이 만들어준 틀에 맞춰 '전무후무한 저질' 개그를 선 보인다. 그러나 그 가면 뒤에 숨겨진 고통은 누구도 리해하지 못했고 상처로 얼룩진 진정한 내면은 가족들 앞에서만 로출되였다. 알이 두꺼운 안경을 쓰고 가족들에게 신경질적으로 소리를 지르거나 감정이 없는 짐승처럼 눈물을 흘리면서 찌프린 얼굴은 그의 또 다른 모습이다. 관중들의 호응이 없고 '구태에 지나지 않는' 아버지가 인기 많은 코미디언이 도태되고 연예인들이 방송금지를 당할 때 계속 무대에 오를 수 있었던 것도 전두환 대통령의 취임식에서 "성군이 나셨도다!" 하고 목이 터져라 부르짖었기 때문이다.

아버지는 생계를 위해 철저하게 바보스러워야 하고 사회 생활을 원만하게 유지하기 위해 폭군에게 충성하는 졸렬한 모습을 가져야 한다. 그러나 그럴수록 자신의 정체성에 대하여 회의하게 되고 죄책감에 시달리며 페르소나 속에 감춰진 자신의 본모습을 찾기 부끄러워진다. 현실과의 괴리가 커지면서 점차 공포를 느꼈던 그는 결국 마지막 연출에서 높은 무대에서 떨어지는 형편없는 코미디를 보여준 후 사라진다. 현실과 리상, 가치관과 갈망의 갈등에서 기인된 고통과 두려움에 의하여 아버지의 세계는 점차 암흑과 침묵으로 변해갔고 자기 실현이 거부되면서 그는 자신을 세상과 단절시켜버린다.

정미경 <밤이여, 나뉘어라>에서도 P는 과도한 자신감과 현실의 불확실성 속에서 분열된 자아를 드러낸다. 그는 고등학교 시절부터 뛰어난 글솜씨와 지적 능력으로 주목받았고, 의대 수석 입학과 외과 수술에서의 탁월한 감각, 그리고 정교한 봉합 솜씨를 통해 타인의 인정을 받아왔다. 그러나 이러한 성공 경험은 고도의 경쟁 사회 속에서 현실의 불안과 맞물려 점차 내적 균열을 초래한다.

미국 병원 생활에 적응하지 못한 그는 '자신의 한계가 존재하지 않음'을 증명하기 위해 개인 연구소를 설립하고 비현실적인 프로젝트를 추진한다. 하지만 국내에서의 학문적 불신, 낯선 환경에서의 부적응, 경제적 부담 등 외부 세계로부터의 인정 실패는 그의 자아를 위협하고 불안과 공포의 감정을 증폭시킨다. 이 때 P는 자신이 느끼는 결핍과 공포를 직접 마주하지 않기 위해 페르소나를 강화하는 전략을 택한다. 즉, 자신감과 유머, 천재적 이미지라는 사회적 가면을 통해 내면의 불안을 은폐하고 심리적 균형을 유지하려 한 것이다.

그러나 이 가면은 점차 병적인 양상으로 굳어지며, 알콜 의존과 타인에 대한 질투로 전이된다. 안해와 친구를 향한 비리성적 행동은, 자아가 외부의 인정 욕망과 자기부정 사이에서 균열될 때 나타나는 '분렬적 페르소나'의 폭발적 형태라 할 수 있다. '령혼의 면역'이라는 비현실적 연구에 몰입하는 행위 또한, 상실된 자아를 회복하려는 무의식적 시도이자 공포를 통제하려는 또 다른 가면의 구축이다.

결국 P의 몰락은 경쟁 사회가 요구하는 완전한 '성공의 가면'과 현실적 자기 인식 사이의 괴리에서 비롯된 것이다. 그는 사회적 인정의 실패로부터 비롯된 공포를 페르소나로 전이시켜 일시적으로 삶의 균형을 유지했지만,

그 가면이 내면의 불안을 대체하지 못하면서 주체의 분열로 귀결된다.

이 밖에도 자본주의 경쟁 사회의 억압과 좌절로 인해 공포의 체험에 따라 부동한 인격을 드러내고 주체적 활동에서 서로 다른 행위 양식을 나타내는 인물들이 자주 등장한다. <그 밤의 경숙>의 경숙은 직장에서의 랭정한 경쟁과 가정에서의 고립을 반항없이 견뎌내다 끝내 극단적인 자아 분렬을 경험하는데 이는 배달원이라는 무의식 속의 자아투영을 통해 자신의 분노를 표출하는 형태로 나타난다. <옥수수와 나>의 한때 잘나가던 박만수도 선천적인 재질이 거부당한 채 세상과 단절되여 병적인 불안 의식을 가진 끝에 자아 분렬을 느끼며 열흘 동안 한번도 쉬지 않고 '격렬한 섹스와 광적인 집필'을 바꿔가거나 자신을 옥수수라 상상하면서 억압된 현실에서 리탈하려고 한다.

경쟁은 자본주의사회의 긍정성과 부정성의 동시적 원천이다. 경쟁이 갖는 이러한 두가지 성격의 충돌은 미래의 불확실성을 낳고 이는 자본주의사회의 모든 구성원에게 공포 감정을 불러일으킨다.[46] 앞서 분석했듯이 신자유주의 체제가 지배하는 한국 사회에서는 시장이 로동자에 대한 사회적, 경제적 책임을 점차 축소하고 있다. 이러한 구조적 변화는 제도적 규제의 완화와 함께 개인의 자률성을 확대하는듯 보이지만, 실상은 그만큼 개인에게 전가되는 부담과 책임을 증대시킨다. 무한경쟁이 일상화된 사회 속에서 개인화가 심화되면서, 외부의 압력은 점차 개인의 내면으로 이동하고 그로 인해 심리적 긴장과 압력이 강화된다. 한국문학상 수상 작품 속의 인물들은 모두 생존과 사회 질서에 적응하기 위해 외부의 기대와 상상에 부합되는 가면으로 사회에 등장하지만 그 과정에서 자아의 가장 진실한 본성은 란폭하게 억압되여 가면 뒤에 숨겨져야 한다. 그들은 경우에 따라 자신의 모습을 다스리면서

46 박형신, 정수남, ≪감정은 사회를 어떻게 움직이는가≫, 파주: 한길사, 2015, 225페지.

타인과 사회의 인정을 받으려고 노력한다. 그러나 현실이 산생시키는 공포가 강화됨에 따라 본성은 점차 파괴되고 장기적인 억눌림은 행위적 주체를 더욱 고통스럽게 만든다. 이처럼 작자들은 주관적인 세계가 잔인한 현실의 충격을 받아 인격이 분렬된 인물을 형상화시켰다.

제3절 현대 사회 질서의 순응자와 삶의 역행자

1. 체화된 아비투스에 의한 자기부정형 인물

아비투스는 인간이 사회화되는 과정에서 형성된 성향 체계를 가리킨다. 이는 특정한 력사적, 사회적 맥락 속에서 개인이 경험한 사회적 행위와 가치 체계가 의식 속에 습관화되고 내면화된 결과로 리해할 수 있다. 특히 교육 제도를 비롯한 사회 구조가 개인의 인식과 행동 양식 속에 각인되여 작동하는 과정을 지칭한다. 그러므로 아비투스는 인간의 사회 행위, 생존 방식, 생활 기풍, 행위 규칙, 전략 등 실제 표현과 그의 정신적 측면의 총적 근원이 되였다.[47] 한편 자기부정형 인물은 외적 요인들로 인해 자신의 존재가 사회적으로 인정받지 못하고, 지속적인 좌절의 경험에 의해 점차 삶의 의미를 상실한 채 무력하게 일상을 견디는 인물상으로 정의할 수 있다.

한국문학상 수상 소설의 인물들은 어려운 현실에 맞서 적극적으로 대응하며 생존의 가능성을 모색하지만, 사회의 규격화된 제도와 반복된 생활 패턴 속에서 그 노력은 좌절된다. 이들의 삶은 성장 과정에서 체화된 사회 질서, 생활 양식, 계층적 위치에 따라 형성된 인식 구조와 문화적 습속에 의해 규정되며, 이러한 요인들이 형성한 아비투스는 결국 현실을 개변하려는

---

47 高宣扬: ≪布迪厄的社会理论≫, 上海 : 同济大学出版社, 2004年, 第116页。

시도를 제약하고 삶의 변화를 불가능하게 만든다.

오늘날 한국 사회에서 녀성은 직장을 그만두고 가정과 양육에 집중해야 하는 것이 당연시되는 질서가 여전히 존재하는데 녀성 스스로도 이러한 사회의 아비투스를 내면화하여 남성 중심의 가치체계를 그대로 답습한다. 백수린의 <아직 집에는 가지 않을래요>의 희주는 결혼후 두 아이 때문에 회사를 그만두고 가정주부의 역할에 충실한다. 어렸을 적부터 오빠만 학원에 보내는 엄마, 회사를 그만두기를 원하는 남편, 그리고 직장맘은 아이에게 죄인일 수밖에 없다는 선배들의 조언과 같은 주변 환경은 그녀가 녀성차별의 아비투스가 형성된 주요 원인이다. 따라서 이미 체화된 아비투스에 그녀는 스스로 외부 세계와 단절하고 사람들과 만나는 것에 어색하여 어쩌다 외출을 하더라도 자지러지게 우는 아이에게 죄책감이 들어 고통스러운 기분을 느낀다. '누군가 정해준 틀' 안에서 무언가를 결정하는 것이 편한 그녀는 자아가 없는 주어진 현실에 대한 괴로움 대신 '인생의 단계에 걸맞은 역할을 수용하는 것이 성숙한 태도'라고 생각한다.

그러다 한 파티에서 우연히 마주친 20대의 젊은 발레리노가 희주의 내면에 잠재되여있던 균렬을 일깨운다. 과거 발레리나를 꿈꾸었던 그녀는, 자신이 무용에 적합한 '좋은 골격'을 지녔다고 칭찬하는 남자의 말에 순간적으로 억눌러왔던 감정을 드러내며, 수유중임에도 무심코 포도주를 들이킨다. 이는 단순한 일탈이 아니라, 잊혀졌던 꿈과 인간으로서의 존재적 가치를 다시금 확인한 데서 비롯된 환희이며, 현실을 변형하고저 하는 무의식적 저항의 발현이다.

자신의 가능성을 인정해준 남자에게 고마움을 느낀 그녀는 잠시나마 잃어버린 자아와 마주하려 하지만, 현실은 그 의지를 무너뜨린다. 발레리노로부터 받은 공연 초대권을 손에 쥐고도, 갑작스러운 남편의 수술 일정으로 인해 공연장을 찾을 수 없었던 것이다. 결국 희주는 이미 내면 깊이 각인된 아비투스에 의해 자기 변화를 스스로 포기하게 된다.

그녀의 위축되고 소극적인 태도 리면에는 공감 능력을 상실한 남편, 그리고 가정을 지켜야 한다는 강박적 관념이 억압의 기제로 작동하고 있다. 녀성의 사회적 진출을 시도하는 순간, 아비투스는 강한 불안과 긴장을 유발하여 녀성으로 하여금 '자기 되찾기'를 단념하도록 만든다. 꿈과 사랑을 잃은 채 자녀와 가정을 위해 헌신하는 삶은, 주변의 시선과 사회적 규범 속에서 자기부정으로 귀결된다. 이처럼 희주는 자신의 주체성과 꿈을 회복하려 하지만, 이미 체화된 아비투스의 힘에 의해 결국 실패하고 마는 인물이다.

강화길의 <음복>에 등장하는 시어머니와 새댁인 세나 역시 가부장제도라는 아비투스에 부속된 인물이다. 새시대의 녀성으로서 그녀는 구습을 거부하지만 남편에 대한 사랑 때문에 다시 묵묵히 받아들인다.

세나는 어렸을 적부터 남녀의 불평등한 역할을 지켜보면서 성장했고 딸로서 가족 내 신체적, 정서적 돌봄 로동을 담당해야 한다는 의무를 자연스럽게 내면화한다. 특히 외삼촌을 편향하는 외할머니 때문에 대학 진학을 포기하고 경제적 지원을 받지 못한 엄마의 아픔을 함께 경험하면서 사회가 녀성을 차별하는 아비투스가 형성되였다. 따라서 시고모의 질투, 그리고 가족에 대한 애정과 원망이 교차하는 복잡한 감정을 리해하고 공감한다. 이러한 현실을 개변시키기 위해 결혼한 지 3개월뿐인 낯선 시집에서 마지막 제사를 지낸다는 다짐으로 참석하지만 시아버지가 단독으로 인사를 드려라는 말에 망설이다가 빠르게 포기하고 한번도 본 적 없는 죽은 이를 위해 절을 한다. 또한 시어머니가 남편의 평안을 위해 침묵을 지켜달라는 요청을 할 때에도 순순히 받아들인다. 결국 그녀는 아들로 자란 남편의 가부장적 세계인식과 그 속에서 비롯된 무감각함을 인정하고 시어머니에게서 물려받은 남비로 부권의 상징인 도마도고기찜을 만들며 시댁 가족에서 실은 남편이 진정한 악역임을 밝히지 않는다. 비밀을 지켜줄 것을 당부하는 시어머니의 문자를 받은 후 세나는 남편의 천진한 얼굴을 보며 그를 사랑하기로 결심한다.

세나는 현실을 벗어나려는 미약한 저항의 몸짓을 보였으나, 결국 가부장적 질서가 내면화되여 그것을 이어간다. 그녀는 권력자인 시아버지의 요구를 묵묵히 수용하고 가정내 녀성으로서의 로동을 담당하게 되고 이 과정에서 현실 극복의 의지를 부정한다. 이러한 세나의 변화는 오랜 세월 동안 형성되여 온몸에 깊숙이 각인된 사회적 아비투스의 결과로 볼 수 있다. 즉 아비투스는 개인의 선택을 넘어선 구조적 힘으로 작동하여 세나로 하여금 내면화된 규범에 순응하도록 만드는 무의식적 메카니즘으로 기능한다.

박성원의 <얼룩>에 나오는 녀자 역시 남성 중심 체제가 몸에 익숙하여 체계적이고 규칙에 맞춰 돌아가는 일상에 자아를 잃어간다. 무뚝뚝한 남편을 사랑이라 생각하고 료리에 전념하면서 마음의 안정감과 자신의 가치를 확인한다. 그러다 현실에서 도망치려 뻐스를 타고 떠나던 과정에 자신을 성추행하던 남자의 성기를 쥐고 흔든다. 이는 남성과 현대의 질서에 박탈당한 자유를 찾아내는 몸짓이였지만 스스로의 구원은 진정으로 이루어지지 않는다. 그녀를 늘 괴롭히던 얼룩은 집에서 도시, 도시에서 일탈의 상징인 '울란바토르'라는 공간으로 이동하여도 계속 따라다니면서 그 궤도를 벗어나지 못한다. 사회적 존재로서 개인의 삶은 사회 질서의 영향을 받게 된다. 일상에 잠재되여있던 녀자의 아비투스는 결국 자신의 성향 체계에 의해 자신을 부정하고 현실로 돌아오는 것을 선택한다.

아비투스는 독립적으로 존재하는 것이 아니라 개인이 속한 사회적 맥락과 다양한 관계의 상호작용 속에서 형성된다. 편혜영의 <산책>에서 남자는 암묵적인 위계 질서와 경쟁 시스템이 운영되는 방식에 의해 생존하는 법을 익혔다. 따라서 관리자는 생산 현장을 알아야 한다는 회사의 경영 방침에 승진을 하기 좋은 기회를 잡을겸 지루한 일상을 개변시키려는 의지에 지사로 내려간다. 객관적 환경이 만들어낸 아비투스는 개인의 성향을 형성하고 그것은 다시 개인 행동의 지침으로 작용하여 개인의 일상에 영향 준다. 그는 지사장의 모친이 임대하는 집을 둘러보지도 않고 계약하면서 지사장의 비위를 맞춰주고 임신한 안해가 무서워하는 집주인의 괴물 같은 개를 묶어달라는 요구도 제출하지 못한다. 그러나 외출을 못하고 불안에 떨어 자주 찾아오는 진통 때문에 고생하는 안해를 위해 그는 끝내 개를 죽여버리기로 결심한다. 그는 못마땅해하는 지사장의 태도에도 휴가를 내어 약수터까지 올라가 약이 묻은 고기를 개에게 먹이고 목에 줄을 묶어놓고 혼자 산을 내려온다. 외부세계에서 주체성을 상실한 남자는 폭력으로 그 결핍을 채우면서 반항하지만 지사장과의 평등한 관계를 되찾지 못하고 굴복한다. 개를 죽이고 돌아오는 길에 그는 하루살이의 괴롭힘을 받고 길을 잃으면서 두려움에 휩싸인다. 여기서 하루살이의 공격은 견고한 집단성을 이루면서 집요하게 따라다니는 사회의 질서를 의미하며 그러한 하루살이에 공포감을 느끼는 것은 질서에 대한 반항과 체화된 아비투스의 모순이 가져다주는 괴로움 때문이다. 남성은 기존의 령역에서 벗어나 새로운 환경을 시도했지만 결국 관습화된 아비투스에 의하여 방향을 잃는 인물이다.

김애란의 <그 곳에 밤 여기에 노래>의 용대 역시 부모와 가정의 영향에 의해 아비투스가 형성된다. 그는 어려서부터 주위의 홀시와 랭대를 받으며 자란 가족의 왕따였고 용대가 사고를 치면 가족들은 '그럴 줄 알았다'는 식의 반응을 보였으며 용대 자신도 주위의 경멸과 랭소를 당연하게 생각했다. 가정에서 형성된 초기의 아비투스는 이후 사회에서 형성될 아비투스에 깊게 관여한다. 비천하고 무능하며 상처로 점철된 인생에 더 이상 추락할 곳이 없는 용대는 포기와 실망이 습관화되였고 최하층에서 사람들을 우로 바라보는 자세가 익숙해졌는데 이러한 아비투스는 자신의 맞춤한 눈높이로 바라볼 수 있는 조선족 녀자에게 동질감을 느끼게 한다. 부르디외는 개인을 사회적 불평등 구조 속에서 리해하려 하였는데, 이는 각개인이 내면화한 성향이 사회내 위치와 역할을 결정 짓는 핵심 요인이라고 보았기 때문이다. 그는 개인이 지닌 성향이 사회적 행위의 방향을 규정하며, 류사한 성향을 지닌 사람들이 모여 특정한 집단이나 계층을 이루는 과정을 통해 사회적 구분이 형성된다고 보았다. 나아가 이러한 집단적 상호작용 속에서 새로운 성향이 다시 재생산되고, 그로 인해 개인의 사회적 가치와 위치가 끊임없이 갱신된다고 설명한다.

삶에 쫓기우듯 달려왔던 용대는 처음으로 자신을 진심으로 대해준 명화에게 투박한 프로포즈를 건네고 서로의 온기를 느끼며 행복한 순간을 누린다. 또한 희망을 안고 택시 기사를 하면서 새로운 삶을 시작하려고 하지만 명화가 위암에 걸리면서 생활은 다시 본모습으로 돌아간다. 명화의 죽음으로 폭발한 용대의 극단적 슬픔과 분노는 단순한 감정적 반응이 아니라, 사회적 불안과 계층적 박탈감에서 비롯된 폭력의 발현이라 할 수 있다. 그는 유복한 환경에서 충분한 교육과 존중을 받으며 성장하지 못했기 때문에, 내면 깊숙이 자리한 결핍과 불안이 상황적 폭력으로 전이된다. 이러한 폭력성은 계층간 불평등이 구조화된 사회 속에서 자연스럽게 체득된 아비투스가 무의식적으로 내면화되고 실행되였기 때문이다. 안해와의 리별은 용대에게 자신이 어렵게 벗어나려 했던 과거의 빈곤과 렬등의식으로 되돌아갈 수 있다는 추락의 공포를 자극한다. 그 결과 그는 삶의 재도약에 대한 의지를 상실하고 다시 현실의 벽 앞에서 무력해진다. 아무리 노력해 새로운 삶의 단계로 진입하려 해도, 출신과 계급에서 비롯된 아비투스는 그를 끊임없이 과거로 되돌려 놓는다. 용대는 결국 사회 구조가 내면화된 그 아비투스의 굴레 속에서 벗어나지 못한 채, 계층적 한계의 늪에서 맴도는 인물로 형상화된다. 용대가 학습하는 중국어 설정은 의미심장하다. "워더 쭤웨이 짜이날(我的座位在哪儿)", "리 쩌리 위안마(离这里远吗)"라는 중얼거림은 자신의 자리를 찾지 못하고 방황하는 용대의 막막함을 보여준다. 작자는 사회의 어두운 구석에 위치한 인물들을 통해 렬악하고 피폐한 경험에 의해 생성된 아비투스에 의하여 여전히 위태로운 삶을 지탱해 가는 힘겨운 생명들을 가슴 아프게 보여주었다.

이처럼 한국문학상 수상작품 속에 등장하는 인물들은 불평등하고 차별화가 여전히 존재하는 현실을 개변시키려고 하지만 성장 과정에서 내면화되거나 사회화 과정에서 획득한 아비투스에 의하여 극복이 실패된다. 오히려 극복하는 과정에 그동안 길러진 성향으로 사회 구조내에서 자신의 위치를 확인하게 되고 조금 상향된 위치로 바뀔지는 모르지만 이미 계층화되고 질서화된 사회를 변화시킬 수 없다는 랭정한 현실에 부딪치게 된다. 결국 작자들은 이러한 인물들을 통하여 사회의 문제점을 가시화시키고 그것이 개인의 정신과 육체에 각인되여 삶의 탈출구를 찾지 못하면서 자아부정에 이르는 현대인들의 초상화를 보여주었다.

2. 아이덴티티 확립에 의한 자아통합형 인물

아이덴티티(Identity)란 자아의 련속성, 단일성, 독자성이며, 또 이와 같은 개인의 동일성에 대한 의식적 감각이라고 할 수 있다.[48] 에릭슨은 이러한 아이덴티티의 개념을 W.제임스의 글을 통해 설명하고 있는데, 그에 의하면 아이덴티티란 “자신이 가장 심오하고 또한 강렬하며 활기 있고 또한 활성이 있는 것으로 느끼는 ‘이것이 진정한 나’라는 소리가 들려오는 능동적인 긴장감, 말하자면 나 자신을 받들어주는 것 같은 느낌, 그리고 외계의 사물들이 각기의 역할을 수행하고 조화를 이루리라는 신뢰감, 어떠한‘담보’가 없이도 나와 외계의 사물간에 조화가 이루어지리라는 데 대한 신뢰감”[49]을 뜻한다고

---

48 박아청, ≪아이덴티티의 탐색≫, 서울: 정민사, 1984, 14페지.

49 E.H.에릭슨, ≪아이덴티티≫, 조대경 역, 서울: 삼성출판사, 1982, 209페지.

하였다. 2000년대 진입후 한국문학상 수상 작품들에는 폭력과 부조리, 경쟁과 질투, 생존의 어려움과 질병 등 문제를 마주하면서도 적극적인 태도로 꿋꿋하게 현실을 이겨나가는 능동적인 인물들이 존재한다. 그들은 신자유주의 질서와 시스템이라는 객관적인 환경에 대한 어려움을 감지하면서도 스스로 성찰하면서 자신의 정체성을 잃지 않고 삶의 의미를 새롭게 만들어 가는 역할을 보여주고 있다.

2000년대에 진입하면서 한국은 고령화, 로년층의 우울증 등 다양한 사회적 문제에 직면하게 되였다. 이러한 변화 속에서 로년의 삶을 단순한 생의 종착점이 아니라, 새로운 의미를 재구성해야 할 존재론적 국면으로 바라보는 탐구가 필요하게 되였다. 이러한 상황하에 한국문학상 수상 작가들은 로년들의 암울하고 고된 삶을 드러내는 비극적인 형상만 다루지 않고 그 안에서 극복의 방법을 모색하여 아래 세대들에게 교훈의 가치를 제공하는 적극적인 모습도 창조하여 로년의 원숙성과 지혜를 보여준다.

권여선의 <이모>에서 작자는 고단한 인생을 묵묵히 견뎌낸 이모가 적극적인 자기 실현을 통해 의미 있게 인생을 마무리하는 모습을 그려냈다. 맏딸이였던 이모는 술에 취해 객사한 아버지를 대신해 어머니를 모시고 동생들의 생활비와 학비를 대주면서 가족의 생계를 짊어졌다. 대기업에 출근하였으나 반복되는 동생의 빚갚음으로 신용불량자가 되고 결혼까지 놓치면서 10년만에 겨우 신용을 회복했지만 재차 동생의 빚을 갚아주라는 어머니의 무리한 요구에 그녀는 집을 떠난다. 그러나 지긋지긋한 인생에서 벗어나 가족과 연을 끊고 홀로 살아가려 할 때 취장암으로 2년의 여생을 선고 받는다. 그러나 작자는 질병을 앓으면서도 가족을 위해 헌신해 온 로년의 이모를 단순히 죽음이나 고독의 상징으로 그리지 않는다. 오히려 아픔을 자아 인식의 전환점으로 펼쳐보인다.

이모는 삶을 포기하지 않고 글을 쓰는 조카며느리를 일주일에 한번씩 만나서 이야기도 나누고 도서관도 다닌다. 젊었을 때 사는 게 바빠 대충 지냈던 그는 집도 깨끗하게 꾸미고 정성껏 료리도 하며 계획 있게 살림한다. 가끔씩 스트레스 해소를 위해 일주일에 한번씩 사치스러운 안주를 만들어 소주도 마신다. 그는 온전히 자신의 몸에 집중하면서 자발적 가난을 선택하여 현실에 도발하려는 의지를 보여준다.

그러던 어느 날, 그는 젊은 시절 자신에게 호감 있던 남자의 손바닥에 담배불을 지졌던 일을 회상하면서 자신의 손바닥에 담배불을 지진다.

> "나도 애초에, 이렇게 생겨먹지는, 않았겠지, 불가촉천민처럼, 아무에게도, 가닿지 못하게, 내 탓도 아니고, 세상 탓도 아니다. 그래도 내가, 성가시고 귀찮다고, 누굴 죽이지 않은 게, 어디냐? 그냥 좀, 지진 거야, 손바닥이라, 금세 아물었지, 그게 나를, 살게 한 거고."[50]

이모는 행운스럽게 자신을 구원해 준, 인간마다 내면에 잠재되여있는 '고약한 것'을 발견하였는데 그것이 자신을 살게 했다고 생각한다. 그는 자신의 인생을 지옥으로 만들어 놓은 어머니와 남동생에 대한 분노와 억울함을 스스로의 내면을 깊이 들여다보는 성찰로 승화시킨다. 이모에게 삶의 동력을 부여한 힘은 '고약함'이라는 역설적인 성질을 지닌다. 이 고약한 힘 덕분에, 이모는 무기력하게 죽음을 향해 흘러가던 삶을 멈추고, 과거의 가족 관계로부터 단절하여 온전히 자신의 삶을 스스로 이끌어가는 자유를 쟁취하게 된다. 극도의 분노와 미워할 대상이 사라지면서 삶에 대한 혐오도 소멸되여 갔기 때문에 남은 인생은 소박하지만 충실하고 의미 있게 보낼 수 있었다. 작자는 젊음과 건강이 박탈된 인생이지만 충실하면서도 아름답게 마무리하

50 권여선, ≪안녕 주정뱅이≫, 파주: 창비, 2016, 106폐지.

려는 이모의 형상을 통해 힘든 길을 걸어왔음에도 아이덴티티를 다시 정립하여 주체적으로 살아가는 로년의 가능성을 보여주었다.

구효서의 <바소 콘티누오>의 김옹 역시 적극적으로 로인 생활을 하는 인물이다. 95세인 고령 로인이지만 다리 힘은 여전하고 상체는 굽지도 흔들리지도 않는다. 하루도 거르지 않고 매일 새벽 한시간째 거실을 오가며 운동하는 그는 신체적으로 로구라는 말이 안 어울릴 만큼 병원에 가본 적 없이 건장하고 든든하다. 또한 윤동주랑 같은 해에 태여났다는 자부감과 "나는 갑상이야!"라는 우월감을 갖고 있다.

물론 그에게도 안해를 먼저 떠나보낸 아픔과 외로움이라는 로년의 고독이 있다. 안해가 세상을 떠나자 김옹은 나이 오십이 훌쩍 넘도록 장가를 가지 못한 아들 봉한이와 같이 사는데 녀인이 없는 집에서 두 늙은 남자의 생활은 적막하기만 하고 어색하다. 그러나 그는 나름 대로의 방식으로 그 상처들을 이겨나간다. 20년 넘도록 안해와 함께 살던 잡초가 우거진 초가집을 처분하지 않고 안해가 시집 올 때 가져왔던 방석도 액자에 넣어 거실에 걸어놓는다. 또한 아들이 촬영지에서 몰래 가져온 보호종 물고기 쉬리가 죽을가 봐 손수 먹이를 주기도 하는데 낯선 환경으로 온 쉬리와 시골에서 올라온 자신의 처지에 동질감을 느끼기도 한다.

그렇지만 그는 여기서 포기하지 않고 오해가 있는 아들과의 소통을 적극적으로 시도한다. 아들과 마주보는 대신 함께 음악 공연을 보러 다니는데 그들이 무대를 바라보며 음악을 듣는 행위는 나란히 앉아 함께 멈추고 같은 방향을 바라보며 서로 의지하고 뉴대하는 행위이다. 김옹은 아들 봉한씨와 축제 같은 환호 속에서 가슴의 떨림을 느끼고 만족을 느낀다. 로인은 나이가 들면서 감각적 쾌락이 감소하지만 김옹은 음악을 통해 자신을 자극하면서 그 쾌락을 되찾는다. 아이덴티티의 위기가 개인의 사회적 관계망 속에서 발생하는만큼 그 극복 또한 사회적 삶의 맥락 안에서 실현되여야 한다. 김옹은 백세에 가까운 로인이지만 신체적으로나 사회적으로 자신이 할 수 있는 능력 범위에서 즐거움을 찾고 문제의 해결방법을 찾는다. 작자는 자아를 통합하고 타인과의 련대를 강화하는 김옹을 통해 년령과 신체적 한계에서도 그 극복의 방법을 탐구하면서 행복의 가능성을 실현하는 로인의 모습을 보여주었다.

윤성희의 소설 <어느 밤>의 화자는 매일 술을 마시고 폭력을 휘두르는 아버지와 떠나버린 엄마 때문에 불행한 동년을 보내다가 가족이 되여주겠다고 다가온 남편과 결혼하지만 가정에 대한 환상은 다시 깨져버린다. 정갈하게 늙고 싶은 그녀의 욕망과 잔소리와 욕이 늘어가는 남편에 대한 혐오가 충돌하는 가운데 그녀는 남편을 '죽이고 싶은' 마음이 살아난다. 그렇게 삶에 대한 허무함과 공허함을 느끼던 찰나, 놀이터에 놓여있는 주인 없는 킥보드를 보자 그동안 참아왔던 욕망이 꿈틀거린다. 그녀는 킥보드를 훔쳐 남편을 죽이고 싶은 마음을 누르고 자신의 욕구에만 충실한 어린아이의 모습으로 되돌아간다.

작자는 이렇게 로년 녀성이 과거의 불행과 현재의 지루한 일상에서 탈주하는 행위를 킥보드를 타면서 해소하는 유쾌한 방식으로 설정시킨다. 따라서 남편이 미울 때마다 킥보드를 타면 시원한 트림이 나고 체기가 사라지며 나중에 노래까지 흥얼거리게 된다. 킥보드를 타는 시간은 그녀가 일상의 한계를 넘어 억압된 욕망을 분출하는 시간으로 삶에 대한 능동적 의지로 전환된다. 이 행위는 바람 속으로 모든 고민을 흩날리듯 현실로부터 자신을 구출하는 자기 구원의 과정으로 기능한다. 결국 그것은 '이것이 진정한 나'라는 자각을 동반한 긍정적 자아 정체성의 확립이라 할 수 있다.

이처럼 작자는 고아로부터 안해가 되기까지 모든 것을 감내해야 했던 녀성이 '킥보드' 놀이로 자아를 되찾고 암울한 현실을 타파하면서 동심을 유지하는 유쾌한 모습을 아름답게 펼쳐보였다.

김연수의 소설 <산책하는 이들의 다섯가지 즐거움>에 등장하는 불면증으로 고통에 시달리는 주인공은 늘 육중한 코끼리가 발로 자신의 심장을 누르는 압력을 느낀다. 주인공은 극심한 고통에 아이덴티티의 위기에 직면하였다. 그는 고통은 '생로병사와 같은' 누구에게나 존재하는 보편적인 일이라고 정면으로 응시하다가도 통증을 모르는 곤충들을 부러워하는 태도를 보인다. 그는 순서 대로 친구들에게 전화를 걸어 산책을 시작한다. 그러다 타인의 의견을 들으면서 자신의 고통과 공포에 대하여 객관적으로 마주하지만 타자와 자신 사이에 세워져있는 벽을 다시 실감하면서 코끼리가 심장에 발을 얹고 힘을 주는 고통을 느낀다.

마지막으로 그는 <암환자를 위한 생존전략>의 책 속 인터뷰 주인공인 Y씨와 산책을 한다. 대학병원에서 '피부를 오그라들게 만들던' 방사선 치료를 거부하고 무작정 걷기 시작한 암환자 Y씨를 보면서 그는 결국 고통은 '자기 안에서 생겨나는 고름 같은 것'이고 거기에는 타인의 '리해의 껍질 같은 건 없었다'는 것을 느낀다. 즉 세상 누구나 고통은 똑같이 존재하는데 그저 정도와 형태만 다를 뿐이라는 것을 터득한다.

이처럼 주인공은 자신의 인생을 결정하는 형태를 발견함으로써 고통을 극복하는 주체가 결국 자신임을 확인한다. 소설은 숨 막히는 고통을 코끼리라는 육중한 동물로 비유하면서 고통에 맞서는 과정을 코끼리와 교감하는 방식으로 형상화한다. 주인공은 코끼리를 극복의 대상으로부터 공존의 존재로 전환시키면서 자신의 고통을 객관적으로 받아들이고 그 과정에서 아이덴티티를 확립한다. 작자는 이러한 주인공의 모습을 통해 살면서 경험하게 되는 크고 작은 고통들은 주관적인 것임을 인정하고 그걸 내면화하면서 자연스럽게 수용하는 것이 바람직한 선택임을 암시한다.

권여선의 <사랑을 믿다>의 녀자는 3년전 좋아했던 남자가 다른 녀자와 련애를 시작했을 때 금전적인 문제로 자신을 떠났을지 모른다는 실련의 고통을 안고 큰고모님 댁을 찾아간다. 그러나 그녀는 큰고모는 만나지 못하고 고모네 집을 철학관으로 잘못 알고 들어온 사람들과 부딪치게 된다. 거기서 그녀는 희귀병에 걸렸거나 아이를 잃어버렸거나 남편이 바람 피워 점을 보러 온 사람들의 불행을 보게 된다. 외롭고 허름한 큰고모님 댁은 그녀가 타인의 상처와 자신의 보잘것없는 아픔을 비교하면서 진정한 불행의 모습을 대면하는 공간이다. 실련의 고통보다 훨씬 뼈저린 통증을 견뎌내고 있는 자들의 이야기를 경험하면서 그녀는 자신의 슬픔을 객관적으로 응시하고 스스로 치유를 한다.

아이덴티티를 '자기 존재에 대한 자각'으로 리해한다면, 그녀의 이러한 체험은 자기 인식의 전환을 통해 긍정적 자아 정체성이 확립되는 결정적 계기로 기능했다고 볼 수 있다. 소설은 실련이라는 사랑의 고통을 넘어 진정 인생을 파괴하는 인간의 통증을 꺼내면서 그것을 받아들이고 극복하는 태도를 제시하고 삶에 나타나는 비극들을 응시하는 과정에 새로운 가능성을 탐구해야 하는 적극적인 자세를 보여준다.

전경린의 소설 <천사는 여기 머문다>에는 남편의 폭력과 의심에 시달리다가 타지로 떠나면서 자아를 찾아가는 녀자가 등장한다.

29살까지 련애를 해본 적 없던 리인희에게 유부남 모경의 출현은 순진했던 마음속에 '해일이 이는 바다를 지나는 배처럼' 아찔한 자극을 일으킨다. 그러나 '가정을 박살 낸 녀자'라는 딱지를 붙이고 직장까지 그만두면서 시작한 결혼은 평화로웠던 그녀의 나날을 종결시킨다. 유부남과 결혼할 만큼 격정적이였던 사랑은 모경의 폭력과 의심, 집착과 소유욕에 의해 깨여져 간다. 일상을 파괴하는 '악마'에 대응하기 위해 마음속의 '천사'를 불러내려 안깐힘을 쓰지만 결국 실패하고 새로운 탈바꿈을 위해 독일행을 택한다.

작품 말미에 인희는 독일 남자의 아이들을 만나기 위해 모경을 만날 때 입었던 하얀 블라우스를 꿰매다 피를 흘린다. 그 때 모경이 사주었던 반지에서 빛이 발하며 인희는 '팔을 활짝 벌린 채 빛의 출처를 찾는' 천사와 흡사한 모습으로 변한다. 이는 곧 자기 존재에 대한 통찰의 순간, 내부 자아와 조화하는 순간이다. 즉 과거를 딛고 일어선 인희가 '천사'라는 내면의 힘으로 바깥 세상을 대응하면서 자신을 보호하기 시작함을 의미한다.

이처럼 소설은 무차별한 폭력하에 고통스러웠던 녀자가 탈출구를 찾아 과거를 벗어나고 새로운 출발을 맞이하면서 '천사'로 되는 과정을 그려냈다. 작자는 생활의 굴레를 묵묵히 감내하는 기존 녀성의 이미지들과 달리 그것을 견뎌내고 스스로 천사로 탈바꿈하는 녀성의 모습을 보여주면서 누구에게나 내면 깊숙이 존재하는 선과 악의 정체성을 확인하도록 이끌어준다.

긍정적이고 안정된 객관적 환경은 개인이 자신의 존재를 사회 구조에 통합시키고 자아 역할을 실현할 수 있게 하는 전제 조건이다. 그러나 개인이 사회에 통합되지 못하고 자아 역할의 실현에 실패할 경우 사회적 소외감과 함께 아이덴티티의 위기에 직면하게 된다. 아이덴티티의 위기는 단순히 자아를 해체하는 현상을 넘어 개인의 삶을 통합하던 기존 가치 체계의 붕괴를 의미한다. 이러한 위기를 극복하는 과정은 진정한 자기를 발견하는 려정인 동시에, 끊임없이 변화하는 현실에 적응하며 자아 통합형 인간을 형성하는 출발점이 된다. 한국문학상 소설의 인물들은 어려움을 겪으면서도 쉽게 좌절하지 않고, 패배의식이나 절망감으로 무력해지기보다는 자신의 삶을 스스로 이끌어나간다. 현실의 어려움 속에서도 자신의 신념을 잃지 않고 락관적인 태도를 보이며 현실 극복의 의지를 보이고 있다. 긍정적인 인물이라고 할 수 있는 개인적인 아이덴티티의 확립은 아무도 가보지 않은 미래의 길을 모색하면서 삶의 의미를 새로이 만들고 사회적 통찰력을 가진 사회적 아이덴티티의 확립으로 나아갈 수 있다.

제3장

2000년-2020년 한국문학상 수상 소설의 주제 양상

헤겔은 주제에 대하여 "예술 작품은 의미(意蘊)를 가져야 한다"며 그것은 "내적인 것"으로 "외적형식에 생기를 주입"하는 것인데 "그 외적형식의 용도는 바로 의미(意蘊)를 이끄는 것"이라고 하였다. 즉 "내재적인 생기, 감정, 령혼, 풍골과 정신이 바로 우리가 말한 예술 작품의 의미(意蘊)"라고 하였다.[1] 따라서 문학 주제에 대해 말하자면 인물, 정절, 형상 등에 의해 구체화된 추상적 개념[2]으로 작품의 중심사상이라 할 수 있다. 중심사상은 작가가 력사와 사회, 나아가 인생에 대해 품고 있는 문제의식을 구현한 것이라고 할 수 있다.

로씨야의 유명한 문론가인 V.E. 칼리제프(В. Е. Хализев)는 주제는 "작가가 예술에서 현실에 대한 호소와 관련이 있는데 이런 호소가 없다면 예술은 불가사의하다"[3]고 하였다. 여기서 현실이란 사회를 가리키고 주제는 특정

1 김호웅, 우상렬, 류연산, ≪문학개론≫, 연길: 연변대학출판사, 2009, 133페지.

2 王先霈, 王又平:≪文学理论批评术语汇释≫, 北京：高等教育出版社, 2006年, 第247页。

3 瓦·叶·哈利泽夫：≪文学学导论≫, 周启超等译, 北京：北京大学出版社, 2006年, 第64页。

시대와 계급을 표현하는 중요한 특징들을 구현하면서 삶에 대해 가치 있는 반응을 나타낸다. 문학은 본질적으로 사회적 산물이다. 따라서 그렙스타인(S.N. Grebstein)은 문학작품은 그것을 낳게 한 환경, 문화, 문명들과 분리할 수 없으며 작품 그 자체보다 가능한 한 넓은 문맥 속에서 연구되여야 한다고 하였다. 모든 문학작품은 사회적, 문화적 요소의 복합적인 상호 작용의 결과이고 또한 그 자체가 복합적인 문화적 객체이며 고립된 형상은 아니라고 하였다.[4] 2000년 이후 한국문학상 수상 소설들도 다방면으로 사회 현실을 반영하고 문제를 꼬집어내면서 사회를 성찰한다.

2000년대에 진입하면서부터 한국 사회는 전체적으로 혼돈의 시기에 처해져있다. 신자유주의 질서에 의한 빈부 량극화, 국가의 패권과 무능으로 인한 참사, 사회 안전을 지키기 위한 초불항쟁 등 엄청난 일들이 일어났고 이러한 사건의 공통점은 위험사회 리론가들이 지적해왔듯이 한국 근대화 과정의 내재적 산물이였다.[5] 또한 과학기술의 발전과 디지털 기술 시대가 도래되면서 정신 문명과 생태환경은 전례 없는 도전에 직면하게 되고 자본시장이 초래하는 여러가지 문제가 잇달아 발생하면서 작자들은 미래에 대하여 우려하기 시작한다. 따라서 사회에 대한 불신, 일상에 대한 불안, 미래에 대한 공포가 만연되고 자살, 우울 등 경향이 심화된다.

한국의 유명한 평론가 백지은은 오늘날 "'(문학)텍스트'를 읽는 것과 현실을, 삶을, 세상을 읽는 것이 근본적으로 다르지 않(아야 한)다고 생각한다"[6]며 문학과 현실 사이를 통합하는 독법을 제시한다. 양경언은 "최근 비평들이 제출하는 뜨거운 론의가 허무하게 깨뜨려지지 않고 다음의 차원으로

---

4 홍문표, ≪현대문학비평리론≫, 서울: 창조문학사, 2003, 144페지.

5 박형신, 정수남, ≪감정은 사회를 어떻게 움직이는가≫, 파주: 한길사, 2015, 103페지.

6 백지은, <텍스트를 읽는 것과 삶을 읽는 것은 다르지 않다>, ≪문학과 사회 하이픈≫, 2018년 여름호.

진전되기 위해서라도" 문학과 현실 사이의 이분법을 극복해야 한다는 원론적인 방향성을 제안하기도 한다.[7] 이처럼 문학비평방면에서도 문학과 현실의 관계에 대하여 강조하는데 이는 작가들이 작품을 통해 오늘날 한국 사회 변화에 예민하게 반응하면서 사회문제에 고민하고 있음을 보여준다.

제1절 현대인의 생존 곤경 재현

1. 프레카리아트의 신빈곤 양상 고찰

프레카리아트(precariat)는 '불안정한(precarious)'과 '프롤레타리아(proletariat)'를 조합한 신조어로, 사회학자인 가이 스탠딩(Guy Standing, 1948-)에 따르면 무산계급이면서 동시에 실업 상태와 단기적 취업상태를 반복적으로 오가는 '불안정 특화계급'을 일컫는다.[8] 프레카리아트는 신자유주의 경제 체제에서 일상적인 불안정 고용과 저임금에 시달리는 저숙련, 비정규직 로동자와 실업자, 계약직, 일용직, 극빈층 등을 총칭한다.[9] 가이 스탠딩은 프레카리아트의 대량의 젊은 로동력은 안전이 보장되지 않은 로동 환경에서 일하지만 국가가 제공하는 복지가 부족하고 고용불안에 시달리고 있으며 전통 공업 분야와 신흥 산업 부문의 로동분업의 령활성으로 고용의 피해자로 전락된다고 하였다.[10]

포스터는 인간사는 대략 '출생', '밥', '잠', '사랑', '죽음' 등을 중심으로

---

7 양경언, <소설의 자기 수용감각: 문학 / 현실의 이분법을 넘어>, ≪문학 3≫ 2018년 1호.

8 가이 스탠딩 저, ≪프레카리아트 새로운 위험한 계급≫, 김태호 역, 고양: 박종철출판사, 2014, 23페지.

9 박형신, 정수남, ≪감정은 사회를 어떻게 움직이는가≫, 파주: 한길사, 2015, 223페지.

10 姚建华: ≪"不稳定无产者"是"新危险阶级"吗？≫, ≪中国图书评论≫, 2020年08期, 2020年8月10日。

빚어지는 것이라고 인식하였는데 제라파(M.Zeraffa)는 이상의 다섯가지외에 '일'이라는 제재 하나를 추가해 놓았다.[11] 2000년에 진입하면서 한국 사회는 IMF 경제위기의 후폭풍에 급진적으로 변화되고 있으며 사람들의 '밥'과 '일'의 문제는 가장 큰 문제중 하나로 주어진다. 신자유주의 시스템하에 로동시장의 유연화와 비정규직의 상시화는 실업을 지속적으로 확대시키며 이는 하층 로동 계층이 빈곤화되기 쉬운 구조적 취약성을 심화시킨다. 특히 급속도로 성장하던 경제가 안정한 단계에 진입하자 소득의 증대가 멈춰졌고 이는 중산층 붕괴로 이어지면서 신빈곤층이 대거 형성되는 데 큰 영향을 끼쳤다.[12]

프레카리아트는 신빈곤층의 주요 구성자로 전통적 빈곤층과 다른 사회경제적 특징을 가지고 있다. 우선은 성실한 로동과 지속적인 노력에도 불구하고 출구가 보이지 않는 빈곤이다. 한국 로동시장은 중심과 주변으로 나뉘는 현상이 뚜렷해졌는데 한번 주변부 로동시장에 발을 딛게 되면 중심으로 이동할 수 있는 것이 거의 불가능하고 비정규직일수록 저임금이자 일자리를 잃을 확률이 높으며 또한 일을 해도 빈곤을 벗어나기 어려운 근로빈곤(working poor) 상황에 놓일 가능성이 크다.[13] 로동자들은 이러한 악순환의 소용돌이에 빠져 아무리 발버둥쳐도 상황을 개선할 전망이 보이지 않는다. 다음으로 신빈곤은 부모 세대의 계층이 자녀 세대로 계승되는 계층 구조의 고착화 현상이 나타나는데 이는 경제 성장이 안정기로 진입하면서 개방형 구조는 계층간 상향이동이 좌절된 폐쇄형 계층구조로 바뀌였기 때문이다.[14] 이에 가난한 사람들은 자력으로 삶의 개선을 도모하기 어렵고, 빈부의 격차

---

11 조남현, ≪소설신론≫, 서울: 서울대학교출판문화원, 2018, 204페지.

12 리자화, <한국현대소설에 나타난 가난서사 연구-1990년대-2000년대의 소설을 중심으로>, 중앙대학교 박사학위론문, 2018.

13 구도완 등, ≪한국사회문제≫, 서울: 한국방송통신대학교출판문화원, 2017, 26페지.

14 김영란, <한국의 신빈곤의 발생구조와 탈빈곤정책>, ≪한국사회학회 사회학대회 론문집≫, 2004.12.

가 점차 확대되면서 '빈곤의 재생산'이라는 악순환을 반복한다. 마지막으로 현대의 신빈곤층은 단순히 소득 부족의 문제가 아니라, 주거, 의료, 복지, 공공써비스 등 다차원적 결핍 상태에 놓여있다. 각종 복지 혜택에서 소외될 가능성이 높고 안정된 주거지는 물론 건강을 포함한 생존의 지속성도 보장받지 못해 불안감을 느낀다.

한마디로 오늘날 프레카리아트는 단순히 경제적 가난이 아닌 복합적 양상을 띠고 이는 개인의 근면성 부족이나 외부 착취의 결과가 아닌 사회시스템 전반이 만들어낸 구조적 문제로 접근해야 한다. 따라서 한국소설들은 과거의 로동 착취나 략탈이 아니라 사회 시스템이 야기한 모멸감과 수치감, 또 자신의 정체성을 잃지 않으려는 프레카리아트의 어려움을 작품에 구체화시켜 드러냈다.

윤고은의 <해마, 날다>는 청년실업, 구조 조정 등 여러가지 사회 문제와 그 속에서 힘들게 살아가는 현대인들의 초상화를 보여주었다. 주인공은 대학을 졸업하였지만 68번째 면접에 겨우 '해마 005'라는 음주통화 써비스 업체에 비정규직으로 취직한다. 불규칙적인 생활로 몸무게가 근무 기간과 정비례하는 '해마'들은 모두 갑자기 해고될지 모르는 두려움과 언제 도태될지 모르는 불안함 속에 자신의 능력을 제고시키기 위해 노력한다. 그러나 여전히 음주통화 또는 성희롱하는 고객에게 반응을 잘못하면 해고라는 위기에 직면해있다. 한편 '해마'들이 상대하는 고객들 역시 대부분 새벽 시간대에 이동중인 외로운 존재들이다. 대개로 공무원 시험을 준비중인 자거나 정규직을 찾아 끊임없이 면접하는 자, 생계를 위해 2년 동안 고향에 못 가본 자, 구조조정으로 어쩔 수 없는 퇴직자 등 사회에 발 붙이지 못하는 수많은 프레카리아트의 일원들이다. 살아남기 위해 고객들의 고해성사를 무작정 받아줘야 하는 령혼이 없는 '해마'들이나 자신의 비참한 처지와 고통을 금전을 통해서나마 해소하는 고객들은 모두 열심히 뛰어도 자신을 받아들여주지 않는 신자유주의 시스템하의 비극적인 인물이다. 구조 조정 바람에 백수로 된 주인공의 아버지가 '해마'로 되고 회사에서 해고된 주인공이 '해마 005'의 고객이 되는 결말은 다시한번 저소득층 가정의 빈곤 악순환과 주변부에서 중심부로의 진입이 어려운 사회 현실을 보여준다. 작자는 모두 익명으로 동등한 위치에 처해있는 고객들을 기억 못해주는 '해마 005' 라는 아이로니한 상상력으로 누구나 평등한 사회의 일원이 되고저 하는 절실하면서도 강한 욕망을 보여주면서 노력과 상관없는 잔인한 자본주의 생존 체제와 그 속에 파생된 여러가지 사회문제 및 그것을 감내해야 하는 외로운 프레카리아트들을 보여주었다.

장은진의 <외진 곳>은 중심가에 떨어진 소외된 공간에서 하루하루를 버티고 있는 두 자매의 이야기다. 주인공 언니와 동생은 다단계 사기를 당하면서 쫓기듯 외진 곳으로 이사 온다. 동생은 일본어를 전공한 후 려행사에 취직해 일본인 관광객 가이드를 했지만 상사의 갑질을 견디다 못해 회사를 뛰쳐나와 아르바이트를 한다. 그러나 일상까지 감시하는 편의점 사장의 횡포가 심하여 그만두지만 구석진 네모집 근처에는 마땅한 아르바이트가 없다. 언니는 력사교육학과를 졸업하고 중등교원 임용고시를 준비하며 보육교사 보조로 일하지만 시험에서 두번 탈락한다. 더우기 출퇴근이 몇시간씩 걸리던 어린이집마저 아동폭행사건 때문에 문을 닫으면서 하루밤 새에 실업자가 되여버린다.

작자는 아홉개의 월세방이 나란히 둘러싸인 미음(ㅁ)자 모양으로 있는 네모집이라는 공간적 배경으로 삶의 신산함과 불평등, 가난과 락오를 암시한다. 세상의 변두리에 위치해있는 이곳 사람들은 '힘이 없어' 중심에서 변두리로 밀려나온 사람들이다. 그들은 '출발선 앞에 엉덩이를 엉거주춤하게 들고 있는 륙상선수처럼 언제든 튀여나갈 준비를 하며' 하루하루 버텨간다. 주거와 취업의 불안에 떨고 생존이 수시로 위협받는 상황에 처해있는 그들은 서로 모른 척하며 살아가지만 결국 서로에게 비밀 따위 없는 적라라하면서도 수치스러운 존재가 된다. 작자는 어둡고 냄새 나는 '외진 곳'을 통해 하루하루 겨우 연명해가는 이들의 고달픔을 상징적으로 보여주었다.

<하나의 숨>은 비정규직 로동자, 미성년 로동 착취, 결혼에 대한 고정관념 등 문제에 의해 초래된 개인적인 고통과 살기에 급급해 그 고통을 외면하는 비정한 사회를 다루었다.

화자의 학생인 하나는 공장으로 실습을 떠난 열아홉살 특성화고 학생이다. 공장에서 막내이자 녀자인 하나는 일은 배우지 못한 채 심부름만 하면서 묘한 괴롭힘에 시달린다. 회사측에 퇴사 의사를 밝혔지만 년말 세액공제액을 대신 내라는 협박과 상부에 보고하겠다는 위협, 그리고 가방끈 짧은 애들은 자기 관리도 못한다는 저급적인 치욕만 당한다. 하나의 고통은 '경제적 평등'이라는 미명과 달리 로동자들의 비인간화된 현실을 투명하게 보여준다. 그렇게 고된 로동과 비인격적인 모욕감에 학교로 돌아가고 싶다고 선생님께 구원을 요청하지만 돌아온 건 조금만 참아라는 회답이였다. 선생님과의 통화가 끝난 한달후 하나는 공장 3층에서 추락하여 의식불명의 상태에 이른다. 하나의 추락은 동시대 사회적인 제도와 인간에 대한 존중도 함께 추락했음을 상징적으로 보여준다.

억지로 버텨내는 십대 하나의 모습은 계약 해지를 앞둔 삼십대 중반의 '나'의 현실과 별반 다르지 않다. 단기 리력은 재취업에 방해가 되는 객관적인 취직 환경과 온갖 잡일과 피로한 업무만 맡기다가 계약을 해지해버리는 학교에 일방적으로 당하기만 하는 그녀가 하나에게 해줄 수 있는 말이란 "남의 돈을 버는 게 원래 쉽지 않아"라는 것뿐이였다. 이렇게 혼란스럽고 무기력한 상황에서 그녀는 결혼을 통해 안정한 삶을 도모하고저 하지만 자신의 직업이 상대적으로 안정하다고 알고 있는 남자친구에게 얄팍한 통장과 예정된 실업을 알리는 것이 주저된다. 결국 화자는 환경이 더욱 악렬한 판촉물 회사에 다닌다. 회사에서 온갖 잡일을 도맡아하고 수시로 계약이 종료되는 계약직으로 살아가면서 하나에게 붙어있는 '숨'을 느끼고저 한다. 여기서 '하나의 숨'은 '하나'와 같이 겨우 연명하는 하층민들의 고통을 상징하는 '숨'이다. 작자는 잔인한 사회에서 살아내야 하는 프레카리아트들의 고통과 사회 시스템의 랭정한 모습을 부각하면서 출구가 없는 막막한 '하나'들의 간간히 붙어있는 '숨'들을 보여주었다.

한강의 <작별>은 삶의 의지를 상실한 주인공이 차갑고 고통이 없는 눈사람으로 변신해버린 이야기를 통해 세상의 온도에 어울리지 못하는 사물과 다름없는 괴로운 인간 군상들을 형상적으로 보여주었다.

주인공은 열심히 살아왔지만 계속 제자리에 멈춰있는 미래가 보이지 않는 인물이다. 그녀는 대학을 졸업한 해에 결혼하고 이듬해 아이를 낳아 십년째 혼자 키워오고 있다. 학창시절부터 성실하게 살아왔고 그동안 출산휴가로 두달 말고는 길게 쉬여본 적이 없지만 생활은 늘 쪼들리고 아이 대학자금을 준비하느라 로후 문제는 미결로 남아있다. 그녀는 회사에서나 퇴근시간 붐비는 지하철에서 종종 자신이 사물이라고 상상한다. 나이가 많아져 직장 옮기기가 쉽지 않지만 결국 회사에까지 잘리고 만다. 7살 년하의 련인 현수는 대학원을 졸업한 백수였다. 빼스비, 한끼의 식비도 해결하기 힘들고 해결 의지도 없는 가난에 수인처럼 갇혀있는 인물이다. 함께 할 미래에 대한 아무런 기약도 없는 그들을 련결하는 실체는 사회 하층이라는 신분과 삶에 대한 절망이였다. 작자는 삶에 지쳐버린 고달픈 주인공을 눈사람이라는 인간과 사물의 경계를 허물어버리는 모호한 대상으로 변신시켰는데 이는 희망을 잃어버린 주인공을 세상과 작별시키기 위한 가장 인간적인 수단이다. 그것은 세상의 온도를 느끼지 못한 주인공의 마음을 대변한 것이고 고통스러웠던 주인공이 아무런 통증도 느끼지 못하도록 위로한 것이다.

이 밖에 직원을 먹이감으로 비유하는 물질적인 상사에 대하여 나름의 괴상한 방법으로 저항하는 림시직 직원이 나오는 김금희의 <조중균의 세계>, 실존을 가르치던 대학 강사가 편의점 아르바이트생으로 전락하면서 기초생활수급자로 밀려나는 조해진의 <산책자의 행복>, 풍요롭고 다채로운 외부 세상과 상관없이 비정규직 강사나 창고 로무자로 근근이 생계를 유지하는 젊은이들의 피페함을 고발한 심상대의 <단추>, 성실하게 지내던 시간강사가 정교수 자리를 위해 다른 교수의 교통사고 책임을 뒤집어쓰지만 결국 배신당하는 김애란의 <풍경의 쓸모>, 일부러 고급차에 부딪쳐 사고를 내고 거액의 보상금을 받는 일을 하며 건강으로 금전을 바꾸는 청년들의 슬픈 자화상을 그린 김중혁의 <힘과 가속도의 법칙>, 이들 작품들은 로골적인 자본 수탈을 비판하는 대신 자본주의 사회 체제의 압박과 그 속에서 벗어나지 못하고 허둥대는 프레카리아트들의 초라함을 보여주었다.

무자비한 시스템과 무한경쟁이 인간을 착취하고 수시로 '처분'해 버리는 비정한 현실 세계를 묵묵히 감내해야 하는 것은 대다수 로동자들의 몫이다. 소설들은 신자유주의 질서하에 아무리 노력해도 편입되는 것이 불가능함을 보여주면서 절망하고 포기하는 비관적인 현실을 보여준다. 소설 속 인물들은 모두 사회 경제적 지위의 최하층에서 현실을 극복하려고 노력하지만 끝내는 실패하면서 주류 세계와 단절되는 프레카리아트들이다. 그러나 작자들은 프레카리아트들의 신분은 이들 스스로 조성하지 않았다는 것을 강조하면서 현시대의 불평등과 랭혹함을 극명하게 보여준다.

2. 사회에 은페된 객관적 폭력 폭로

슬라보예 지젝은 ≪폭력이란 무엇인가≫에서 폭력을 주관적 폭력과 객관적 폭력으로 나누었다. 주관적 폭력은 가시적인 폭력으로 우리가 일반적으로 지칭하는 물리적 폭력이고 객관적 폭력은 언어적 폭력과 구조적 폭력으로 나눈다고 하였다. 즉 첫번째는 언어를 통해 구현되는 '상징적 폭력'이고 두번째는 '구조적 폭력'이라고 하였는데 그것은 어떤 경우 경제 체계와 정치 체계가 정상적으로 작동할 때 나타나는 파국적인 결과이기도 하다고 하였다.[15]

폭력은 일반적으로 물리적 충돌이나 가시적인 공격 행위로 인식되여 왔지만 현대 사회에서 그 개념은 훨씬 더 복합적인 양상을 띠고 있다. 오늘날의 폭력은 단순한 신체적 행위에 국한되지 않고 복잡한 사회 구조와 다양한 리론적 시각 속에서 다층적 의미를 내포하며 인간의 복잡한 생존 상황을 나타낸다. 과거의 폭력이 전쟁이나 테로리즘과 같이 직접적이고 참혹한 형태로 사회를 파괴했다면 현대의 폭력은 훨씬 더 은폐적이고 다원적인 양태로 확산되고 있다. 외형적으로 드러나는 주관적 폭력보다 제도와 규범 속에 내재된 객관적 폭력이 더욱 빈번하게 나타나며 이러한 폭력은 문명이라는 이름 아래 정당화되거나 감추어지는 경우가 많다. 법제, 사회적 관습, 문화적 질서, 일상적 인간관계 속에서 반복적으로 작동하는 구조적 폭력은 인간에게 지속적인 상처를 가져다준다.

오늘날의 한국 사회는 민주주의 제도와 시민 참여의 확대를 통해 사회적 성숙을 이룩해왔다는 점에서 긍정적으로 평가할 수 있다. 그러나 이러한 발전의 리면에는 여전히 제도와 관습 속에 뿌리 내린 불평등한 권력 구조가 존재하며, 그것이 폭력의 형태로 은밀히 작동하기도 한다. 즉 현대 한국 사회는 외형상 민주주의의 진전을 이룬 동시에, 그 내부에는 보이지 않는 폭력이 현실을 규률하는 모순이 공존하고 있다. "이러한 폭력은 폭력으로 드러나지 않는다. 그것 자체가 사회와 하나가 되여버리기 때문이다."[16] 신자유주의는 자신의 기만적 면모를 은폐하기 위해 다양성이라는 관용 전략을 내세우면서

15 슬라보예 지젝, ≪폭력이란 무엇인가≫, 리현우 외 공역, 서울: 난장이, 2011, 24페지.

16 한병철, ≪폭력의 위상학≫, 김태환 옮김, 파주: 김영사, 2020, 8페지.

경제적 착취를 감추는 인도주의적 가면[17]을 쓰고 있다. 따라서 사회 질서가 유지되기 위해서는 일정한 규률과 권위가 필요하지만, 때로 이러한 권위는 개인의 자유를 제약하고 상처를 안겨주기도 한다. 사회 구조가 작동하는 과정에서 발생하는 폭력은 물리적 충돌이 아니라 경제적 불평등이나 사회적 차별, 문화적 배제, 정치적 권력 등 다양한 형태로 드러난다. 이러한 폭력은 특정 계층의 리익을 보존하고 기존 권력 구조의 안정성을 유지하는 데 기여하기 때문에 사회적 약자나 주변화된 개인에게 보이지 않는 억압의 형태로 권력을 행사하는 경우가 많다. 결국 구조적 폭력은 자본주의 발전의 리면에서 사회적 균렬을 심화시키는 잠재적 파괴력을 지니고 있다. 2000년후 한국의 소설에 드러난 폭력을 보면 그 범위가 다양한데 주로 객관적인 폭력, 즉 비가시적인 사회 구조 폭력과 정신적인 연폭력이다.

김숨의 <뿌리 이야기>는 한국의 력사와 산업화 개발 등 사회 제도 폭력이 개인에게 미치는 영향을 다루며 폭력에 의해 정체성이 흔들린 인간의 아픔을 고발한다. 작자는 사회의 발전에 따라서 인위적으로 뽑힌 뿌리를 통해 위안부, 입양아, 철거민 등 개인과 생태계에 주는 심각한 피해를 형상화하고 그로 인해 산생되는 고통을 섬세한 필치로 드러낸다.

화자의 련인인 남자는 개발이라는 명목하에 '하루아침 제자리에서 들려 내쫓긴 뿌리'들을 모아 작품을 만들어내는 미술가다. 입양자 출신인 그는 뿌리 뽑힌 인생을 살았기 때문에 뿌리를 안정시키는 시간을 거쳐 뿌리의 슬픔과 대면하고 공감한다. 종군위안부였던 화자의 고모할머니 역시 위안부 등록을 하지 않아 정부 지원금을 받지 못하며 '천근성(淺根性) 포도나무 뿌리' 처럼 평생 부유하는 존재로 살다 세상을 뜬다. 그들은 화자의 고착된 삶, 함부로 뽑혀 휘둘림 당하지 않고 유지되여 온 삶을 갈구하였고 거기에 얽히

17 슬라보예 지젝, ≪폭력이란 무엇인가≫, 리현우 외 공역, 서울: 난장이, 2011, 52페지.

고 싶어 몸부림치지만 결국 피해자로 되는 비극을 피할 수 없게 된다. 자연에 대한 강제적인 개발이나 인간에 대한 강박적인 이주, 또는 력사의 잔인한 과거는 모두 폭력이 되여 환경을 파괴하고 인생을 뒤틀리게 하는 절망적인 상처를 낳는다. 작가는 피해자들의 고통을 직접적으로 서술하기보다 '뿌리'라는 사물을 통해 그들의 상처를 감각적으로 환기한다. 즉 표정과 냄새, 절규와 같은 오감의 이미지를 활용하여 폭력이 남긴 잔혹성과 야만성을 드러내는 것이다. 구체적으로 공포와 고통이 교차된 표정, 쌉싸래하고 자극적인 냄새, 허공을 향해 터져 나오는 분노의 절규 등은 인간보다 더 생생한 뿌리의 형상으로 재현된다. 이러한 감각적 표현은 폭력이 만들어낸 아픔을 심화시키며 음습한 분위기 속에서 폭력의 공포를 더욱 극대화한다.

이처럼 작자는 무참히 뿌리 뽑힌 나무의 이미지를 인간의 존재와 겹쳐놓음으로써 력사적, 사회적 폭력이 지닌 비정함을 드러내는 동시에 그 폭력 앞에서 인간이 느끼는 근원적 불안을 형상화한다. 작가는 감정을 철저하게 배제한 건조한 문체로 나무 뒤에 숨겨진 인간의 모습을 찾아가는 과정으로 상투성을 탈피하면서 사회폭력으로 인한 개인적 고통을 민족의 고통으로 승화시키고 강제적으로 파괴되는 사회질서와 생태계의 현주소를 재조명하여 사회 폭력에 질책을 가한다.

리기호의 <나정만씨의 살짝 아래로 굽은 붐>은 공권력에 휘둘려 희생된 시민 앞에서 공권력이 두려워 진실을 밝히지 못하는 주인공의 내면 갈등을 통해 사회폭력의 실태를 폭로한다. 어느 날 크레인 기사 나정만에게 사장이 봉투를 건네면서 경찰을 올려주는 일이 있는데 조용히 다녀오라고 부탁한다. 사건 당일 그는 과적 단속에 걸려 현장으로 가지 못했지만 이 업무가 공권력이 련루되여있는 공무 집행임을 감지한다. 그것은 그가 맡았던 임무가 바로 재개발로 쫓겨난 철거민들이 옥상으로 경찰특공대원들을 실어 올리는 일이였기 때문이다. 분명 경찰일이라고 했지만 작업을 설명해주는 사람은 경찰하는 일에 돈을 받고 편의를 제공하는 철거 용역 회사 사람들이였다. 결국 재개발로 인해 쫓겨난 세입자들과 가족들은 재개발조합측에서 고용한 철거 용역들에 맞서 저항하다 경찰특공대에 진압되여 6명의 희생자가 발생된다. 처자식을 먹여살려야 하는 나정만은 후날 재판에서 자신의 말이 증거라도 되면 길바닥에 나앉아야 하기에 진실을 밝히는 정의 앞에서 륜리적 딜레마에 빠진다. 그것은 그가 입을 여는 것은 공권력의 대립을 의미하고 진실과 생계가 박탈될 수 있기 때문이다.

"안타까운 건 안타까운 거고, 무서운 건 무서운 거 아니냐구요."[18]

주인공의 울분과 억울함과 고민이 담긴 이 한마디는 공권력이 행하는 폭력의 두려움에 떨고 있는 시민들의 고통스런 내면을 드러낸다. 작자는 사회 구조적 폭력의 희생양으로 밖에 될 수 없는 시민들의 갈등과 고통을 인터뷰라는 서사 방식으로 드러내면서 사회 권력과 생계의 핍박에 의한 고단한 삶을 생생하게 그대로 재현한다.

작자들은 폭력에 의해 정체성이 흔들린 인간의 방황하는 내면이거나 공권력이 두려워 갈등하는 인간의 모습을 보여주면서 우회적으로 폭력의 잔인함을 고발한다. 그뿐만 아니라 사회구조와 권리를 교묘하게 리용한 직장내 성폭력도 간접적으로 언급하면서 위험에 로출된 녀성들의 고통을 드러낸다. 손홍규의 <꿈을 꾸었다고 말했다>는 안해의 시선으로 사회 구조적 폭력, 직장내 성폭력, 가정 폭력 등 사회에 현존하는 다양한 폭력을 다루었다. 롱성장소에서 시위중인 안해는 가사일을 거부하면서 가정폭력에서 금방 헤여나왔지만 더 큰 사회폭력에 직면하게 된다. 병원 식당 하청업체 료리사였던

18 리기호, ≪누구에게나 친절한 교회 오빠 강민호≫, 파주: 문학동네, 2018, 제67페지.

안해는 낮에는 아르바이트를 하고 밤에는 롱성 장소에서 시위를 한다. 그녀에게 가장 큰 고달픔은 육체적인 피로보다 불평등한 대우에서 오는 억울함이였다. 식당에서 뜨거운 물에 2도 화상을 입었지만 사장은 산재를 신청하지 않는 조건으로 치료비를 정산해주고 개인 과실에 의한 보상은 약소하다는 규정을 듣고 쥐꼬리 만한 위로금만 챙겨준다. 매일 열두시간씩 사년째 일하던 식당이 그에게 남겨준 것은 발목의 화상자리뿐이였다. 5년이 흐른 지금도 안해는 구조적 폭력이 낳은 잔재를 무의식적으로 쓰다듬으면서 마음의 아픔을 다시 경험한다.

한편 그녀가 가입한 로동조합은 병원측을 압박해 외주 업체가 로조와의 교섭에 나서도록 하기 위해서였다. 그러나 롱성은 결실이 없고 추운 날씨에 똥물을 뒤집어쓰고 조직폭력배에게 구타를 당하면서 온갖 모욕을 당한다. 비참한 현실 앞에 그녀는 부득이하게 수단과 방법을 가리지 않는 삶의 방식을 택할 수밖에 없었다. 즉 정직원인 조리장이 녀자 연수생을 성추행하자 과감하게 구해내고 자신이 그 자리서 단추를 풀고 문을 연 김실장과 일부러 부딪쳐 원하던 대로 시위 조합원이 되는 것이다. 대부분의 폭력 가해자는 피해자보다 높은 사회적 지위나 권력을 점유하고 있다. 한국의 로동 시장에서도 이와 류사한 권력 불균형이 작동한다. 특히 정규직이 중심을 이루는 로동 시장의 핵심부와 비정규직이 밀집한 주변부 사이의 격차가 지속적으로 확대되고 있으며, 그 불평등은 성별에 따라 더욱 뚜렷하게 드러난다. 남성보다 녀성 로동자가 비정규직 일자리에 종사하는 비률이 높고, 이들은 임금 수준, 복지와 로동 안정성 모두에서 불리한 조건에 놓여있다. 비정규직 로동은 항상 불안에 빠져있고 빈곤의 굴레에서 벗어나기 어렵다.

소설은 권력을 람용하여 직장내 약자를 억압하는 한국 사회의 기형적인 근무 환경을 꼬집는다. 특히 사회 제도와 신체적 조건에서 취약한 위치에 놓인 녀성들은 생존의 위협에 더욱 로출되여으며, 그로 인해 남성 중심의 권력 체계에 종속될 수밖에 없는 현실을 보여준다. 권력과 지위 면에서 렬세에 있는 녀성들은 생존을 유지하기 위해 오히려 더 큰 폭력의 위험에 직면하게 된다. 작품은 이러한 악순환의 구조 속에서 공권력의 이름으로 자행되는 제도적 폭력, 녀성에 대한 성적 착취와 신체적 폭력, 그리고 폭력으로 인해 상실된 인간성과 존엄의 문제를 차례로 드러내며 사회 구조의 모순을 비판한다.

한강의 <눈 한송이가 녹는 동안> 역시 사회 제도적 차원의 불평등에 맞서 싸우다가 실패한 인물들의 이야기 조각들을 하나씩 맞춰가는 방식으로 서술하면서 구조적 폭력의 고통을 드러낸다. 화자가 다녔던 회사는 한때 정치판에 몸 담은 적 있는 보수적인 오너가 세운 회사로 인건비를 줄이기 위해 미혼녀성이 결혼하면 퇴사해야 한다는 원칙을 갖고 있다. 윤은 결혼을 하면서 회사의 룰을 깨버리려고 부당한 퇴사 권고와 투쟁을 하지만 인고의 시간을 견디지 못하고 결국 후퇴한다. 그를 도와주던 경주언니는 자신이라도 '선례'가 되려고 끝까지 투쟁을 벌려 승리했으나 뒤따르는 따돌림과 차별에 스스로 사퇴한다. 그렇게 회사의 구조적 폭력과 정신적 폭력을 당하던 경주언니는 운전중 사고차량이 위험해 보인다는 오지랖으로 차를 세우다 사고를 당한다. 임선배 역시 시사잡지 편집부에서 활약하지만 대기업 비판 기사가 인쇄 직전에 삭제되자 파업 투쟁을 벌이다 퇴사하였고 생계를 유지하기 힘들 정도의 고역을 치르다 암으로 사망한다. 이처럼 임선배와 경주언니는 사회 공동체의 구조적 부당성에 불협화음을 낸 리유로 폭력에 의하여 희생된 인물이다. 그들이 대면하고 있는 사회는 자신의 의지와는 상관없이 폭력에 타협해야 하고 그로 인한 패배감과 무력감이 팽창되는 세상이였다. 작자는 죽은 자의 령혼을 귀환하여 대화하는 방식으로 이야기를 전개하면서 폭력에 의해 발언권이 박탈당한 자의 목소리로 그 고통을 드러낸다. 소박한 기대조차 위협받으며 힘겹게 삶을 버티는 미미한 존재들이 사회적 폭력에 의해 무언의 희생자로 전락하는 잔인한 세상을 보여주었다.

이상의 소설들은 강자의 절대적 승리와 약자의 실패로 나뉘여지는 사회 구조적 폭력을 남김없이 들춰낸다. 이러한 폭력들은 보이지 않는 얼굴로 시스템에 내재되여있으며 지배와 착취의 관계를 유지시키는 매우 교묘한 강압의 형태로 작동한다.

이 밖에 정신적 폭력을 반영한 소설도 오늘날 한국 사회의 실재라고 할 수 있다. 레이먼 윌리엄스는 "폭력은 흔히 복잡하고 리해하기 어려운 단어이다. 폭력은 신체에 대한 공격을 가리키는 주요 의미외에 정의하기 어려운 부분에 광범위하게 사용된다"고 지적했다.[19] 편견과 차별, 언어와 태도 등 인간이 조성한 정신적 폭력 역시 무형의 존재로 사회 생활 곳곳에 존재하면서 개인의 의지와 상관없이 인생을 좀 먹인다. 폭력 요소는 한국문학상 수상 소설에서 다양하게 나타나고 인성의 미약함과 시대의 저색을 보여준다. 작자들은 랭혹하면서도 잔인한 폭력을 빌려 그것이 야기하는 비극을 기록한다. 김종옥의 <거리의 마술사>, 백수린의 <중국인 할머니>, 정용준의 <선릉산책>, 김애란의 <가리는 손>, 박민정의 <바비의 분위기>, 편혜영의 <몬순>, 리기호의 <권순찬과 착한 사람들> 등 소설들도 신분 차이, 신체적 특징 혹은 정체성에 의한 따돌림 등 일상에서 벌어지는 로골적이지만 교묘한 연폭력을 다루면서 다양한 관계로 엮여있는 인간들이 차별과 편견, 신분과 위계가 조성한 연폭력에 시달리는 정신적 고통을 보여준다. 작자들은 소수자와 공동체, 현상과 본질, 선과 악의 경계에서 교활하게 행해지는 수많은 은밀한 폭력들이 한 개인에게 안겨주는 상처와 그에 대한 성찰로 이어나가면서 시대적 우려를 기탁한다.

---

19 雷蒙·威廉斯: ≪关键词：文化与社会的词汇≫, 刘建基译, 上海：三联书店, 2005年, 第511页。

3. 획일화된 사회 환경과 소외의 이모저모

소외는 인간을 그의 본성의 몇몇 본질적 측면들 또는 사회로부터 분리하거나 외화(外化, estrangement)시키는 것으로서 종종 무기력감을 야기하는 것을 가리킨다.[20] 소외는 이미 오랜 시간 동안 다양한 시대와 학문 령역에서 론의되여 온 사회적 현상으로, 인간과 세계의 관계를 탐구하는 중요한 인식의 틀로 기능해왔다. 그만큼 소외의 개념은 시대적 맥락에 따라 확장되고 다의적인 의미를 지니게 되였다. 맑스는 소외란 "세계를 장악함에 있어 자신을 능동적인 주체로 경험하지 못하고 세계(자연, 타자들, 그리고 자기 자신)가 자신에게 낯선 것으로 머물러있는 것을 뜻한다. 그것들은 비록 인간 자신이 만든 것일지라도 인간보다 높은 자리에 적대적으로 위치해있다. 소외는 본질적으로 세계와 자신을 수동적으로, 수용적인 태도로, 객체와 분리된 주체로서 경험하는 것"이라고 하였다.[21] 맑스는 소외를 경제적 토대와 사회적 현실의 관계 속에서 리해하며 그 핵심에 '로동 리론'을 두었다. 그는 인간이 본래 로동의 주체지만 자본이 지배하는 사회 구조 속에서는 생산 수단으로 전락된다고 보았다. 즉 자본주의 계급의 착취와 불평등한 경제 관계로 인해 로동자는 자신이 수행하는 로동으로부터 분리되고 로동의 노예로 전락한다는 것이다. 인간은 로동을 통해 자아를 실현하고 사회적 가치를 획득해야 하지만 사유제가 지배하는 자본주의 체제에서는 타인의 권력과 자본의 론리에 종속되여 물화된다. 뒤이어 서양 맑스주의 학자들은 경제 관계에서 소외의 근원을 찾지 않고 소외를 소비, 교류, 과학기술, 일상생활, 개인과 사회 심리 등 각 분야에 응용하여 전방위적으로 전체적인 사회 소외의 문제를 살펴보기

---

20 앤서니 기든스, 필립 W. 서튼, ≪사회학의 핵심 개념들≫, 김봉석 옮김, 파주: 동녘, 2018, 120페지.

21 에리히 프롬, ≪에리히 프롬, 맑스를 말하다≫, 최재봉 역, 서울: 에코의 서재, 2007, 95페지.

시작했다. 즉 오늘날 "소외 문제는 이미 현대 사회의 '정상적인 병리'가 되였"[22]고 여러가지 형태로 사회 곳곳에 존재하는데 그것을 사용하거나 받아들이는 사람과 상황에 따라 '결핍(缺乏), 상실(喪失), 부정(否定), 분리(分離), 상품성(商品性), 물화(物化), 불안(不安) 등을 나타내는 포괄적 개념'으로 리용되고 있다.[23]

오늘날 소외는 획일화된 도시적 삶과 고정된 로동 시스템하에 인간이 스스로 창조한 사회적 산물에 종속되여 주체성을 상실하는 현상으로 나타난다. 이러한 환경은 인간의 독립성과 완정성을 약화시키며 개인을 체제의 규범에 순응하도록 길들이는 통제의 장으로 기능한다. 한국 작가들 역시 '동일성의 지옥'에서 점차 소외되여가는 인간상을 보여주는데 구체적으로 확장된 도시 공간, 반복되는 무미건조한 일상과 직장 생활, 빠른 생활 리듬 등 환경이 인물의 주체성과 자아의식을 잠재적으로 개변시키는 현상을 폭로하였다.

김숨의 <그 밤의 경숙>이 바로 바쁜 일상에 파묻힌 인간이 점차 사회로부터 소외되여 자아를 상실하고 불안에 휩싸여 차차 붕괴되는 내면 세계를 날카롭게 포착하였다. 이동 통신 회사 콜센터의 상담원으로 근무중인 경숙은 회사에서 5번으로 불린다. 상담원들은 각자 전화기에만 반응하는 무의미한 기계적인 일상을 반복하면서 낯선 고객과 물화된 소통의 관계를 유지한다. 불만과 항의의 목소리는 그녀의 고막을 후벼팠고 성희롱을 포함한 온갖 수모와 멸시는 그녀의 마음을 란도질했다. 쉴 틈 없이 하루종일 전화를 받다 퇴근해 집에 들어오면 실어증에 걸린듯 한마디도 하기 싫었지만 언제 갚을지 모를 아빠트 대출금과 생활비에 떠밀려 하루하루를 버텨간다. 그러나 어려운

---

22 马新颖: ≪异化与解放:西方马克思主义的现代性批判理论研究≫, 北京：中央编译出版社, 2015年, 第76-77页。

23 정문길, ≪소외론 연구≫, 서울: 문학과 지성사, 1983, 200페지.

현실은 그녀를 사회와 가족의 굴레에 빠뜨려 어느 쪽의 역할도 원활하게 수행하지 못하게 하였다. 남편과 아이들과의 단절된 소통, 점차 틀어지는 친정과의 관계, 주위와의 모든 관계는 파편처럼 부서졌고 그녀의 삶을 산산이 조각냈다. 한 개인의 존재적 의미와 삶의 가치는 종종 자신이 수행하고 있는 사회적 역할과 타자와의 관계 속에서 확인된다. 로동에서 압박받고 가정에서 고립된 기형적인 관계 속에 경숙은 소외되면서 능동적인 주체성을 잃어버리고 극단적인 자아 상실을 경험한다. 경숙이가 빨간 입술의 마네킹과 그녀를 지켜보는 카텐 뒤에 숨은 사람을 자주 생각하는 것도 감정이나 생각이 없이 오로지 입이 뜨겁도록 전화기와 씨름하는 자신과 로동에 조종 당하고 타인에 감시 당하는 마모된 일상에서 비롯된 소외감이 일으킨 상상이다.

작가는 시종일관 비현실적이며 모호한 분위기 속에 '경숙'이를 배치시켜 '존재의 상실'을 극적으로 제시한다. 경숙이의 가족을 실은 차가 전조등을 켜지 않고 밤길을 달리는 소설의 결말은 사회의 압박에 갇혀 암흑 속에 떠도는 소외된 자들의 무기력과 고립감을 섬뜩하게 체현하였다.

윤고은의 <료리사의 손톱> 역시 현대 사회에서 살아남기 위해 한치의 실수도 용납 안되는 균질화된 인간들의 삶을 비극적으로 보여준다. 주인공 정은 작은 실수로 퇴사를 당하고 열흘 만에 매일 다섯시간 동안 지하철을 타면서 책을 멋지게 보는 일을 시작한다. 책을 로출시켜 지하철을 타는 사람들이 무의식적으로 책 제목을 인식하도록 만드는 인위적 광고를 하는 것이다. 처음 며칠은 표정 관리는 물론 책을 읽을 수조차 없었지만 시간이 흐르자 내용이 눈에 들어오고 표정이나 책을 드는 각도에 신경이 미치게 되였다. 이는 모든 것이 질서에 맞춰 균일하게 돌아가는 세상에서 인간이 점차 무감해지고 규정에 맞춰 자신을 조절하면서 능동성을 잃어버리고 소외되는 모습을 보여준다. 결국 정은 자신이 읽던 책 속으로 들어가면서 죽음을 맞이했고 이는 그녀가 읽던 책을 유명하게 만든다. 이는 자본의 방대한 힘이 한 개인을 소외시키고 부숴버리면서 생명이 사물의 통치를 받는 결과를 보여준다.

소설에서 수족관의 고등어를 등장시켜 정과 대면시키는데 회전하지 않고는 못 견딜 정도의 물살에서 피동적으로 움직이는 고등어는 사회의 요구대로 움직여야 하는 현대인들의 모습과 절묘하게 대치된다. 피로해도 물살에 몸을 맡기면 관성에 의하여 정신없이 달릴 수밖에 없는 고등어는 속도조절기라는 능동성을 상실한 채 무작정 움직여야 하고 주동적으로 수족관 밖으로 뛰쳐나가더라도 그를 기다리는 것은 딱딱한 아스팔트 길뿐이다. 생존을 위해 수족관 밖이나 안이나 모두 몸부림쳐야 하는 잔인한 현실은 인간도 매한가지이다. 이렇게 소설은 생존 법칙을 체득하려 노력하지만 실수나 궤도를 리탈하면 수시로 내침을 당할 수 있는 현대인들의 불안과 비극을 기발한 상상력으로 보여주었다.

박성원의 <얼룩> 역시 체계적이고 규칙에 맞춰 돌아가는 일상에 자아를 잃어가다 결국 정상을 리탈하면서 소외되는 중년 녀자의 이야기를 다루었다. 아이를 잃어버린 녀자는 반복되는 일상에 단조로움과 피로감을 느끼고 시간에 대하여 무감각해진다. 세속을 벗어난 사람처럼 시간에 대한 개념을 상실했을 뿐만 아니라 구좌, 전화 등 각종 번호도 잘 떠오르지 않아 수첩에 의지했다. 또한 남편이 옆자리에 없거나 아이가 죽은 지 일년여가 지난 날이면 시간을 거슬러 올라가듯 꺼꾸로 움직이는 얼룩을 발견한다. 이러한 증세는 녀자가 시계와 수자가 상징하는 질서에 더 이상 포섭되지 않으려는 자아방어기제가 작동한 결과이다.

한편 고장을 모르는 남편은 도무지 리탈을 모르는 인물이다. 잠을 깨는 것, 화장실을 가는 것, 식사를 하는 것도 언제나 똑같은 시간이고 결근은 물론 옷에 얼룩 한번 묻혀온 적이 없었다. 가끔 녀자가 장난이나 맛 있는 음식으로 남자의 시간에 끼여들려고 시도하지만 남편은 한치의 흔들림도 없다.

결국 녀자는 시간과 상관없이 혼자 살 수 있다는 자신감으로 <울란바토르>라는 가게에 가지만 흐릿한 얼룩은 계속 따라다니면서 그 궤도를 벗어나지 못한다. 소외는 개인이 진실한 자아와 분리되고 개체의 완전성과 독립성을 잃고 낯선 상태가 되는 것을 가리킨다. 얼룩은 그녀의 의식이 진정한 본성과 분리되고 자아를 상실하면서 불안할 때만 나타나는 환상인데 이를 떨쳐버리지 못함은 결국 도시의 규칙과 질서에 포섭된 일상은 줄곧 유지될 것이라는 허무주의인식이 내포되여있다.

마르쿠제는 ≪일차원적 인간-선진산업사회의 이데올로기 연구≫에서 인간의 권리와 자유는 전통적 개념에서 벗어나 점차 기계와 기계 생산 절차를 잠재적인 기초로 하는 새로운 자유와 권리로 바뀌였다고 주장했다. 공업문명의 기계 생산률은 개인의 리익보다 높고 인간의 자유에 대한 수요는 기계의 무한한 능력에 억압되여 불안, 초조와 공황이 생겼다. 사생활과 공공생활은 모두 정치에 의해 포괄되고 모든 분야의 대립은 동일화되며 개인의 자유의 선택도 동화된다. "편안하고 평온하며 합리적이고 민주적인 부자유가 발달한 공업 문명에서 류행하는 것은 기술 진보의 상징이다."[24] 기계화된 로동에서 인간의 개성은 억압되고 사라진다. 동시에 자유, 존중과 인격은 상품화의 령역에 들어간다.

한편 현대 사회에서 소외는 주체가 리기적인 힘의 작용하에 주체성이 파괴되고 정신적 자유가 박탈되며 개성이 사라지고 자아와 본질을 상실하면서 인간에서 비인간으로 발전하는 것으로 나타난다. 이러한 경우의 소외가 바로 '비인간화'[25]이다. 편혜영의 소설집 ≪저녁의 구애≫에 수록된 단편소설들은 대부분 일상의 동일성이라는 반복되고 무의미한 지옥[26] 속에 갇혀있

---

24 赫伯特·马尔库塞: ≪单向度的人——发达工业社会意识形态研究≫, 刘继译, 上海 : 上海译文出版社, 2008年, 第2-3页。

25 王若水: ≪异化——这个译名≫, ≪读书≫, 2000年第7期, 2000年7月10日。

는 비인간화된 현대인들의 고독한 내면을 들여다보았다. 소설 <토끼의 묘>의 주인공은 회사에서 선택권도 알 권리도 없는 존재였다. 파견근무의 시작과 끝은 개인의 의지와 상관없이 회사의 일방적인 통보였고 업무에 대한 적극적인 자세를 보이려고 할 때 선배는 "자신을 일종 사냥개라고 생각하면 된다"고 알려준다. 자신은 '지시하는 사냥감'만 잡아오면 되는 결정권도 주도권도 없는 존재임을 깨달은 그는 스스로의 역할을 확인하지 못해 사라진 상사의 립장을 공감하면서 무단결근을 하고 파견근무 종료 기한이 되자 키우던 토끼를 버리고 떠난다. 소설에서 작가는 토끼에 대한 습성과 묘사를 상세하게 진행하면서 현대인의 외롭고 지친 삶을 생동하게 보여준다. 토끼의 붉은 눈으로 피곤하고 지친 현대인의 충혈된 눈을 비춰보이고 무표정하게 오래동안 응시하는 모습으로 무감각해진 인간상을 비유한다. 또한 애정표현이 없는 데다가 삶아 먹기도 애매한 토끼의 처지는 무뚝뚝하면서 리용가치가 없는 인간들을 상징한다. 더우기 사료나 건초만 씹어대는 토끼를 몇년씩 키울 수 없어 버려버리는데 이는 반복된 로동으로 언젠가는 대체되는 로동자들의 처지와 다름없다. 따라 토끼의 묘는 기계적인 삶을 반복하는 인간들의 사회적 역할의 소멸을 의미한다. 구조의 통제에 의해 순응적으로 변하게 되는 사회는 생각의 무덤이고 존재적 가치의 무덤이며 결국 파국에 이르게 됨을 암시한다. 이렇게 소설은 동일한 생활을 반복하다 가치가 사라지면 버림을 받게 되는 토끼와 인간의 모습을 통해 랭정하고 비인간적인 사회와 그 속에서 철저하게 고립된 자아를 보여주며 이러한 인간세상의 미래를 토끼의 묘라는 어두운 표현으로 섬뜩하게 경고하고 있다.

이 밖에 늘 같은 시간 같은 구내 식당에서 정식 A세트를 먹는 동일한 삶을 반복하는 <동일한 점심>, 주어진 임무에 절대적으로 복종하며 의미

---

26 김형중, <해설: 동일성의 지옥에서>, ≪저녁의 구애≫, 서울: 문학과 지성사, 2011.

따위는 상관없이 무조건 결과에만 혈안이 된 <관광뻐스를 타실래요?>, 편리와 효률로 포장되였지만 래일은 어떤 변화가 있을지 모르는 불안한 도시와 그 속에 갇힌 인간을 통졸임이라는 상징으로 보여준 <통졸임 공장>, 소설집 ≪저녁의 구애≫ 주인공들은 과거와 현재, 심지어 미래까지 예측되는 동일한 나날들을 복사하고 있다. 동인문학상 심사위원회에서 "편혜영씨의 소설은 현대사회의 익명성과 인간 소외에 대한 고발"이라고 선정 리유를 밝혔듯이 삶에서 주도권을 상실하고 정체성을 잃어가는 인간들이 무의미한 일상을 반복하고 안일함의 련속이 가져다주는 위험은 상상하지도 못한 채 그 속에 길들여지고 무감각해지는 모습을 보여주었다. 작자는 견고하게 다져진 도시의 질서에 점차 마비되여가는 인간의 인식과 그에 따른 소외, 불안과 공포를 되돌아보게 한다. 물론 저항을 시도해보지만 오히려 정상적인 궤도를 벗어난 것에서 오는 두려움을 느낄 만큼 더 큰 불안에 빠지기에 소외를 묵묵히 견뎌가는 무력감을 보여주었다.

이처럼 한국문학상 수상 작품들은 고도로 발달된 사회에서 인간의 권리와 자유가 지배의 형태로 등장하는 기술에 굴복하여 종속되고, 그로 인한 균질화된 시스템에 존재의 의미를 상실하고 자아를 잃어가면서 소외감을 느끼는 현실을 보여주었다.

제2절 '인류세' 시대 문명 발전 추세에 대한 우려

1. 재난과 종말-'인류세' 시대 자연의 반격

'인류세'(Anthropocene)는 노벨상 수상자인 파울 크루첸(Paul Crutzen)이 제출한 개념으로 인류가 지구 기후와 생태계를 변화시켜 만들어진 새로운 지질시대에 진입하였음을 가리킨다.[27] 인류의 장기적이고 맹목적인 개발하에 지구 생태계는 파괴되여 회복이 어려운 단계에 이르렀고 인류가 현재 소유하고 있는 것과 미래의 생존에 수요되는 자원은 이미 그 균형을 잃었다. 인류세의 확립은 인문학자들이 '현대화'의 정수를 추출하고 인류 사회에 대한 인식을 변화시키는 데 중요한 계발을 주고 있다. 프랑스 철학자 라투르(Bruno Latour)는 인류세 개념이 "인류를 현대화 사상의 굴레에서 탈출하도록 이끌어가는 가장 좋은 방법"이라고 하였고 기타 인문학자들도 인류와 지구, 문화와 자연, 기술과 자연 사이의 관계를 완전히 새로운 관점에서 리해하고 설명해야 하며, 인류의 현대 문명과 문화를 반성해야 한다고 강조하였다.[28]

'인류세' 시대 사회 경제 발전은 "행복을 가져다줄 뿐만 아니라 노예가 되거나 죽음의 가능성도 조성한다".[29] 생태륜리학의 관점에서 인간과 자연은 서로 의존적인 하나의 생명체계로 간주되기에 련속적인 파괴 행위는 자연 질서를 훼손할 뿐 아니라 회복 불가능한 파멸로 귀결된다고 본다. 현대 사회에서 인간과 자연의 관계는 복합적 상호작용의 양상으로 변모하였다. 따라서 지속 가능한 공존을 도모하기 위해서는 인간 중심의 관념을 해체하고 자연을 능동적 주체로 인식하는 의식의 틀을 마련해야 한다.

초기 인류는 자연의 원리에 순응하는 생존 양식을 선택하였다. 그러나 사회의 진보는 인간의 욕망을 자극하였고 인간은 더 이상 자연의 일부로 존재하기보다 이를 지배하고 통제하려는 방향으로 나아갔다. '발전'과 '편리'라는 이름 아래 자연은 무분별하게 개조되였고 이는 단기간의 물질적 성취를 가져왔지만 과도한 탐욕은 생태적 균형을 붕괴시켰고 이는 결국 재난이라는 형태로 인간에게 되돌아왔다.

---

27 姜礼福: ≪人类世批评话语体系的建构≫, ≪当代外国文学≫, 2022年第3期, 2022年7月15日。

28 杨金才、王守仁主编：≪战后世界进程与外国文学进程研究第四卷-新世纪外国文学发展趋势研究≫, 南京：译林出版社, 2019年, 第599页-第600页。

29 埃德加·莫兰: ≪复杂思想: 自觉的科学≫, 陈一壮译, 北京：北京大学出版社, 2001年, 第5页。

오늘날 재난을 흔히 생각하듯 단일한 사건이 아니라 일련의 과정으로 인식해야 한다는 지적은[30] 큰 의미가 있다. 대체로 인간은 생태 위기를 자연 그 자체가 초래한 변화나 불가항력적인 자연재해로 인식하는 경향이 있다. 그러나 이러한 인식은 위기의 근본 원인을 은폐하는 단편적 사고에 불과하다. 오늘날의 재난은 인간이 만들어낸 사회경제적 구조와 정치적 시스템의 산물이며 기술 중심의 포스트모던 사회에서 자연이 인간 문명에 가하는 일종의 역습이라 할 수 있다. 이에 엥겔스는 "인간은 자연계에 대한 승리에 지나치게 도취하지 말아야 한다. 매번의 승리 이후 자연은 보복한다. 매번의 승리는 첫번째 단계에서 우리가 예상한 결과를 얻었지만, 두번째와 세번째 단계에서는 전혀 다른 영향을 일으켰고 종종 첫번째 결과를 번복한다"[31]고 경고했다.

실제로 21세기 한국문학상 수상 작품들은 경제 발전과 인간 활동으로 인한 생태 재난을 묘사하거나 생태환경에 대한 경고를 진행하면서 '인류세 문학'에 합류하고 있다. 미국 생태 비평가 글롯펠티(C.Glotflty)는 현재 문학의 가장 중요한 기능은 바로 사람의 의식을 다시 인도하여 위협을 받는 자연세계에서 자연의 지위를 충분히 인식하는 것이[32]라고 하였다. 한국 작가들은 재난을 단순한 공포로 묘사하는 것을 넘어, 사회적·경제적 요인과 련결하여 인간성과 륜리 문제까지 포괄하는 서사로 확장하고 있다. 이를 통해 재난의 결말을 상상하며 현대 사회의 의미 있는 징후를 포착하고저 한다.

김애란의 <물속 골리앗>은 홍수라는 자연 재해와 철거라는 인간의 파괴로 고립에 빠진 소년의 이야기를 다루었다. 체불임금 지급을 요구하려고 시위를 하다 타워크레인에서 실족사한 아버지, 폭염과 가뭄 끝에 이어지는

30 존 C. 머터, ≪재난 불평등≫, 장상미 역, 파주: 동녘, 2016년, 29페지.

31 恩格斯：≪自然辩证法≫，于光远等译，北京：人民出版社，1984年，第305页。

32 홍문표, ≪현대문학비평리론≫, 서울: 창조문학사, 2003, 850페지-852페지.

비, 아버지의 죽음에 관계자들은 악수를 건네지만 그 손을 잡지 않은 소년과 어머니는 철거민들이 모두 쫓겨나간 아빠트에 고립된다. 홍수가 지고 도시가 물에 잠기자 전기도 사람의 발길도 모두 끊기고 모자는 외부의 세계와 완전히 단절된다. 결국 누구도 구원하러 오지 않자 소년은 나무 문짝으로 만든 간이 배로 아빠트를 탈출하지만 어머니 시신을 물속에서 잃어버리고 배고픔과 추위, 졸음과 싸우면서 잠겨있는 도시와 함께 물속에서 허우적거린다.

> …급류를 따라가다 보면 반나절, 길어도 하루이틀 정도면 안전한 곳에 닿을 수 있으리라 기대했다. 하지만 아무리 바드민톤 채로 만든 노를 저어가도 도시의 흔적은 보이지 않았다. 세상은 온통 물에 잠겨있었다. 북극의 빙하가 녹아 순식간에 사라진 것처럼 그랬다. 배는 점점 물이 불어나는 쪽으로 가는 듯했다. 드문드문 머리를 내민 고층 빌딩과 교회 첨탑이 눈에 띄였지만 그것도 어느 순간 보이지 않았다. 가도 가도 망망대해였다. …세계는 거대한 수중 무덤 같았다…[33]

소설은 소년이 끝이 보이지 않는 물속에서 방황을 하다 아버지가 시위를 하던 곳과 같은 타워크레인에 올라가 무언가를 간절히 기다리는 장면으로 결말을 맺는다. 홍수는 인간에 의해 파괴된 자연의 질서를 정화하는 천벌의 상징으로 제시되는데 이는 인간이 초래했지만 통제할 수 없는 필연적 비극이다. 물에 잠긴 도시는 그 자체로 현대 사회가 직면한 위기의 현실을 드러낸다. 여기서 소년의 생명을 잠간 지탱해 준 타워크레인은 인간의 폭력적 개발을 상징하는 거대한 인공물로 기능한다. 아버지가 사고로 목숨을 잃은 장소이자 소년이 기대여 의지할 수 있는 유일한 구조물이라는 아이로니는 사회 발전을

33 김애란 등, ≪2011 제2회 젊은 작가상 수상 작품집≫, 파주: 문학동네, 2011년, 33페지-34페지.

추진하는 동시에 자연을 파괴하는 인간 행위의 모순을 드러낸다. 마지막으로 소년의 "누군가 올 것이다"라는 희미한 기대는 파탄에 이른 사회 현실 속에서 인간의 미약한 소망과 절망을 동시에 보여주는 상징적 행위로 읽힌다.

김경욱의 소설 <소년은 늙지 않는다> 역시 생존이 위협 받는 극단적인 상황에 처한 소년이 겨우 연명해가는 이야기다. 오래전 아버지가 차사고로 죽고 엄마가 떠난 재난위험시설로 지정된 곧 허물어질 집에서 소년은 잠만 자는 할아버지와 의지하고 산다. 소년이 사는 마을은 씨비리보다 더 추워 언제 얼어 죽을지 모르는 늑대가 드나드는 한적한 곳이다.

소년이 이러한 상황에 처하게 된 근본적인 원인은 인간이 조성한 것이다. 마을 길을 감추게 한 것은 찍어낸듯 똑같은 고층 아빠트였고 나무를 뽑아낸 구덩이에 콩크리트를 부은 것은 인간이였다. 인간이 만든 기계를 움직이는 검은 기름은 공룡의 시체에서 나온 것이라는 할아버지의 말은 인간도 멸종될 것이라는 예언을 의미한다. 남쪽으로 갈 돈이 없거나 남쪽에 친척이 없는 사람들만 남아있는 마을, 남쪽은 선택받은 자들만이 살 수 있는 땅이고 마을은 사회 하층만 존재하는 소외된 공간이자 버림 받은 땅이였다. 소년의 엄마 역시 남쪽의 대렬에 합류하면서 소년을 떠났고 엄마를 기다려야 하는 소년은 집을 떠날 수도 늙을 수도 없었던 것이다.

소설에서 아빠트, 구름, 세멘트 바닥 등은 모두 동일한 '재빛'으로 덮여있는데 이는 미래가 보이지 않는 절망의 분위기를 한층 더 강화한다. 결국 '재빛'은 생명력의 소멸을 상징하며, 인간이 회복 불가능한 폐허 속에 고립된 존재임을 드러낸다. 작자는 소년이 처한 환경을 통해 인간적으로나 생태적으로나 질서가 파괴된 현대문명을 비판하고 환경오염은 물론 비정한 인간까지 비판한다.

김중혁의 <뽀트가 가는 곳> 역시 재난으로 시작한다. 크리스마스이브날, 갑자기 엄청나게 많은 비행물체가 세상에 등장한다. 비행물체는 사람을 공격하지 않고 땅바닥에 구멍을 내는데 거기에 빠진 사람들은 밑도 끝도 없이 추락한다. 간신히 살아남은 사람들은 소리없이 지구를 박살내는 비행물체에 공포를 느끼고 절망에 빠져 락심한다.

여기서 정체 불명의 비행물체는 인간이 낳은 현대 문명의 결과물을 상징한다. 특히 크리스마스이브에 눈이 온다고 기뻐했던 사람들이 가까이 내려온 물체가 날카롭고 반짝이는 위험한 물체임을 인지한 순간 환호는 비명으로 바뀌는데 이는 인간이 초래한 재난과 그것이 발생하기 직전까지 예견하지 못하는 무지와 무감각한 현실을 형상화하였다.

> 비행물체를 리용해 땅에다 구멍을 만든 게 누군지는 알 수 없지만, 지능이 있는 존재인 것만은 분명했다. 게다가 그 존재가 지극히 '인간적인' 생각을 한다는 것도 확실해졌다. 그렇지 않고서야 사람들이 길거리로 쏟아져나오는 크리스마스이브를 공격 날자로 정했을 리 없다. '인간적인' 지능이 있다는 근거는 그외에도 많다. 땅바닥에 구멍을 내면서 살이 있는 사람들을 한방향으로 몰아간 것도 그렇고, 저녁이 되면 작은 불빛을 내여 사람들이 잘 걸어갈 수 있게 한 것도 그렇다. 사람들은 살기 위해서 구멍이 없는 쪽으로 계속 이동했다. 인간들이 소나 양을 한쪽으로 몰아가듯, 비행물체는 인간들을 자신들이 원하는 방향으로 몰고 갔다.[34]

미스터리인 비행물체에 대하여 유일하게 단정 지을 수 있는 것은 '인간적인' 지능을 소유한 것이다. 그것은 지반을 들쑤시면서도 하수도를 전혀 건드리지 않고 전파를 모두 먹통으로 만들어 놓았으며 일정한 너비의 길, 걷기 좋은 날씨, 걷는 방향까지 면밀하게 조사하고 바나나까지 뿌려주는

---

34 김중혁, <뽀트가 가는 곳>, ≪가짜 팔로 하는 포옹≫, 파주: 문학동네, 2015, 206페지.

조치는 비행물체의 첨단적인 능력을 보여주는 증거이다. 즉 비행물체는 문명사회의 인간들이 발명해낸 기술품이지만 지나친 개발과 가공은 끝내 인간의 통제 밖을 벗어났고 무시무시한 위력을 소유한 괴물로 변해버려 다시 인간을 조종하는 것이다. 여기서 지능과 조종은 사회의 경제와 발전 및 정치적인 요소를 은유하는데 인위적으로 창조해낸 인공물이 결국 인간을 공격하여 파묻혀버리는 재난의 서사는 과도한 개발에 의해 균형을 잃어버린 시대에 대한 징후를 드러낸다. 장엄한 바다와 섬이 유일한 탈출구라는 희망을 보이는 결말은 순수하고 원초적인 자연에 대한 작자의 추구를 드러냈다.

이 밖에 최윤의 <소유의 문법>에서는 자연의 일부를 자신의 것으로 만들려는 욕심에 구조변경의 위험을 무릅쓰고 개조하던 마을이 끝내 홍수에 사라져버리는 서사로 탐욕에 의해 생명과 집을 잃어버린 비극을 보여주었다. 김애란의 <벌레들>에서도 개발에 의해 쓰러진 고목에서 끝없이 나오는 벌레들과 그 공포의 페허 속에서 생명을 낳아야 하는 녀자의 고통은 모든 생명체는 평등하고 유기적으로 련결되여있음을 보여주는 동시에 자연에 대한 지배는 결국 인간에게 아픔으로 돌아옴을 경고한다. 장은진의 <날자 없음>, 최진영의 <해가 지는 곳으로>, 김중혁의 <유리의 도시>, <바질>, <좀비들> 등 소설들 모두 후기자본주의 사회에서 인간의 리기주의와 현대화 론리를 앞세워 자연에 대하여 개조하고 거기에 반발하는 자연의 생태 위기와 재난을 다루었다.

21세기 이후 인류 사회는 경제적 리윤이 절대적 가치로 자리 잡으면서 자연마저 자본의 대상으로 전락하고 인간 우월주의에 기반한 사고가 사회 전반의 의식을 잠식하고 있다. 미국의 미커(J.W.Meeker)는 <생존의 비극>에서 문학이 생태위기를 극복하는 데 중요한 역할을 할 수 있다고 하면서 문학가라면 마땅히 자연과 환경을 지킴으로써 인류를 파멸에서 건지는 일을 떠맡아야 한다고 하였다.[35] 한국 작가들은 생태 재난과 환경 파괴의 근본 원인을 인간 내부에서 찾으며 자연의 보복과 종말적 상상력을 통해 인간 중심 문명에 대한 반성을 촉구하고 있다.

2. 현대문명과 과학기술 발전에 대한 반성

앤서니 기든스는 현대성은 일종의 이중 현상으로 현대 사회 제도의 발전과 전세계적인 확장은 인류에게 안전하고 성취적인 생활을 누릴 수 있는 기회를 제공하는 반면 어두운 면도 간과할 수 없는데 21세기에 그 암울함이 더욱 선명해진다고 하였다.[36] 현대 문명의 급속한 발전은 인간의 삶을 근본적으로 변화시키며 편리함과 효률성을 가져왔지만 동시에 사회 구조의 재편과 가치 체계의 분화를 초래하였다. 문명이 고도화될수록 인간은 자신이 창조한 체계에 예속되는 역설적 상황에 놓이게 되며 기술의 혜택은 종종 새로운 형태의 피동성과 불안을 동반한다.

특히 과학기술이 권력의 도구로 리용될 때 그것은 인간 해방의 수단이 아니라 약자들에 대한 지배와 통제를 위한 장치로 기능한다. 자본가들은 자신의 욕망을 위해 사회 정책, 문화 산업, 미디어 체계와 결탁하여 은밀하고 지속적인 침투를 시도한다. 이러한 현실에 대해 다수의 작가들은 자본과 기술이 결합한 문명사회의 비인간성을 비판하고 그 안에 내재된 륜리적 붕괴에 대해 경고를 발한다. 자본주의적 시장 구조가 문화 령역에 깊이 침투함에 따라 문화는 점차 상품화되고 중심 문화의 론리에 종속되는 양상을 보인다. 그 결과 타문화의 고유한 가치와 다양성이 소멸되며 자본과 권력의 리해관계가 복잡하게 얽힌 문화적 불균형이 심화된다. 이러한 상황 속에서 작가들은

35 홍문표, ≪현대문학비평리론≫, 서울: 창조문학사, 2003, 848페지.

36 安东尼·吉登斯：≪现代性的后果≫, 田禾译, 南京：译林出版社, 2011年, 第6页。

문화적 략탈과 강박적 동화의 문제를 비판적으로 성찰하며 인간성 회복에 대한 사회적 요청을 제기한다.

한편 인공지능과 디지털 기술의 비약적 진보 역시 인류 문명의 방향을 근본적으로 바꾸어놓았으나 동시에 인간이 통제하기 어려운 위험을 내포하고 있다. 례를 들어 스마트폰의 확산은 정보 접근성과 소통의 방식을 혁신했지만 개인의 사생활을 침해하고 인간 관계를 단절시키는 새로운 사회적 문제를 야기했다. 제4차 산업혁명으로 상징되는 인공지능 시대는 인간의 역할을 대체하거나 릉가할 가능성을 내포하고 있으며 그 속에는 문명 발전의 또 다른 위기가 잠재해있다. 한국문학상 수상 작가들은 이러한 현실을 예리하게 포착하여 인간 중심의 가치 회복과 문명 발전의 방향성을 성찰하도록 독자들을 이끌어간다.

김애란의 <침묵의 미래>는 우화 형식으로 소수언어자들의 죽어가는 목소리와 침묵을 지킬 수밖에 없는 비극적 미래를 암시하면서 현대문명에 대한 비판을 진행하였다. 화자는 아흔살 로인이 죽은 뒤 빠져온 언어의 령(靈)인데 로인이 살던 곳은 지구상에 사라져가는 언어를 보존하고 그 가치를 알린다는 취지로 설립된 <소수언어박물관>이다. 거대한 규모와 빼여난 경관을 자랑하며 기념관인 동시에 학습장, 연구소, 민속촌으로도 쓰이는 박물관은 기술과 문명 발전의 상징이자 인류의 지혜가 집대성된 결과물이다.

> 이곳에서 가장 볼 만한 건 중앙 분수대였다. 말만 '분수대'지 구멍에서 물줄기 대신 '말'이 흘러나오는 독특한 조형물이였다. 분수의 지지대 역할을 하는 금속 기둥 우로는 투명하고 커다란 구(球)가 얹혀졌다. 구 겉면에 여섯 대륙의 실루에트가 반투명하게 새겨진 지구본이였다. 유리로 된 투명한 구 안에는 여러 형태의 문자가 반짝이며 자유롭게 떠다녔다. 여러 민족의 언어를 홀로그람을 리용해 3D 빛으로 형상화한 거였다. 사람들은 구에 담긴 말이 활달하게 움직이

> 는 모습을 좋아했다. 그것은 환한 조명을 받으며 개장 시간 내내 춤을 추듯 쾌활하게 떠다녔다. 그러고는 정오가 되면 잠시 움직임을 멈췄다, 꽃잎 모양으로 쪼개지는 구 아래로 폭포처럼 쏟아졌다.[37]

그러나 이렇게 화려한 외부와 달리 박물관의 실질은 타자들을 배제시키는 중앙집권의 방패였다. 박물관의 입주자에 대한 선발과 관리방식은 모두 중앙집권의 통일적인 제도하에 강행되였다. 권력의 압박은 박물관의 사람들로 하여금 주체성과 정체성을 잃어버린 정신적 실향민으로 전락되게 하였다. 그들은 중앙을 위해 제정된 규률과 기제 속에서 '동의'의 정확한 뜻을 알지 못했고 반항이거나 침묵 속에 령혼을 잃어갔다. 그러다 사망하면 마네킨으로 대체되였고 '멸(灭)'이라는 붉은색 중앙어가 해당 전시관에 붙여졌다. 이는 언어가 정신문화의 산물로 존중되는 것이 아니라 거대 권력에 리용되는 대상물임을 보여준다. 광범하고 다양한 현실 앞에서 사실주의 글쓰기 방법은 상상을 배척하지 않고, 진정한 기법도 배척하지 않는다.[38] 작자는 인류 문명의 상징인 소수언어박물관이라는 상상의 공간을 창조하여 우화적 수법으로 현대 사회에서 외면받기 쉬운 문화적 유산을 수면 우로 끌어올려 한국사회의 전통적인 인문가치 상실을 우려하고 기술과 문명이 강력한 권력지배의 도구로 전락하며 사회발전의 법칙에 어긋나는 문화적 위기를 경고하면서 인류문명 발전에 대한 경종을 울려준다.

김영하의 <옥수수와 나>의 주인공 박만수는 출판사의 계약금을 받고 원고를 넘기지 못해 늘 고민하던 끝에 스스로 옥수수라는 환상에 빠진다. 오랜 치료 끝에 병원에서 귀가 조치를 내리지만 늘 닭이 쫓아오는 공포에

---

37 김애란, ≪침묵의 미래(2013 제37회 리상문학상 작품집)≫, 서울: 문학사상, 2013, 19페지.

38 贝托特·布莱希特：≪论现实主义写作方法≫, 张黎编选:≪表现主义论争≫, 上海：华东师范大学出版社, 1992年, 第323页。

휩쓸려있다. 특히 편집자인 전처 수지가 자신을 옥수수로 여긴다고 생각하는데 이는 예술성과 창작성이 결핍된 소설을 출판사의 독촉과 감시하에 진행해야 하는 현실에 대한 착각이며 시장 규칙에 맞게 쓴 소설이 인문적 가치를 잃기 쉽다는 것을 암시한다. 작가는 거대한 리익을 취하는 자본가와 그들에게 리용당하는 소설가를 닭이 삼킨 옥수수에 비유하며 문화와 자본주의의 틈바구니 속에서 살아가는 문학계의 현주소를 짚어낸다.

이러한 관계는 주인공 출판사 사장과 주인공의 거래에서 더욱 두드러진다. 박만수와 출판사 사장은 전형적인 자본주의 사회에서 채무와 착취의 관계이다. 골드만삭스라는 대기업에 출근했던 사장은 출판사에 들어와서도 채권을 청산하려 하였고 계약금을 받고 원고를 내지 못하는 박만수는 그에게 '채권자중의 악성'이였다. 사장이 한손에 총을 들고 박만수의 소설을 읽어보는 행동은 리윤을 우선으로 하는 자본가의 본질에 대한 풍자이다. 따라서 상품가치로 인정 받은 박만수의 소설을 두고 사장은 리익의 극대화를 위해 착취를 강행한다. 그는 소설의 기능에 대한 주인공들의 론설을 듣지 않고 '박만수의 유고'라는 눈에 띄는 타이틀로 매출을 올려 계약금을 벌려 하는데 이 또한 소설가가 만든 예술품을 자본가가 효익성을 결정하고 소비하는 현실을 반영한 것으로 경제적 질서에 부식되여 가는 문화현상을 풍자한다. 소설의 말미에 주인공은 자신이 점점 작아지고 사장이 닭으로 변신하여 자신을 노려보는 해괴망측한 환상이 나타나는데 이 역시 주인은 출판사 사장이 고용한 로동자이고 옥수수는 닭에게 쫓기는 존재로 자본가에게 조종당하고 착취당하는 지식인들의 미래 모습을 상징한다.

문학은 그 자체를 생산시키는 경제와 계급적 기초의 영향을 받는다.[39] 김영하는 사회문화적 폐단을 날카롭게 해부하면서 옥수수와 닭의 생태적

---

39 게오르그 루카치, ≪루카치 문학리론≫, 김혜원 편역, 世界, 1990, 105페지.

대립관계의 상징적 기법으로 자본주의 사회의 경제적 효과에 지배되는 문학 현상을 고발하고 예술이 가치를 잃는 물질지상주의의 문화적 위기에 우려를 표한다.

구병모의 ≪방주로 오세요≫는 운석이 떨어져 땅을 초토화시킨 30년후의 미래를 상상으로 펼쳐보이면서 고도로 발전한 인류의 기술문명에 대한 우려를 드러냈다. 운석이 떨어진 곳에 생긴 높이 1.2km의 언덕 우에는 돔으로 둘러싸인 도시 방주시가 있다. 이 도시는 지각변동, 기후변화, 질병으로 넘치는 지상과 달리 최상류층만 누릴 수 있는 쾌적하고 풍요로운 리상적인 삶의 도시다. 그것은 모든 것이 최첨단 기술로 무장된 초호화의 시스템에 의해 작동된다. 공기분자, 비 한방울, 해빛의 각도까지 정확히 계산되여 보내지고 지상의 병균과 바이러스는 차단된다. 그러나 천국의 도시 방주와 달리 지면의 사람들은 복구는커녕 재난 이후 기후변화까지 심해져 더욱 가난한 삶을 살아가야 한다. 최첨단의 기술과 지혜는 특권층의 삶을 영위하는 데 사용되였고 그것은 하층민과의 거리를 산생시키면서 결코 넘볼 수 없는 '상층' 사회를 형성하였다. 방주를 위해 만들어진 모든 고급시스템과 지상의 곤궁한 삶의 대조는 신자유주의 시대의 빈부량극화를 상징한다. 지상민들이 시험을 통해 림시직을 얻거나 방주고에 입학하여야만 방주시로 올라갈 수 있는 제도 역시 모든 것이 륜리와 존중이 무시된 채 '상층'을 위해 복무하고 배치되는 현대사회의 축소판이다. 결국 방주시의 실질은 지배 권력이 최첨단 기술을 리용하여 하층민의 권리를 박탈하고 패권을 횡행하는 시대의 비극이 재현되는 공간이였다. 작자는 이처럼 현대문명의 발전이 가져온 성과는 소수에게만 향유되고 계급간의 갈등을 더욱 격화시킨다는 론리로 사회의 위기에 대한 예견을 더욱 진실하게 만든다.

인공지능의 발전은 인간의 선택과 판단을 정확하게 예측하는 반면 인간의 사상과 행위는 인공지능에 관여되고 생명과 감정을 복제하려 한다. 김애란의 소설 <어디로 가고 싶으신가요>는 교사인 남편이 물에 빠진 학생을 구하려다 희생되여 홀로 남게 된 안해가 아픔을 치유하기 위한 여러가지 이야기를 다룬다. 얼핏 보면 상실 이후의 아픔을 다루는 주제인 듯하지만 자세히 살펴보면 스마트폰의 siri에 의해 상처를 다스리려는 주인공을 통해 인공지능이 차츰 인간을 대체하여 가는 시대적 징후를 들춰낸다. 주인공은 남편을 잃은 비통에서 벗어나기 위해 스코틀런드에 비여있는 사촌언니 집으로 휴가를 간다. 낯선 그 곳에서 그녀를 안내하는 것은 스마트폰의 GPS였고 그녀를 반기는 것은 현대적인 기계음이 울리는 현관 비밀번호였으며 그녀와 대화를 나누는 것은 스마트폰의 음성인식 프로그람 시리(siri)였다. 작자는 외로운 그녀 옆에 인간 대신 스마트폰을 배치시켜 슬픔을 벗어나기 위한 대상으로 설정시키면서 소통을 추진시킨다.

사실 그녀의 남편 역시 살아있을 때 주말마다 쏘파에 누워 시리에게 말을 거는데 이를테면 "나랑 잘래요?"와 같은 선생님 답지 않은 지꿎은 소리를 하면서 시간을 보냈다. 기계와 얘기하는 것이 멍청한 짓이라고 생각했던 주인공이였지만 꿈에 나타난 남편을 보고 더 이상 그리움을 이길 길이 없어 시리와 대화를 시도한다.

> 용기 내 조금 더 엉뚱한 말을 던져 보았다.
>
> -나는 행복해요.
>
> 인간의 복잡한 감정이랄가, 거짓말을 분간 못하는 기계를 시험하듯 건넨 말이였다. 시리는 건전하고 또박또박한 말투로 침착하게 답했다.
>
> -덕분에 저도 행복해지는 것 같아요.
>
> -…
>
> 그저 매뉴얼 대로 답한다는 걸 알면서도 예상치 못한 답변에 약간 반감이 일었다.

-아니에요. 슬퍼요.

나는 앞의 말을 정확히 반대로 뒤집어보았다. 어린아이 입에 고기 넣어주듯, 시리가 인간의 언어를 잘 알아들을 수 있게 먹기 좋은 크기로 잘라말한 거였다.

-제가 리해하는 삶이란 슬픔과 아름다움 사이의 모든 것이랍니다.[40]

그녀는 마음이 어지러울 때마다 시리와 인간의 삶과 죽음에 대하여 이야기를 나누면서 대화를 계속 시도한다. 특히 시리가 던진 "어디로 가고 싶으신가요?"라는 향후의 삶의 방향을 제시하는 질문은 인공지능이 인간을 릉가하여 도무지 알 수 없는 령역까지 파고든다는 우려도 자아냄을 의미한다. 작자는 기계가 개인의 일상부터 정신령역까지 관리하는 기술, 나아가 현대사회에서 교류와 소통은 인간 대 인간을 넘어서 인간 대 지능으로 구축된 데이터베이스에 의해서 작동하고 있음을 보여주면서 비인격적 장치가 사람들을 움직이는 현재 상황과 함께 인간을 초월할 수도 있는 부분에 주의를 기울여 주며 생명권력에 대해 다시 생각하게 된다.

박민정의 <모르그 디오라마>는 최첨단의 미디어 테크놀러지가 '몰카' 피해자 녀성을 고통스럽게 하고 발달된 인터넷 기술에 의해 불법 촬영물을 업로드하고 류포하여 피해를 주는 이야기를 통해 널리 보급된 카메라와 발달된 정보기술이 현대사회에 조성한 어두운 면을 들여다본다. 주인공은 성적인 웹툰 써비스를 하고 있는 포털사이트에 재직하면서 예상하지 못한 끔찍한 일을 마주하게 된다. 국내 웹툰 사이트와 통합한 회사가 불법 촬영물을 교묘하게 만화로 탈바꿈해서 류통시켰던 것이다. 외국계 포털회사 게시판에 누군가 성폭력을 당하거나 벌거벗은 몸을 찍은 불법 촬영물이 무더기로 올라오는 사건으로 존재마저 잊혀가던 회사는 10년 만에 대형 포털의 실시간 검색어에

---

40 김애란, ≪바깥은 여름≫, 파주: 문학동네, 2017, 237페지.

오른다. 사건후 회사 사람들은 제각각 다른 반응을 보인다. 부장은 경찰에 붙잡힌 중학생 류포범에게 “새파랗게 어린 놈의 새끼가 어른들 물건이나 취급한다”며 윽박지르고, 그를 비롯한 남자 직원들은 하필 영상에 피해자의 성기가 로출돼 회사가 ‘개망신’을 당했다고 한탄한다. 그러나 녀자는 회사에서 웹하드를 가득 채우고 있는 비동의 성적 촬영물을 보면서 19세기말 유족을 찾기 위해 시체를 공개했지만 즐거운 구경거리가 되여버렸던 빠리의 센강 가운데 시테섬에 있었던 시체 공시소 모르그 디오라마를 떠올린다. 그것은 죽음과 불행에 대한 안타까움보다 시체를 일종의 ‘쇼’로 여기면서 벌거벗은 생명에 무형의 폭력을 가하는 2차 살해를 시행하는 현장이였다. 이는 오늘날 음란한 영상을 보기 위해 불법 사이트에 접속하는 사람들의 행위로 대입되면서 우리의 일상생활 속 숨겨진 인권과 생명에 대한 유린과 폭력을 암시한다. 그리고 그 배후자가 고작 중학생이라는 충격적인 사실은 이미 은밀하게 싹트고 만연되는 징후와 우려를 보여준다.

이처럼 소설은 주인공이 어린시절 겪었던 상처와 현재 사회에서 시행되는 불법 촬영물 류포, 세기말 빠리의 모르그와 범죄 등 살아남기 위해 스스로 망각과 죽음을 경험해야 하는 녀성들의 다양하게 변주한 이야기를 펼쳐보이면서 디지털이 초래한 새로운 시대적 징후를 드러낸다. ‘사진은 령혼을 빼앗아 갈 수 있는 근대의 무기’[41]라는 문장 속의 구절 역시 벌거벗은 생명에 가해지는 폭력과 살인의 메카니즘이라는 사실을 환기시키며 일상생활 속 방대한 데이터베이스가 수시로 생명권력을 침해하고 있음에 경종을 울려준다.

이 밖에 김중혁의 <1F / B1>도 대형모니터와 비상전력, 전체 건물의 립체지형도, 오십개가 넘는 빌딩과 련결된 지하 통로 등 최첨단 장비로 응집

41 박민정, ≪모르그 디오라마(2019년 제64회 현대문학상 수상소설집)≫, 서울: 현대문학, 2018, 13페지.

된 비밀관리실을 등장시켜 로동자들의 련대를 보여주지만 결국 이 모든 것은 자본가의 리익을 챙기기 위한 수단이라는 것이 드러나면서 거대한 권력에 리용되는 기술에 대한 아쉬움을 드러냈다.

현대 사회에서 문명과 기술의 발전은 리기적인 탐욕으로 인해 한 개인이거나 계층을 파멸의 길로 가게 할 수 있다. 작자들은 기술에 대한 륜리적 선택과 리용을 고민하면서 오늘날 문명의 성과에 도취되여 점차 무감각해지는 사회에 경고를 보내고 지나치게 리상화하는 현상에 대하여 우려를 드러낸다.

3. 현대인의 정신적 생태 위기에 대한 고찰

현대 사회의 생태 위기는 자원 고갈이나 환경 오염과 같은 외적 차원을 넘어 인간의 내적 균형이 무너진 데서 비롯된 정신 위기의 문제로 나아간다. 정신 생태학은 정신적 존재의 주체(주로 인간)로서 그 생존 환경(자연 환경, 사회 환경, 문화 환경 포함) 사이의 상호 관계를 연구하는 학과로 정신적 주체의 건전한 성장뿐만 아니라 정신 변수의 조화 아래 생태계의 균형, 안정, 진화와 관련된다.[42] 인간의 존재와 활동 과정에서 정신은 물질뿐만 아니라 여러가지 정신적 요소 사이에 생태적으로 련관되여있는데[43] 인류의 정신 생태는 인성, 량심, 도덕, 사고방식 등을 포함한다.

인간의 도덕과 정신은 사회와 밀접한 관계를 가지고 있다. 루카치는 소설은 진정한 시대정신에 대한 반영으로 소설의 가장 큰 효용은 바로 현대화 사회에 있는 개체에 대한 표현이라고 하였다.[44] 21세기 진입후 개인의

---

42 鲁枢元:≪生态批评的空间≫, 上海：华东师范大学出版社, 2006年, 第94页。

43 沈勇: ≪精神生态与伦理规范≫, ≪广西教育学院学报≫, 2005 年第2期, 200年3月30日。

44 卢卡奇：≪小说理论≫, 燕宏远、李怀涛译, 北京：商务印书馆, 2012年, 第65页。

자유를 존중하고 시장 규칙을 따르는 방식으로부터 출발했던 '새로운 자유주의' 리념은 도덕과 인간성을 무가치하게 만들어버렸고 그에 따른 정신적 위기도 보편화되기 시작하였다. 현대 생활 모식은 전통 질서의 궤도에서 벗어나 전례 없는 혼돈과 도약에 직면하고 있다. 인류의 정신, 사상, 륜리 등은 이런 미정형의 사회에서 거대한 도전을 맞이하고 인간은 이 커다란 변화 과정에서 각종 모순과 충돌에 부딪치면서 정신적 위기도 잇따라 발생한다. 현대 문명의 내적 모순과 그로 인하여 초래되는 심리적 불균형은 전체 인류 문명의 위기이다.[45]

인간의 정신세계는 인생관, 가치관, 욕망 등 다양한 요인으로 구성되여 있으며 외부 환경의 자극과 욕망의 팽창에 따라 쉽게 균렬과 위기에 로출된다. 사회 발전 과정은 인간을 끊임없는 실천과 경쟁 속으로 몰아넣는 동시에 감정을 점차 메마르게 하면서 랭정, 무관심 등 태도가 뚜렷해지게 한다. 특히 약육강식과 적자생존 등 무한 경쟁 구조 속에 인간관계는 질투, 불신, 랭정과 같은 감정으로 가득차게 되였으며, 리익 추구 과정에서 인간성의 훼손은 점점 더 보편적인 현상이 되였다. 기본적인 생존조차 보장되지 않고 언제든 로동시장에서 배제될 수 있는 불안정한 환경에서 개인은 자기 보호를 위한 방어적 전략외에는 다른 선택지를 찾기 어렵다. 이러한 상황은 사회 전반의 경쟁을 더욱 격화시키며, 협력과 공존보다는 타인에 대한 배제, 시기, 증오, 랭소가 강화되는 비정한 사회적 정서를 심화시킨다.한국 작가들은 목적과 리해 관계로 맺어진 사회에서 의심, 원한과 오해로 가득찬 사회 전반의 핵심 령역으로 떠오르는 정신적 생태 위기를 들여다본다.

편혜영의 <몬순>은 한 부부의 불신과 정신적 고통을 보여준 작품이다.

---

45 阿诺德·盖伦：≪技术时代的人类心灵—工业社会的社会心理问题≫，何兆武、何冰译，上海：上海科技教育出版社，2003年，封二。

우선 남편 태오의 사직과 그에 따른 경제적 곤난은 안해의 불만과 적의를 일으키게 한다. 그러나 번듯한 전자회사 직원이였던 남편이 직장에 사표를 낸 리유는 틈만 나면 자신을 갈구고 실적을 가로채는 상사 때문이였다. 안해의 랭정함과 상사의 괴롭힘은 태오를 정신적 고통에 빠지게 하였다.

한편 그들 부부의 관계에 대하여 지속적인 충격을 가하는 또 다른 요소는 바로 의심과 추측이였다. 사실 전에 잠 자는 아기를 혼자 두고 나온 유진이 급하게 맥주 집에 들어가 관장을 만나는 것을 본 적이 있던 태오는 유진과 관장의 불륜을 의심하였다. 유진은 과학관에 팩스를 보내려고 나왔다고 하지만 태오는 그걸 믿지 않았다. 결국 그 날 홀로 엎드려 자던 아기가 숨지게 되였다.

아기의 죽음이 우연한 사고라는 가능성에 대한 의심을 갖는 주변 사람들의 태도도 부부 관계를 파멸로 이끌어가는 작용을 한다. 이러한 로골적인 혐오는 태오의 불안을 더욱 증가시킨다. 따라 유진에 대한 의심은 더욱 짙어지고 그녀를 탓하는 것이 부당한 줄 알면서도 그 과정에서 스스로에 대한 정당함과 안정을 찾는다. 신뢰 상실은 부부의 일상을 서서히 붕괴시키고 관계의 균렬을 일으키는 근본이 되여간다. 태풍이 다시 오면 정전이 재발하는 아빠트의 설비는 불신과 의심에 의하여 수시로 변할 수 있는 그들 부부의 관계에 대한 상징이다.

이처럼 소설은 도처에 은페되여있는 정신적 위기 속에 간신히 추스르고 있는 인간들의 모습을 통해 정신적 위기가 잠재되여있는 삶의 깊이를 다시한번 응시하게 한다.

손보미의 <폭우>는 사회적 지위와 생활 환경이 극명하게 다른 두 부부가 평온했던 일상에 불행과 우연이 들이닥치면서 정신적 고통에 빠져 허우적거리는 이야기를 다루었다. 우선 가난에 불행까지 겹쳐진 부부의 남편은 어느 날 갑자기 넘어져 뇌진탕에 걸린다. 세번의 수술은 빚만 남겨놓았고 안해는 남편의 간호에 불쾌하고 피곤하다. 결혼생활에 대한 회한, 현실에 대한 불만, 미래에 대한 막연한 기대 및 정확한 실체를 알지 못할 불안에까지 시달린다. 그러다 우연히 구청의 미국 대중음악이란 강좌의 강사와 가까워져 집으로 초대하지만 그 식사를 계기로 중산층의 세상에는 범접할 수 없는 벽이 가로막혀져있음을 실감한다. 더우기 남편의 실명, 아이를 낳을 수 없는 생활 형편, 이는 인간의 힘으로 어쩔 수 없는 중력 같은 인생의 한 부분임을 느끼고 무기력해진다.

소설은 3년후 시점에서 미국 대중음악 강좌를 열었던 강사 부부를 비줄기와 함께 등장시킨다. 교양과 재력을 두루 갖춘 강사 부부는 화려한 표면과 달리 슬픔 및 분노의 분위기까지 감돈다. 사실 안해는 불륜으로 의심되는 남편의 뒤를 따라 나섰다가 집에 화재가 일어났고 그 순간 혼자 집에 있었던 아들은 트라우마가 생겨 그 뒤로 부모와의 관계가 틀어지기 시작하였다. 화재의 날 음악 강사의 신분으로 가난한 맹인 부부의 집에 초대 받았던 남편은 모든 것을 안해의 탓으로 돌리고 안해는 억울한 감정을 숨기고 살았다. 그동안 남편과 안해는 가정을 지키기 위해 서로에 대한 오해와 불만을 삼켜버렸지만 그 틈새가 깊어져 결국 봉합될 수 없는 상처로 벌어졌다. 소설은 서로 상반된 조건의 두 부부 이야기를 통해 불행과 우연 혹은 오해가 일으키는 정신적 고통은 폭우를 끌어당기는 중력 같은 존재임을 암시한다. 두 부부의 욕망과 질투는 우연히 타인의 인생에 폭우를 끌어당기는 힘이 되였다. 작자는 인간 사이의 작은 불신과 오해가 자신과 타인의 정신과 삶에 일으키는 균렬을 보여주었다.

한편 오늘날 사회는 작업장내에서의 경쟁이 더욱 치열하고 업무스트레스 및 동료들 간의 견제와 소외도 한층 더 심화되고 있다. 김경욱의 소설 <99%>는 욕망의 저변에 깔린 질투와 적대감 및 경쟁의식을 흥미롭게 형상화한 작품이다. 주인공 최대리가 다니는 광고회사에 해외에서 귀국한 실력파

스티브 킴이 고위층 직무로 입사한다. 자신과 동갑이지만 '도회적이고 스마트한 인상'에 세련된 매너와 적절한 유머로 사람들의 감탄을 자아내는 스티브 킴에 최대리는 불편감을 느낀다.

스티브 킴은 컵라면 광고를 성공시켰고 프리젠테이션과 광고주까지 매료시키는 능력을 발휘하면서 신화의 주인공으로 존경을 받는다. 자신의 아이디어가 가로채였다는 생각에 불쾌해진 주인공은 고등학교 시절 전교 1등인 자신을 질투했던 김태만이라는 학생을 자꾸 떠올린다. 최대리는 우월한 지위를 차지했던 과거를 환기시키면서 나르시시즘적 환상이 현실을 대체하길 바란다. 그것은 내면에 도사린 시기와 질투의 작용이고 범접할 수 없는 존재인 스티븐 킴을 초월하고 싶은 욕망이 기시감(既視感)으로 변형되면서 일으킨 의심이다.

결말에서 작자는 스티븐 김이 김태만이 될 수 있는 결정적 증거인 닻 문신에 대하여 확인시켜주지 않는다. 작자는 온탕의 피여오르는 김으로 그의 시선을 막아버린다. 닻은 스티븐 김이고 피여오르는 김은 최대리의 시기와 질투이다. 흐릿한 눈으로 앞이 가리운 최대리는 결핍과 분노에 휩싸여 정확한 판단이 어려운 현대인들의 보편적인 존재이다. 인간은 자신이 처한 상황과 타자가 처한 상황을 비교하면서 질투의 감정이 발동하는데 그것은 대상에 의해 자신의 가치가 상실되거나 존재가 대체될 수 있는 상황에서 느끼는 불안의 감정이다. 소설은 질투와 시기로 가득찬 현대인의 내면을 한 인간의 정체를 확인하는 추리형식으로 재미 있게 엮어나가면서 현대사회에서 문제되고 있는 정신적 위기가 때로는 인간 자체의 주관적인 욕심이 조성한 것임을 지적한다.

이 밖에 사소한 일상에서 출발하여 정신적 위기로 인한 갈등을 잔잔하게 엮어나가면서 인성을 되돌아보는 작품들도 있다. 김중혁의 <뱀들이 있어>에서 서울로 떠난 정민철은 5년 동안 한번도 고향에 돌아가지 않았다. 고향

친구인 김우재와 자신의 짝사랑 류영선이 알콩달콩 사는 모습에 질투를 느끼기 때문이다. 그는 애초에 자신의 것이 아니였지만 빼앗겼다는 상실감에 부대끼며 살았다. 그러나 외면해 오던 고향 땅이 지진으로 황폐해졌다는 소식을 듣자 묘한 기대심리가 얽혀있는 동정심을 안고 달려간다. 고향에는 남편을 잃을지도 모른다는 생각으로 겁에 질린 류영선이 떨고 있었다. 정민철은 땅 속에서 화가 난 뱀들이 몸부림쳐서 지진이 생긴다는 할머니의 옛날 이야기를 떠올리며 자신의 마음속에 들끓는 감정과 죄의식에 몸부림 친다. 류선영을 다독여주면서 이상한 호기심과 설명할 수 없는 쾌감을 느끼는 과정에 지진이 다시한번 밀려온다.

소설은 질투 앞에서 방향을 잃은 사랑을 지진과 뱀의 이야기를 통해 형상적으로 풀어나간다. 타인의 불행에 자신의 리기심을 채우는 인간 본성의 비극과 슬픔을 다루면서 인성의 재난이나 다름없는 질투가 평화로운 인생을 얼마나 쉽게 부셔버릴 수 있는지 보여주는 작품이다.

권여선의 <실내화 한컬레>는 씨나리오 작가 경안이가 14년 만에 고등학교 동창 혜련과 선미의 련락을 받고 재회하면서 벌어진 일이다. 그들과 술판을 벌이면서 경안은 그동안 어려웠던 선미의 정체에 대하여 알게 되는데 셋이 더 친해지지 못했던 것은 선미의 리간질 때문이였다. 그뿐만 아니라 선미는 그를 진정 가깝게 생각하는 혜련에게 끔찍한 상황을 만들어놓는다. 즉 지독한 성병이 있는 카페의 남자를 끌어들이는 데 일정한 역할을 하면서 아무 것도 모르는 혜련이와 새벽에 몸을 섞는 것을 알면서도 잠자코 있었던 것이다. 그러면서 애도 없는 혜련이가 걱정이 된다면서 가선을 떨고 있었다.

부자집 딸이였던 혜련에 비해 선미의 정체는 모호했지만 둘은 짝꿍이였다. 그러나 혜련의 남편에 대한 선미의 부추김과 혜련과 경안 사이의 리간질, 둘이 있을 때 주로 혜련이 계산하는 행동 등에서 혜련은 선미의 정신적 만족감을 가져다주는 리용 대상임을 나타낸다. 혜련을 가차없이 시궁창으로 몰아뜨리는 선미의 행동은 질투가 일으킨 결과이다. 질투는 타인이 자신을 초월하는 데 대한 두려움에서 나오는 방어현상이다. 어려서부터 두 오빠를 잃은 선미는 불안과 상처를 안고 살았으며 자신과 선명한 대비를 이루는 혜련을 보면서 파괴의 욕망이 살아났던 것이다. 선미는 자신의 내부로 억압된 질투를 음모라는 형태로 외부로 발산시켜 대방을 무너뜨리려고 하는데 그 질투의 희생양이 혜련이였던 것이다. 소설은 이처럼 질투와 욕심에 눈이 멀어 비극에서 탈출하고저 그 불행을 타인에게 전환시키는 병들고 기형적인 인간상을 보여준다.

이처럼 한국문학상 수상 작품들은 현대 문명이 발전하고 물질적 제약으로부터 자유로워지지만 인간을 좀 먹이는 정신적 생태 위기도 간과할 수 없는 문제로 대두되고 있음을 감지한다. 따라서 약육강식의 법칙에 따른 질투와 그 속에서 살아남기 위한 리기적인 생존 전략 및 외곡된 욕망의 문제를 다루면서 변질된 사회의 정신 상태를 직시한다.

제3절 문화 인류학적 가치 구축과 휴머니즘에 대한 탐구

1. 긍정적인 삶의 자세와 인생의 진리에 대한 탐구

문학의 '문화 인류학'은 작품의 정신적 깊이, 문화적 함의, 예술적 가치를 향상시키는 것을 추구로 삼고 더 넓고 깊은 시선으로 인류의 가장 선진적인 방면을 주목하면서 인류 정신 세계의 가장 깊은 곳을 향하여 탐구하는 것을 가리킨다.[46] '문화 인류학'은 구체적으로 작가의 사상적 위치, 서사적 창조, 심미적 추구를 가리키는데 이는 문학 작품에서 '문화 인류학'의 의의와

46 叶舒宪：≪文学人类学教程≫，北京：中国社会科学出版社，2010年，第20-22页。

가치를 가진 정신적 속성, 미학적 태도에서 충분히 구현된다. '문화인'의 문화 인류학적 기질은 문학 작품에서 풍부하고 립체적이며 '보편적 의미'로 생명을 관조하는 것이다. 그것은 생명에 대한 존중과 관심, 삶의 진리에 대한 추구로 인류 문화의 빛을 발산하고 휴머니즘적 정신을 고양하는 것이다.[47] 넓은 의미의 휴머니즘은 모든 인간의 본성을 존중하고 인간이 인간다운 의미를 실천하는 것을 의미한다. 소설에 있어서 주제의 명분과 근거는 바로 휴머니즘에서 찾을 수 있다. 소설의 주제는 인간다운 삶의 실상의 제시, 인간다운 삶을 쟁취하는 모습의 묘사, 인간을 비인간으로 몰아가는 원인의 통찰 등과 같은 작업으로 구체화된다.[48]

오늘날 세계는 위기가 끊임없이 발생하고 테로리즘, 자연재해, 경제 위기와 각종 사회 문제는 사람들로 하여금 세상 일에 대한 예측의 어려움과 생명의 취약함을 인식하게 한다. 한국의 자살률은 OECD 국가들 가운데 최고라고 할 만큼 모든 년령층에서 고루 높게 나타나고 있으며 무엇보다 빠른 증가세를 보이고 있는데 이는 단지 개인의 선택이 아니라 전반 사회의 문제로 보아낼 수 있다.[49] 그것은 사회와 개인간에 괴리가 생기고 인간에 대한 억압이 발생하면서 잠재적인 위험에 대한 불안감을 느끼기 때문이다. 또한 생계 유지에 대한 절박함과 개인의 생명을 빼앗아 갔던 여러가지 사건, 사고들을 겪으면서 한국 사회의 불안은 여전히 지속된다. 특히 미성숙한 시민문화, 사회안전망의 취약함, 경박한 자본주의 정신이 결합되여 그 속에 나타난 분노, 모멸, 체념, 좌절, 소외감 같은 감정들이 확산되고 있다.[50] 희망의 상실

---

47 韩雪梅：≪论文学"文化人类学"的价值建构-以贾平凹、迟子建、阿来为中心≫，博士学位论文，辽宁师范大学，2018年，第4页。

48 조남현, ≪소설신론≫, 서울: 서울대학교출판문화원, 2004, 195페지.

49 구도완 등, ≪한국사회문제≫, 서울: 한국방송통신대학교출판문화원, 2017, 3페지.

50 박형신, 정수남, ≪감정은 사회를 어떻게 움직이는가≫, 파주: 한길사, 2015, 107페지.

과 불투명한 미래는 개인의 삶을 장기적으로 설계하기를 점점 더 어렵게 만들며 불안과 공포를 더욱 가중시키고 있다.

위로가 필요한 사회를 보며 한국문학상 수상 작품들은 치유와 위로를 통해 현실의 곤경을 타파하여 어둠 속에서 스스로 방향을 찾고 생존의 진리를 탐구하도록 이끌어간다.

구효서의 <풍경소리>는 외로운 주인공이 자신의 내면감정을 직시하면서 타인의 도움하에 고통에서 구출되는 이야기를 그려냈다. 주인공 미와는 미혼모 어머니 손에서 홀로 자란 외로운 사람이다. 어머니가 제과점에서 일을 했고 그 긴 시간 동안 나노블록으로 고독을 채워가던 미와는 끝내 블록쌓기를 특기로 취직하게 되여 엄마 곁을 떠나지만 미국에서 살던 어머니는 병으로 죽게 된다. 그렇게 어머니를 상실한 고통을 치유하기 위해 들어간 성불사에는 모두 '왜?'라는 질문을 버리고 세속의 갈등을 벗어난 스님들이 살고 있었다. 그들은 미와의 상처를 보듬어주고 담백한 음식과 자연의 소리로 미와의 비워진 삶을 채우도록 도와준다. 작자는 자연에서 얻은 소리와 냄새, 빛갈, 맛을 통해 상처를 치유하는 과정을 많은 분량으로 묘사하면서 독자로 하여금 감정의 정화를 느끼게 한다. 결국 미와가 경험하는 오감들이 점차 그의 몸 전체에 깊숙이 스며들면서 고독하고 공허한 마음을 채워주며 위로가 되여준다. 그녀는 절 안의 사람들과 함께 세속에 대한 의문을 버리고 먼지를 털어내듯 고민을 씻어버리며 마을 전체에 쌓아올린 돌담, 나무장작, 수많은 장독대 등 생존을 위해 끌어올리는 탑들을 보면서 끝없이 크림을 만들어내던 어머니 인생을 조금이나마 리해한다.

소설은 삶을 사랑하는 태도를 보여주면서 삭막한 인생에 따뜻함을 부여하고 마음 깊숙이 존재하여있는 삶의 욕구를 불러일으킨다. 사찰의 풍경으로 현실의 좌절을 초월시키고 상실의 아픔을 겪으면서도 여전히 미래에 대하여 기대를 가지는 자세를 강조하는데 이는 현대 사회의 불안하고 고독한 심리를 포착하여 '문학은 곧 인간학이다'라는 관념을 견지한 결과이다.

박민규의 <아침의 문>의 주인공은 '천국으로 가는 계단'이라는 인터넷 카페에서 만난 여섯명과 자신이 살고 있는 이십년도 넘은 옥상에서 자살을 시도한다. 그는 '천국'이라는 가상의 공간에서 교류할 만큼 현실을 외면했고 낡은 옥상에서 자살을 계획할 만큼 삶을 포기했다. 그러나 자살마저 실패하면서 재수도 재주도 없이 살아 온 인생을 다시한번 확인하게 된다.

한편 편의점 녀직원의 임신 사실 또한 누구도 모른다. 그녀의 인생 역시 새벽 편의점 창고에 숨어서 압박붕대를 푸는 것처럼 숨 막히도록 비참하다. 알아야 할 유일한 사람은 진단서를 떼오라고 윽박지르고 폭행을 휘두른다. 너그러우면서도 무자비한 부모들은 딸에 대해 아무 것도 모른다. 그녀가 받은 모든 고통과 랭대는 배속에 꿈틀대는 생명에 고스란히 전달되였고 태여나지도 않은 생명을 똥이라고 정의할 정도로 외면하고 증오한다. 하지만 진통이 오자 사람이 없는 낡은 옥상을 찾아서 붕대를 풀 수밖에 없었다. 그러나 작자는 이 비루한 두 운명을 결합시켜 새로운 희망을 산생시킨다. 자신의 옥상에서 붕대를 감고 다시 자살을 시도하던 주인공과 맞은편 옥상의 녀자의 몸에서 금방 머리를 내민 아기를 동시에 교차시키면서 붕대를 감아 동그란 구멍에 넣은 머리와 붕대를 풀고 다른 구멍으로 튀여나온 머리를 서로 대면하게 한 것이다.

작자는 탄생의 순간과 죽음의 순간을 원과 문이라는 상징을 통해 절묘하게 엮어놓았다. 세상을 탈출하려는 자와 들어오려는 자가 각자 문밖으로 얼굴을 내민 채 교차되는 이 장면으로 삶의 진지함과 인생의 무게에 대해 고민하게 한다. 그렇게 아이의 목을 바라보며 입술을 떠는 그녀를 지켜보다 남자는 소리를 지르며 넥타이를 풀고 옥상으로 건너간다. 아이를 안아 올리는 순간 남자는 쥐가 나던 허벅지가 콩크리트처럼 견고해짐을 느끼면서 자신이 그동안 삶을 버린 진짜 리유가 무방비 상태의 생명을 공격하는 데 대한 분노임을 깨닫는다. 운명에 버려질 번했던 두 사람은 그렇게 결합되고 서로의 힘이 되여 더욱 견고해진다. 아침이라는 시간적 배경 역시 두 사람에게 희망과 따뜻함을 가하면서 두 사람이 새로운 시작점에서 전력질주하려는 새로운 생존방식을 상징한다. 작자의 수상소감에서 수상의 영광을 "답도 없고 예산도 없이 살아온 사람에게 이 영광을 드린다"고 말했듯이 소설은 새벽의 문이라는 은유로 만신창이 된 마음을 달래고 현실 탈출을 갈망하는 이들에게 희망을 안겨준다.

공지영의 <맨발로 글목을 돌다>는 력사와 운명의 장난 앞에 필요한 삶의 자세를 탐구한다. 작자는 여러개의 에피소드를 라렬하여 하나의 주제를 끌어내는 서사방식으로 력사와 현실이 개인에게 행하는 폭력과 거부할 수 없는 운명의 비극에 대한 련민과 태도를 성찰하였다.

일본인 번역가 H는 한국문학을 일본에 소개하는 사람이다. 그는 스물두살, 해변에서 녀자친구와 데이트를 하던 중 북으로 랍치당하여 24년간 완전한 단절 속에 살아온 경험을 갖고 있다. 파란만장한 과거와 달리 눈가에 오래 웃어 패인 주름이 있는 선한 인상을 가진 그는 어떻게 살았냐는 화자의 질문에 아이들을 위해 일본에 돌아갈 꿈을 포기하였다고 한다. H는 폭력에 의해 인생이 뒤엎어졌지만 그걸 계기로 생계를 잇는 아이로니한 인생을 살아가는 긍정적이고 락관적인 인물이다.

화자는 스스로 H와 운명에 할퀴여 상흔을 나누어 가진 동족이라고 생각한다. 살기 위해 고통의 의미를 찾아내려고 노력해 온 그녀는 은연중 H와 련대감을 느낀다. 그녀의 남편은 외출이 잦고 폭력적이지만 사람들은 신경과민증을 앓고 있는 그녀의 말을 믿지 않는다. 그렇게 남편한테 종속된 비참한 생활을 이어가다 끝내 유리 파편들로 란장판이 된 집안을 치우며 리혼을 결심한다. 그러나 남편을 헐뜯지 않고 싸움에 유리하게 하기 위해 떼여두었던 진단서를 찢어버리며 <우리들의 행복한 시간>이라는 책을 쓴다.

이렇게 소설은 H와 화자가 겪었던 력사와 결혼의 폭력뿐만 아니라 어느 날 갑자기 일본군한테 만마 전선으로 끌려가 성노예로 짓밟히는 순이, 프메로 레비와 빅토르 트랭클처럼 아우슈비츠수용소로 끌려간 사람들, 봉사하러 아프가니스탄에 갔다가 탈레반에게 랍치당한 조카의 친구들 등 이야기들이 삽입되여있다. 이들은 모두 타의에 의해 운명이 뒤바뀐 희생자들이지만 작가는 불행과 고통이라는 공동요소로 엮인 인물들을 라렬하는 데 그치지 않고 삶의 태도에 대하여 성찰한다. 즉 풍랑을 만난 배가 온몸으로 물결을 받아들이듯 쓰나미처럼 덮치는 불행이 생의 한 속성이라는 것을 받아들여야 한다는 것이다.

작자는 현실 속의 평범한 일상과 거대한 력사의 사건을 교묘하게 섞어놓으면서 인생에 대한 해답을 찾는 려정을 보여주었다. 운명을 견디기 위해, 또는 맞서기 위한 대처방식과 꿋꿋이 살아가는 태도와 격려를 다짐하는 작가의 태도는 힘들게 살아가는 대부분의 생명들의 공감을 형성할 수 있는 강력한 힘을 가지고 있다.

이 밖에 윤성희의 소설 <부메랑>은 좌절과 죄책감으로 점철된 인생에 대한 동경과 후회를 자서전 쓰기라는 특수한 장치로 돌이켜보면서 완벽한 인생은 어디에도 존재하지 않는다는 진실을 확인시키고 인생이란 허황된 꿈을 꾸는 것보다 그저 열심히 살아가는 것이라는 도리를 일깨워준다. 김연수의 <벚꽃새해>는 헤여진 련인이 다시 만나 골동품 가게 로인을 찾아가면서 지나온 시간을 의미화하는 과정을 중국 고전 문명을 리용한 미학적 방식으로 다루면서 옛것을 통해 다시 성장하고 성숙되며 현재의 페허를 타파하여 미래를 새롭게 구성하는 방법을 제시하였다. 그의 또 다른 소설 <산책하는 이들의 다섯가지 즐거움>은 인간 내면에 존재하는 고통을 코끼리라는 육중한 동물로 비유하면서 코끼리를 극복의 대상으로부터 공존의 대상으로 전환시키고 자신의 고통을 내면화하면서 자연스럽게 수용하는 것이 바람직한 선택임을 암시한다. 조경란은 소설집 ≪풍선을 샀어≫에서 인생이라는 커다란 풍선에 고독과 방황, 불안과 두려움 등 내면의 상처들을 밀어넣어 멀리 둥둥 떠나보내고 스스로 희망을 구축하고 새롭고 긍정적인 방향으로 삶의 출구를 열어나간다.

이처럼 한국문학상 수상 작가들은 상실, 질병, 실업, 좌절, 배신, 폭력 등 삶의 피할 수 없는 상황으로 피폐해지거나 무기력하게 살아가는 인물들이 긍정적인 모습으로 삶의 의지를 다시 다지는 이야기로 모든 인생은 그 자체로 존재의 의미와 리유가 있음을 보여주고 고통을 극복하여 상처를 이겨낼 수 있는 생명의 위대함과 열정을 표현하고저 했다. 문학 구조의 문화적 통합성은 생명 구조의 유기적 전체성과 일치하며 문학의 구성 원리도 생명 형식의 기본적 특징과 대응된다.[51] 한국문학상 수상 작품들은 "문학 구조가 바로 생명 구조"라는 휴머니즘적 태도로 인간의 가치 평등과 생명 존중 의식을 품으면서 인류의 보편적 가치와 진리를 추구하였다.

2. 타자에 대한 리해와 환대의 '가능성'에 대한 고찰

레비나스에게 환대란 고통에 무방비한 타자에 의해 '인간의 존엄성'과 '주체의 책임'을 상기시키는 개념이다.[52] 인간이 타자를 위해 대리와 책임을 지는 것은 곧 스스로에 대해 책임을 지는 것[53]인데 환대와 관련해 데리다는 '조건적 환대'와 '무조건적 환대'를 구분하면서 우리가 통념적으로 리해하고

---

51 童庆炳: ≪文学审美论的自觉：文学特征问题新探索≫, 北京：北京师范大学出版社, 2011年, 第255页。

52 강영안, ≪타인의 얼굴-레비나스의 철학≫, 서울: 문학과 지성사, 2005, 31페지.

53 최상욱, <하이데거와 레비나스에 있어서 '이웃' 개념에 대하여>, ≪철학연구≫, 2003, 제62호.

있는 타자란 실제로는 주체의 다른 모습일 뿐임을 지적한다. 주체가 자신의 눈앞에 있는 타자에게 베푸는 환대는 '나'와 '너', 즉 '우리'라는 울타리내에 있는 '너'를 향한 환대에 지나지 않는다. 다시 말해서, 유한할 수밖에 없는 '나'라는 개념에서 출발하는 환대는 그것이 아무리 헌신적이라고 해도 무한의 차원에 있는 절대적 타자까지 미리 환대할 수는 없는, 근본적으로 리기(利己)적인 것이다.[54]

인간은 자기 보존성을 지닌 동시에 타자성을 수용하는 존재이며, 안으로 향한 동시에 밖으로 향해있는 존재이다.[55] 그러나 현대 인간들은 점차 타인과 거리를 유지하고 련대가 끊어지면서 주변 세계와 단절된다. 다원화되고 효률적인 일상에서 인간 사이의 감정 교체는 점차 빈번하고 신속해지며 타자에 대한 섬세한 리해는 이루어지기 힘들다. 더우기 경쟁이 심화될수록 집단적인 뉴대는 느슨해지고 타인과의 친밀성은 약화되며 불안과 고립에 시달리다가 점차 자기만의 방에 들어박히게 된다.

이처럼 고립이 일상화된 시대에 환대와 리해는 타자와의 관계를 유지하고 륜리적인 공동체를 형성하는 내재적 조건이다. 그러나 오늘날 주체들은 자신의 리익에 방해되거나 소통이 불가능하다고 판단되는 존재를 손쉽게 배제함으로써 세상을 더욱 랭정한 공간으로 만들어버린다. 결과적으로 무조건적인 수용과 포용은 현실 속에서 실현되기 어려운 문제로 남는다.

이에 한국문학상 수상 작자들은 인간의 리해와 환대라는 문제에 천착하여 그 가능성을 탐색한다. 김금희의 <기괴의 탄생>은 관심과 질투, 애정과 집착으로 충만된 기괴한 인간 관계를 통해 타인에 대한 리해의 가능성에 대하여 다루었다. 화자 윤령이는 교수님을 존경하는 마음과 비판하는 마음

---

54 홍단비, <리기호 소설에 나타난 환대의 불가능성과 륜리적 주체-≪누구에게나 친절한 교회 오빠 강민호≫를 중심으로>, ≪어문론집≫, 2019년 77권.

55 김연숙, ≪레비나스 타자 륜리학≫, 고양: 인간사랑, 2001, 70페지.

사이에서 방황하는 혼란스러운 인물이다. 한때 선생님은 유능하고 품위 있고 촉망받는 예술가였다. 어려서부터 피아노에 재능을 보여 영국 음악 학교를 수석으로 졸업한 뒤 예술대학의 교수로 취임하였고 년말이면 자작 연주곡으로 콘서트를 열어 불우한 이웃을 돕는 재능과 덕성이 뛰여난 사람이였다. 그러나 선생님이 무용을 배우는 대학원의 남자애와 불륜에 빠졌다는 사실을 알게 되면서 존경의 태도는 분노로 변한다. 윤령이는 선생님의 사랑이 순수함보다는 뒤틀린 것으로 보고 선생님의 행동을 리해하지 못한다. 선생님은 사랑을 지키기 위해 리혼을 감행하고 스스로 학교를 그만두었지만 남자애는 일이 터지자 잠수를 타버린다. 모든 걸 다 가졌던 선생님의 파멸은 윤령에게 기괴한 선택의 결과로 보일 수밖에 없었다.

윤령이는 이 모든 것을 선생님과 모르는 사이인 회사 동료 리애씨에게 고백하면서 위로를 구한다. 그러나 선생님의 불가해한 선택에 대한 자신의 관점보다 자신은 선생님에게 '빚진 것이 없는' 사람이고 '선생님이 공부한 영국의 대학은 이류에 가깝다'거나 현재 대학이 좋은 직장이 아니라서 버렸다는 말들을 쏟아내며 폭력적으로 변한다. 그는 선생님의 순수한 사랑을 부정하고 선생님의 선택은 숭고한 것이 아니며 자신이 분노하는 태도에 대한 합리적인 리유를 애써 변명하면서 이는 선생님에 대한 관심이라고 포장한다.

선생님을 걱정해주고 위로해주며 심지어 남학생을 조사까지 하는 윤령이는 상징 질서내에서 분명히 옳바르고 친절한 사람이다. 그러나 관심을 나타낼수록 선생님과의 관계는 점점 어긋나게 된다. 이는 모두 그녀가 선생님한테서 갈취했던 대리만족과 관련되여있음을 알 수 있다. 윤령이와 선생님은 모두 각자가 바라는 대로 상대방을 인식했다고 생각하면서 상대를 그대로 본 것이 아닌 '내가 생각하는' 누군가로 받아들인 것이다. 윤령이는 대리욕망체인 선생님이 고결하고 완전하기를 바랐고 선생님 역시 윤령이가 '데이지'와 같이 자신을 리해해주는 립장이길 바랐지만 그것에 금이 가면서 두 사람의 관계는 애초부터 무의미했음이 드러난다. 이러한 설정을 통하여 작자는 타인을 그대로의 '바깥'으로 인정하지 않고 자신의 내부로 끌어들여 자신의 욕망 대상체로 요구하면서 타인을 위한다는 변명으로 오히려 고통을 되돌려주는 리해의 불가능성을 보여주었다.

권여선의 <모르는 령역>에서 아버지 명덕과 딸 다영이는 평범하면서도 긴장감이 떠도는 부녀 사이다. 서로 마음에 두고 있지만 항상 어긋나게 되는 둘은 소통이 이루어지지 않는 답답한 관계를 유지하고 있다. 딸한테 전화를 걸면서 스스로 더 세지지 말자고 다짐하는 명덕은 나름의 방식 대로 딸과 가까워지려고 노력하지만 딸의 부정적인 반응에 화가 나고 딸 역시 아버지의 전화가 반가웠지만 아버지의 태도에 실망하면서 통화를 맺는다.

직접 만나게 되면서 둘 사이의 틈새는 더욱 벌어지기 시작한다. 려주에서 만난 명덕은 다영의 친구가 운동화를 잃어버렸을가 봐 걱정하지만 다영은 그런 명덕을 나무라듯한 눈길로 바라본다. 명덕은 평소 다영이가 자신의 이야기를 자주 한다는 말에 흐뭇해하다가도 손에서 담배를 확 빼앗아버리는 딸의 행동에 깜짝 놀라기도 한다. 하루밤 묵게 되는 명덕이를 위해 다영은 안주를 사러 나갔지만 명덕은 자신과 단둘이 있기 싫어한다고 슬픔을 느끼고 화김에 아침 해장국을 먹고 가라는 다영이를 거절해버린다. 다영은 뭐든 마음대로 하는 명덕이의 관행에 불만을 터뜨리고 명덕은 자신한테만 싹싹하지 못하다고 쏘아붙인다.

사실 부녀 사이의 깊은 응어리는 세상을 떠난 전처에 대한 죄책감에서 비롯된다. 명덕은 실수하는 자신을 항상 용서해준 전처에 대한 미안함과 죄책감을 갖고 있고 다영은 그러한 아버지에 대한 원망이 깃들어있다. 타자를 배려한다는 것은 타자의 내면을 들여다보고 그 자체로서 대접해야 하지만 명덕과 다영은 가족을 상실한 아픔은 공유하지 못한 채 자신의 내면으로 파묻어버리고 상대의 목소리에 귀를 기울이지 않는다. 따라서 타자가 자신의 호의를 거절했을 때 상대에 대한 기대와 사랑은 분노로 표출되며 자신의 베풂을 알아주지 못하는 섭섭함을 드러내게 된다. 작자는 낮달만 보이는 해 립장에서는 밤에 뜨는 달은 영영 모를 수밖에 없다는 생동한 비유로 인간 관계의 서로에 대한 미지의 령역을 보여주었다. 이 모르는 령역은 결국 타자를 자신의 립장에서 동일시하지 않는 그 자체로서 존중 받아야 할 령역인 것이다.

정용준의 <선릉산책>에서 화자인 '나'는 우직하고 착하다는 리유로 선배한테서 시급이 높은 '아이 돌보기' 아르바이트를 하루 부탁 받는다. 그러나 상대는 평범한 아이가 아닌 자폐를 가진 20살 청년 한두운이다. 화자는 사납게 짖어대는 개를 대신 쫓아내면서 두려워하는 한두운을 보호해주기도 하고 자해를 방지하기 위해 착용한 한두운의 헤드기이를 벗겨주고 땀을 씻어주기도 한다. 또 저녁 수면을 유도하기 위하여 체력 소모용으로 무게를 가한 그의 가방을 들어주면서 친절을 베푼다. 어느새 나는 한두운의 보호자가 그를 학대하는지 걱정하기도 하고, 한두운의 여러 종류의 나무 이름을 말하는 분별력과 놀라운 권투실력을 발견하며 감탄한다.

그러나 3시간을 더 연장하라는 보호자의 일방적인 통보 문자에 '나'는 마음의 온기를 한번에 잃으면서 밑바닥에 깔려있는 분노를 한두운한테 내비친다. 고갈된 체력과 밀치는 노여움에 혼자 걸어가는 한두운을 방치해두는데 그를 다시 찾았을 때는 불량 청소년들한테 모욕을 당하여 스스로 자신의 얼굴을 피투성이 되도록 구타한다.

소설에서 한두운의 사고 방식, 느끼는 감정, 하고 싶은 말 등 진정한'자아'세계는 누구도 알 수 없고 또 알려고 하지 않는다. 이 때 마침 '착한' 화자가 친절한 주체로 등장하여 한두운을 조금씩 알아가지만 이 또한 돈이라는 대가가 받침된 전제하에서만 가능했다. 따라서 그 등가관계가 파괴되는 순간 그에 대하여 노력중이던 표층적 리해는 실패된다. 결국 화자는 경제적 보상을 받는 로동력의 차원에서만 한두운을 관심하고 리해하는데 시간이 연장되자 분노와 폭언으로 대체된다. 화자는 타자인 한두운을 '불쌍한 사람', '도움이 필요한 사람', '보호해야 하는 사람'의 위치에 고정시키고, '착한 사람'의 위치에 자신을 고정시킴으로써 자기 만족감, 또는 우월성을 느끼며 상징적 친절을 실천하려 한다. 소설에서 절묘하게 종결된 전개 방식은 인간의 환대와 리해심의 한계를 더욱 부각시킨다.

구효서의 <모란꽃>에서 주인공 화자는 어린시절 고향집에 있던 펄 벅의 책 ≪모란꽃≫과 그 집의 뒤꼍에 있던 토주에 얽힌 여러 사건들에 대한 기억을 더듬는다. 화자는 형제들에게 책에 대한 자신의 기억이 옳다고 완강히 주장하지만 하나하나 기억을 되짚어가는 과정에서 책은 한권이 아니라 여러 권인 셈이였고, 내용을 조금씩 달리 알고 있다 해도 그것은 모두 모란꽃이였음을 깨닫는다. 이는 인간마다 각자 기억 뒤편에 숨겨진 경험과 삶을 대하는 본질이 다르기에 서로의 립장이 역시 부동한 개개의 주체임을 의미한다.

그러다 화자는 자신이 무시했던 준식이를 동생 경희가 짝사랑하면서 고통스러웠다는 이야기를 듣고 깜짝 놀란다. 경희는 준식이가 화자를 좋아하는 것을 알고 있었지만 관심조차 없는 척하였다. 준식이가 군대에 간 뒤 경희에게 편지를 보냈지만 답장을 하지 않는 경희 대신 한창 아무 거나 버릇처럼 쓰고 있는 화자가 답장을 써주었다. 그러나 준식이는 화자가 쓴 편지인 줄 알고 있었으며 화자는 나중에 준식이의 고백을 받고 다시는 만나지 않았다.

> 경희는 준식이에게 관심조차 없었으니까. 그건 누구보다 내가 잘 알았다. 경희에 관한 거라면 내가 모르는 게 없을 정도였다. 서울로 올라오기 전 나와 경희는 순천에서 자취를 했다. 성깔 없는 경희가 나는 좋았고, 경희도 내 말이라면 다 믿어주었다. 그런 경희만은 정말 언니답게 보살폈다. 그 때나 지금이나 숨기는 것 없이 잘 지냈고 맘도 가장 잘 맞았다.[56]

화자는 경희를 형제들 중에서 가장 가깝게 좋아했고 '정말 언니답게 보살폈'지만 그녀의 진심을 알아보지 못했기에 의무적으로 베푼 무의미한 환대가 되여버렸다. 녀동생의 지독한 실련의 상처에 대해 전혀 눈치 채지못한 것은 경희의 내면을 외면하고 소외시킨 행위였다고 할 수 있다. 준식에 대한 대수롭지 않은 태도는 동생 경희가 몇달 동안 울고 죽으려고 했던 고통이였고 끔찍한 슬픔이였다. 이는 상대에 대한 구체적이고 본질적인 리해와 공감 없이 환대를 베풀려 했던 착오가 조성한 결과이고 리기적인 환대에 불과한 것이다. 작사는 서로 다른 개체가 타자에 대한 리해의 불가능한 상황을 가장 가까운 형제 사이의 관계로 담담하게 보여준다.

이 밖에 김애란의 <립동>에서도 아이를 잃어버린 젊은 부부를 동정했던 이웃들이 시간이 흐르자 사회의 '이방인'으로 규정해 버리고 폭력적인 태도를 보이는 이야기로 리해의 제한성과 불가능성을 보여주었다. 리기호의 소설집 ≪누구에게나 친절한 교회 오빠 강민호≫에 수록된 소설들 역시 인간이 타인에 대한 절대적인 호의란 불가능한 것이고 모든 것은 결국 자신을 위한 것임을 반성케 하였다.

한국문학상 수상작품들의 '불가능한 리해'에 대한 서사는 인간 관계의 륜리를 탐색하고 있다. 타인에 대한 환대와 리해는 결국 자신을 위한 것이며 타자가 처한 상황과 립장을 나름 대로 해석하면서 도움을 선사하는 것은 진정한 리해가 이루어지지 않은 것으로 결국 불편함을 일으키게 됨을 알려준다. 소설은 타인에 대한 리해의 여러가지 방식을 탐색하지만 진정한 리해가 이루어지기에는 가능성이 작음을 승인하면서 삶의 또 다른 진리를 제시한다.

---

56 구효서, ≪별명의 달인≫, 파주: 문학동네, 2013, 98페지.

3. 련대를 통한 새로운 공동체에 대한 지향

공동체란 특정한 지리적 위치에 살고 있거나 리해관계를 공유하고 있으면서 서로간에 체계적으로 상호 작용하는 사람들의 집단을 가리킨다.[57] 인류가 진정한 자유와 평등을 실현하기 위해서는 상호간의 련대와 소통을 통해 미래에 대한 책임을 공동으로 분담하는 의식이 필요하다. 이는 인류의 가치체계는 개인의 리익을 넘어선 공공성의 기반 우에 성립하기 때문이다. 일반적으로 련대는 동등하고 공통적인 생활 상태를 공유하는 다수의 사람들이 공동의 목표를 위해 '사회적 적대자'에 맞서 서로에 대해 책임지는 공동의 사회적 행위를 의미한다.[58] 현대 사회에서 련대는 인간 사이의 근본적인 뉴대를 강조하는 방향으로 옮겨져 보편적 가치로서의 련대뿐만 아니라 상황적 요청으로서의 련대 모두를 포괄하는 것[59]으로 전반의 공동 리익을 바탕으로 국가, 민족과 개인이 소통과 협력을 통해 공동의 생존 조건을 재구성하고, 인류의 지속 가능한 발전을 도모하는 공동체의 형성 원리로 작동한다.

그러나 현대사회가 련대의 위기에 놓여있다는 사실은 중요한 문제로 제기되고 있다.[60] 정치, 경제, 사회 전반의 불안정한 구조는 인간의 삶을 위협하고 지역, 민족, 계층, 성별 등 다양한 요인은 차별과 불평등을 량산한다. 나아가 전쟁, 환경 파괴, 인구 문제, 전염병과 같은 글로벌 위기는 인류 전체의 불안과 생존 위협을 증폭시킨다. 이처럼 비인간적으로 작동하는 현대사회의 체계와 점차 삭막해지는 생활 환경 속에서, 사람들은 오히려 더 절실

---

57 앤서니 기든스, 필립 W. 서튼, ≪사회학의 핵심 개념들≫, 김봉석 옮김, 파주: 동녘, 2018, 264페지.

58 라이너 촐, ≪오늘날 련대란 무엇인가≫, 최성환 역, 파주: 한울, 2008, 28페지.

59 최성환, <철학적 문제로서의 련대>, ≪철학탐구≫, 2010년 27권.

60 라이너 촐, ≪오늘날 련대란 무엇인가≫, 최성환 역, 파주: 한울, 2008, 15페지.

하게 공동체적 련대가 필요하다. 이는 한 개인이나 특정 집단의 문제가 아니라 인류 전체가 함께 해결해야 할 시대적 과제이다.

이는 한국 문학의 새로운 전환과 도전을 요구하며 문학이 공동체를 하나로 묶어줄 방향을 제시하도록 요구한다. 이에 한국문학상 수상 작가들은 소설이 새로운 형태의 련대를 형성하고 공동 세계를 구축하는 정신적 기반이자 실천적 전진 기지로 기능해야 한다는 신념을 바탕으로 창작에 림한다. 이들은 개인에서부터 민족, 나아가 전반 인류 공동체에 이르기까지, 오늘날 사회의 특수성을 반영한 련대 의식과 새로운 공동체에 대한 지향을 보여준다.

윤성희의 <유턴지점에서 보물을 찾다>에는 부재와 결핍의 불행한 삶을 살면서 타인에게 인정받지 못하는 인물들이 등장한다. 가족을 상실한 아픔을 안고 가난과 외로움에 지쳐있는 화자, 자살로 뛰여든 녀자를 목격했던 트라우마로 불안에 시달리는 지하철 기관사 Q, 유명한 녀배우의 사생아로 태여나 정체성을 잃고 사는 W, 세상과 단절된 그들은 고등학생이 가지고 온 보물지도 속의 보물을 찾기 위해 운전 면허를 따고 체력을 키우며 열심히 준비한다. 그러나 우여곡절 끝에 찾아간 곳에는 보물이 없었고 그 사이 Q가 잠간 맡았던 음식점은 주방장이 가게의 모든 것을 털고 도망 간다. 좌절에 빠지던 찰나 그들은 의기투합하여 각자의 료리 솜씨로 식당을 다시 시작하여 크게 성공하였고 고등학생의 대학등록금은 물론 작은 아빠트 네채와 소형차 네대를 소유한다.

결국 그들에게 진정한 보물은 사람 그 자체였다. 그들은 지도가 안내하는 곳에서 보물찾기에 실패했지만 유턴 지점은 그들 인생의 전환점이였다. 그들은 가족이 되여 동고동락하면서 서로의 상처를 묵묵히 보듬어 줄 뿐만 아니라 스스로 보물이 되여 자신의 가치를 실현한다. 작자는 상처를 안고 사는 여러 인물들이 단합하여 각자의 가치를 실현하면서 끝내 행복을 추구하는 이야기로 련대의 힘을 보여주었다. 소설의 마지막에 고등학생은 보물지도를 금고가 아닌 서점의 책 안에 끼워두고 오는데 이는 그 지도가 각박한 세상에서 떠돌면서 모두가 보물이 되고 서로의 보물이 되여주면서 개개인의 뉴대를 통해 이루어질 공동체의 미래에 대한 작자의 상상이 담겨져있다.

김성중의 <상속>은 각자의 인생사를 갖고 있는 세 인물이 소설이라는 매듭으로 얽히면서 자신의 시간을 공유하고 삶과 꿈 및 공동체의 련대 방식을 그린 작품이다.

기주와 진영은 십여년전 문학 강좌에서 만난 사이이다. 문학 아카데미라는 공간은 그들에게 서로 절망을 나누는 과정에서 삶의 열의를 안겨주었다. 먹고살기 위해 강단에 선 문학강좌 선생님은 세상을 터득하는 법을 가르쳐주었는데 공황장애를 앓고 있는 기주는 선생님의 강좌를 통해 일상이 거칠거나 폭력과 긴장이 밴 형태가 아닐 수 있다는 사실을 인지한다. 그녀는 가출한 자신의 딸과 비슷한 문학강좌 선생님의 진지한 고무에 힘입어 희망을 가졌지만 어린 선생님은 교모세포종에 걸려 세상을 떠났고 자신의 책들을 기주에게 유물로 남겨준다.

기주 역시 진영에게 격려를 주는 든든한 버팀목이 되였다. 그들은 책과 소설을 통해 얼마나 많은 인간들이 부조리를 껴안고 사는지, 쓸쓸하고 고통스러운 삶에 붙들린 채 살아가는지 느낀다. 그녀들이 책에서 배운 것은 인간은 원치 않는 모순에 붙들린 채 살아간다는 것이다. 작자는 타인과의 관계에서 형성되는 인간의 의미와 서로 위로를 주고받는 공동체가 형성되는 과정을 세 녀인의 이야기로 풀어낸다. 셋은 각자 인생의 무게를 견디면서 살아왔지만 서로 교차되는 시점에서 경험을 공유하고 격려하며 힘이 되여준다.

그러나 죽음의 그림자가 기주에게도 덮쳐온다. 취장암 말기로 시한부선고를 받은 기주는 선생님에게서 물려받은 책을 진영에게로 넘긴다. 같이 삶을 이어나갈 수 없지만 그들은 각자의 방식으로 자신의 꿈을 전달한다.

그렇게 진영은 기주와 선생님의 마음을 공명하면서 학생들의 습작을 지도하는데 진영이가 펜을 놓지 않는 한 정신적 유산은 세세대대 이어가면서 언제나 존재할 것이다.

작자는 모든 령역에서 인류가 지속되고 세상이 완성되여 가는 데 필요한 무형의 정신과 그 발전의 방식을 보여주면서 각자의 현실을 타파하여 창조적 협동과 우정을 나눌 수 있는 공공적 장을 마련하는 필요성을 보여주었다.

전성태의 <성묘>는 적군의 묘지를 지키면서 부대 옆에 가게를 하는 로인의 이야기를 다루었다. 특수한 환경에 처해있는 로인은 죽은 자를 달래고 산 자를 위로하는 휴머니스트의 전형이다.

로인이 농사 짓는 고추밭 옆에는 묘지가 있다. 적군묘지에는 전쟁 때 죽은 북측 병사와 중국 병사 유해는 물론 남파 공작원들 유해도 묻혔다. 묘지 구경 오는 사람들 때문에 밭뚝이 성할 리 없고 근래에는 중국인 성묘객들도 부쩍 늘었다. 그들이 태우는 지전(纸钱)이 날아와 밭을 어질렀지만 로인은 원망 한마디 없었고 대신 그들 풍습을 존중하여 가게에 제수용품을 직접 구해 놓아 중국 성묘객들의 편리를 도모하였다. 력사의 옳고 그름을 떠나서 삶과 죽음이라는 문제가 가로놓이는 순간 적군과 아군의 경계는 아주 사소한 것이 되여버린 것이다. 죽음에는 국경이 없고 민족이 없다. 로인은 인간세상의 리해관계를 초월하여 인도주의적으로 력사를 포용하면서 희생자를 끌어안았다.

특히 북측 묘역을 보면 로인은 마음이 한없이 심란했다. 젊어서 총과 포탄에 쓰러진 원혼들이 고향에 돌아가지도 못하고 찾는 발길이 없이 세월에 깎이고 있는 걸 보면 안스러웠다. 로인은 죽은 자의 사연이나 죄를 따지지 않았다. 새 무덤이 생길 때마다 소주 한잔을 올려 추모했고, 명절이면 이름 모를 묘의 상석에도 소박한 제수를 차려 성묘를 올렸다. 아무런 연고나 동질성이 없는 망자에게까지 성묘를 올린다는 것은, 그가 '죽은 자를 존중하는 일은 인간으로서의 도리'라 여겼기 때문이다. 그러나 그 행위는 단순한 인류애의 표현을 넘어선다. 오래동안 자신에게 '적군'으로 각인되여 온 존재, 즉 이데올로기의 경계를 넘어야 가능한 일이였기 때문이다. 로인은 이러한 실천을 통해 분단의 론리 속에서 배제된 '특수한 타자'의 자리를, 삶과 죽음이라는 보편적 인간의 자리로 회복시켰던 것이다.

소설에서 군부대 사람들이 로인의 성묘에 대한 암묵적인 동의와 때로 주는 물질적 도움 역시 '우리'라는 공동체의 범위가 국경의 경계를 넘어서고 력사적으로 배제된 타자에까지 확대됨을 의미한다. 이제 인간의 책임은 자신을 돌보는 데에 그치지 않고 배려와 자선을 베풀고 용서와 리해의 한계를 한폭 더 넓힐 수 있음을 알려주는 이 소설은 분단과 전쟁이라는 력사적 사실을 념두에 두고 한 로인의 따뜻하고 푸근한 이야기로 독자들을 감동시킨다.

조해진의 <빛의 호위>에서 권은은 자신의 카메라로 누군가를 살리는 일에 매달린다. 따라서 목숨을 내걸고 분쟁 지역에 뛰여들어 전쟁의 비극은 인간이라는 것을 세상에 알리고 더 이상 전쟁이 없도록 사람들을 감화시키는 사진작가로 된다. 물론 그녀가 이렇게 진정으로 아름다운 삶을 살 수 있도록 작용한 계기에는 할게 한센, 노먼 마이어, 알마 마이어 등 인물들의 사연이 있다. 그녀는 종군 사진작가인 헬게 한센의 작품을 통해 노먼 마이어, 알마 마이어와 조우하였고 자신과 비슷한 경험을 공유하고 있는 알마 마이어의 삶에서 동질감을 발견한다.

소설은 고아나 다름없는 삶을 살아왔던 권은이 남을 구원하는 존재로 변모하는 과정에 카메라의 렌즈가 끌어모으는 빛을 상징적으로 개입시키면서 한 생명을 구원해주는 빛의 호위를 펼쳐준다. 또한 다큐멘터리 ≪사람, 사람들≫의 이야기를 개입시켜 자신을 구해준 빛으로 또 다른 운명체의 성원들과 뉴대를 형성하면서 더 넓은 세상을 비춰주는 자들의 아름다운 삶의 방식을 보여주었다.

전쟁과 가난의 비극은 무너진 건물이나 배고픔이 아니라 수많은 무고한 인간들의 공포와 고독 및 죽음이다. 작자는 오늘날도 여전히 존재하는 세상 곳곳의 대립과 분쟁을 넘어설 수 있는 길로 서로 구원해주고 배려해주는 증여의 륜리를 제시한다. 어두운 피사체를 둘러싼 빛의 호위처럼 절망에 빠진 인간을 구원하는 일이 세상에서 가장 위대한 일이 일이라는 걸, 그 위대한 일을 실행할 수 있는 유일한 구원자도 인간이라는 걸 보여준다.

이 밖에도 문화와 정치적 배경이 다른 타인을 조우시켜 타문화에 대하여 지녀야 할 태도와 교류할 수 있는 방법을 탐색하고 공동체의 뉴대를 다룬 <중국어 수업>과 <중국인 할머니>, 그리고 각자의 상처를 안고 부딪친 세 사람이 한 지점에서 교차되면서 서로 배려하며 성장하는 <쇼코의 미소> 등 작품들은 모두 개인, 민족, 공동체 사이의 공존의 륜리를 성찰하였다.

오드리 로드(AudreLorde)는 "우리 사이엔 인종, 나이, 성이라는 매우 실제적인 차이가 분명히 존재한다. 그러나 우리가 이 차이 때문에 분렬하는 것은 아니다. 우리는 오히려 이런 차이를 알려고 하지 않기 때문에 분렬한다"[61]고 차별과 억압의 본질을 예리하게 드러낸 바 있다. 차별과 억압이 배제된 조건에서만 국가, 민족, 개인간의 진정한 소통이 이루어질 수 있고 인류의 생존과 발전에 중요한 의미를 가지는 보편적 가치에 대한 공감대가 형성될 수 있다. 한국문학상 수상 작가들은 이러한 인식을 바탕으로, 불안과 위기가 공존하는 시대 속에서도 각자의 고유한 가치를 실현하며 차별과 억압을 극복하고, 공동의 리익과 목표를 향해 나아가는 련대의 정신을 문학적으로 구현하였다.

61 오드리 로드, ≪시스터 아웃사이더≫, 주해연, 박미선 옮김, 서울: 후마니타스, 2018, 195페지.

제4장

2000년-2020년 한국문학상 수상 소설의 서사적 특징

문학 창작은 본질적으로 강한 주관성을 내포한 예술적 행위이다. 작가는 자신의 가치관에 의하여 세계를 해석하고 이를 구체적인 서사방식을 통해 독자에게 전달한다. 즉 주제와 예술적 효과를 명확히 설정한 후 의도에 맞춰 서사를 치밀하게 진행한다.

2000년대 이후 한국 문학의 서사적 경향은 사회의 다원화와 개인의 주체성을 존중하는 시대적 흐름 속에서 새로운 방향성을 모색해왔다. 이에 따라 작가들은 특정 리념이나 가치관을 일방적으로 제시하기보다 다양한 서사적 장치를 활용하여 독자의 해석적 참여를 유도한다. 그중 시점은 개인의 내면을 탐구하는 효과적인 서사 구성 요소로서, 현대 사회에서 인간이 경험하는 심리적 불안과 존재적 고립을 드러내는 중요한 통로가 된다. 또한 소설은 시간의 예술로 규정될 수 있으며, 서사적 시간의 배렬과 전개 방식은 주제 형성과 의미 구조의 중요한 요소로 작용한다. 시간의 구성은 작품의 사상적 지향과 미학적 완성도를 결정 짓는 핵심 변수로서, 작가의 서사 의도와 밀접히 련관된다. 나아가 세밀하고 파편화된 후기자본주의 사회에서 작가들은 다양하고 풍부한 현실 세계에 부합되고 독자들과 소통하기 위하여 여러 가지 서사 전략을 사용한다.

제1절 내적 초점화를 통한 객관성 추구

1. 가변적 초점화를 통한 삶의 다양성 제시

시점은 서술자 또는 인물이 서사문의 사건과 대응하는 위치나 상태, 혹은 서술자거나 인물이 어떤 각도에서 이야기를 관찰하는가를 가리킨다.[1] 즈네뜨는 서사 텍스트에서 '누가 말하는가'와 '누가 보는가'의 문제를 분리하여 제기하였다. 일반적으로 서사 텍스트에서 '말하는 자'의 주체는 서술자가 맡고 '보기'의 주체는 서술자일 수도 있고 서술자가 특정한 이야기 인물을 선택하여 그 인물의 인지 각도에 기대여 서사를 진행시킬 수도 있다. 이로 인해 '서술'과 '초점'의 차이가 생겼다. 즉, 서사 텍스트에서는 '누가 말하는가'와 '누가 보는가'가 일치할 수도 있고 분리될 수도 있으며, 그 결합 형태에 따라 서사의 미학적 효과가 달라진다.

대부분의 소설에서 시점은 갈등, 충돌, 서스펜스를 유발하고 나아가 플롯을 구성하기에 작가는 창작을 할 때 시점을 가장 중요한 요소중 하나로 삼는다. 시점의 차이는 단순한 '보기' 행위의 주체적 변화를 넘어, 그에 수반되는 감정, 심리, 주관적 의식, 나아가 가치관과 세계관 등 더욱 심층적인 의미 체계와 인지 구조가 포괄된다. 따라서 "시점은 주제의 의미를 전달하는 매우 중요한 도구이다. 문자 서사나 영화 서사나 다른 매체의 서사에서 같은 이야기를 서술할 때 관찰 각도가 다르면 현저한 효과를 낼 수 있다"고 말했

1 胡亚敏：≪叙事学≫, 武汉：华中师范大学出版社, 2004年, 第19页。

다.[2]

즈네뜨는 서술자가 등장인물보다 더 많이 알고 더 이야기하는 '무초점화', 서술자가 등장인물이 아는 것만을 말하는 '내적 초점화', 서술자가 등장인물이 알고 있는 것보다 적게 말하는 '외적 초점화'로 류형을 구분하였다. 그는 내적 초점화를 다시 고정적 초점화, 가변적 초점화, 복수 초점화로 나누고 있다.

2000년대에 진입하며 급변한 사회 현실은 새로운 서술 기법을 통해 새로운 내용을 표현하도록 필연적으로 요구하였다. 따라서 작가들은 소설의 다층적인 의미와 심미적 추구에 부응하기 위해 내적 초점화 기법을 선호한다. 내적 초점화의 특징은 서술자가 한 인물이 아는 상황만 말한다.[3] 서사의 초점은 시종일관 한 인물에게 고정된 내부 초점이다. 초점이 서로 다른 인물 사이에서 전환되는 것은 비고정적인 내적 초점화이고 여러개의 시점이 같은 사건에 집중되는 것을 다중적인 내적 초점화라고 한다. 내적 초점화는 사건의 다양성과 인생의 다층적 의미를 전제로 하는 서사 기법으로 생활의 우연성과 가변성을 강조하고 사물의 의미나 본질은 인간의 주관적인 인식에 불과함을 인정한다. 또한 독자로 하여금 자신의 리해력과 상상력을 적극적으로 작동시켜 텍스트의 재구성 과정에 참여하도록 유도한다. 이러한 구성 방식은 전지적 시점에 기반한 서사보다 해석의 난이도는 높지만, 그만큼 형식적 완결성과 내적 의미의 밀도가 높아 예술적 가치가 한층 심화된다.

한국문학상 작가들은 텍스트에 대한 과도한 개입을 지양하고, 인물의 언행과 감각에 초점을 맞춰 서사를 전개하는 경향을 보인다. 이들은 인물의 '보고, 듣고, 생각하는' 과정을 통해 서사의 주도적 권위를 인물에게 맡기고

---

2 申丹、王丽亚：≪西方叙事学：经典与后经典≫，北京：北京大学出版社，2010年，第88页。

3 热拉尔·热奈特：≪叙事话语新叙事话语≫，王文融译，北京：中国社会科学出版社，1990年，第129-130页。

작가 자신은 서술자의 진실한 감각과 자연에 대한 순응의 태도를 드러낸다. 이러한 서술 방법은 부동한 내적 초점화자의 시점을 교차적으로 활용함으로써, 동일한 사건이나 인물을 다층적으로 해석하고 평가할 수 있는 가능성을 열어준다. 더 나아가 외부 관찰자의 위치에 선 독자가 전체 서사의 구조와 의미를 보다 객관적으로 인식할 수 있도록 하는 서사적 개방성을 제공한다.

권여선의 <층>은 인물의 기억과 서술의 차이를 통해 진실에 대한 호기심을 유발한다. 작품에서 인태와 예연은 과거 잠시 교류했던 시간과 관계가 단절된 리유를 서로 다르게 회상한다. 헬스트레이너 인태와 박사과정중인 예연은 자신과 다른 류형인 상대에게 신기해서 매혹된다. 인태는 박사인 예연과 가까워지기 위하여 노력하였고 그녀가 가족에 대해서 물어봤을 때도 발달 장애를 가진 누나의 존재를 밝히지 않는다. 그러나 어느 날 갑자기 예연의 랭정한 태도에 실망을 하다가 결국 련락을 끊게 되는데 그것은 사촌이 그녀에게 마음을 품으면서 자신의 누나에 대해 말해버렸기 때문이라고 생각한다.

그러나 예연이 초점화자로 등장하면서 사실은 달리 서술된다. 예연 역시 인태의 말과 행동에 매료되고 몸매와 직업에 관심을 갖고 있었지만 우연히 누군가와 '미친년'이라고 흥분하면서 욕설 통화를 하는 모습을 보고 충격에 빠진다. 반듯한 청년이라고 생각해 왔던 자신의 어리석음을 느끼면서 거칠고 팍팍했을 인태의 삶에 더 이상 다가가지 않으려고 결심한다. 그러나 시점이 다시 인태에게로 돌아오면서 사실 그 날 인태는 가출후 임신하고 돌아온 누나에 대한 울분을 토로한 것임이 드러나지만 예연의 시점에서 우연히 엿들은 그녀는 전화 상대에 대하여, 욕설을 하는 리유에 대하여 알길이 없었다. 소설은 3인칭 시점을 사용하여 동일한 사건에 대한 두 인물의 부동한 감정과 태도를 서술하면서 두 인물의 내면 활동을 자연스레 드러낸다. 두 인물의 시점에서 재현된 기억이 모두 정확하고 합리적이기 때문에 독자들은 그들이 어긋남에 대하여 더욱 안타까움을 느끼게 된다. 이는 인간이 우연과 필연이 교차하는 삶 속에서 어떻게 무력함과 비극성을 경험하는가를 탐구하려는 작가의 서사적 의도와 맞닿아있다. 또한 부자집 딸 박사와 장애인 누나를 둔 헬스트레이너는 서로 다른 층위의 사람이라는 제목 '층'의 의미를 역시 뒤받침해 준다. 작자는 한 인물에 국한된 시점이 아닌 내적 초점화의 전환을 통하여 궁금증을 일으키면서 서술을 진행하다가 결국 운명의 얄궂은 롱담임이 드러나면서 무력함을 상징적으로 보여준다. 빈번한 시점 전환은 서사의 기복을 이루게 하며 인물의 감정변화를 더욱 세심하게 보여주면서 인간 사이의 오해가 산생하는 리유에 대하여 사고의 공간을 남겨준다.

김인숙의 <빈집> 역시 안해의 시선으로 서술되던 이야기가 남편이 화자로 전환되면서 반전이 나타나는 구성을 이룬다. 안해의 시선을 따라가던 독자들은 그것을 뒤집는 남편의 시점이 등장하면서 놀라움을 금치 못한다. 우선 녀주인공 시점에서 전개되는 이야기는 대부분 남편을 향한 불만과 경멸이다. 남편은 잔정은 물론 요령이나 융통성이 없이 평생 이사짐을 나르며 생계를 꾸려온 사람이다. 그녀는 지난 세월 화물운송으로 다져진 남편의 근육질 몸이 자랑스럽다기보다 불편하다. 그녀는 추리 소설을 읽으며 남편에게도 소설 속 주인공 남편처럼 충격적인 비밀을 소유하길 바라지만 비상금도 없는 남편에게 비밀 같은 건 없다고 확신하며 실망한다. 그러나 공허함 자체를 비밀로 간직한 남편의 이질적인 내면은 섬뜩한 반전을 이룬다. 이 소설의 정점은 마지막에 남편의 시점에서 서술되는 데 있다. 남편은 유산으로 물려받은 쓰러져가는 영천의 집을 자신만의 비밀을 풀어내는 기쁨의 공간으로 간주한다. 거기서 그는 이사하는 집에서 훔친 열쇠들을 키우고 있었고 죽은 진도개를 기르고 있었다. 안해의 눈에는 쓰레기처럼 보잘것없는 한구석이지만 남편은 그 집에서 스스로 무한 번식하는 세상의 전부를 키우고 있었다. 작가는 부부의 교차 시점을 활용하여, 서로 완전히 단절된 두 세계로서의 부부 관계를 형상화한다. 이러한 서술 방식은 모든 인간이 독립된 존재로서 타인의 내면에 완전히 접근할 수 없는 '영원한 타자'임을 드러낸다. 특히 남편의 시점은 한 개인의 내면을 심층적으로 탐색하는 고백적 서사로 기능하며, 의식 깊은 곳의 억압된 감정과 은폐된 욕망을 드러내는 심리적 독백의 성격을 지닌다. 남편의 시점은 또한 안해의 시점과 비교되면서 그의 다중적 성격과 복잡한 심리를 투시하며 서술을 다차원적으로 확장시켜 서술 공간을 립체화시키고 현대인의 심리와 정서를 암시한다.

오늘날의 가변적 초점화는 서술의 객관적 시선을 확보하면서도 인물들이 마주한 현실적 곤경을 다층적으로 제시하는 서사 전략으로 기능한다. 이러한 초점화 방식은 현재의 문제 상황을 단일한 개인의 책임으로 환원하지 않고, 사회, 구조적 요인들이 중첩적으로 작용한 결과로 파악하게 만든다. 따라서 작품 속에서 드러나는 갈등과 고통은 특정 인물의 비극이 아니라, 공동체 전체가 함께 짊어진 시대적 아픔으로 확장되며 공감을 불러일으킨다.

손홍규의 <꿈을 꾸었다고 말했다> 역시 남편과 안해를 초점화자로 내세우면서 남편의 시점을 통해 폭력에 대한 반성을 드러내고 안해의 시점을 통해 남편의 폭력과 가정에 대한 실망을 드러내고 있다. 작가는 사회폭력에 대해 직접 날카로운 비판은 하지 않고 안해의 시점에서 사소한 일상과 세부적인 감정변화를 중점으로 그 심층적인 원인을 파헤친다.

남자는 자신이 걸어온 과거를 회상하며 후회와 자책에 젖어있는 인물이다. 남자의 자식들은 가출하거나 사라졌고 안해는 가사일을 거부한 채 롱성장소에서 시위중이다. 가족이라는 허울 아래 간신히 유지되고 있는 가정은 그의 가부장제 관념에 파산되였다. 가장이라는 지배욕은 자식에 대한 폭력과 안해에 대한 랭정함으로 나타났고 부모의 재산을 독차지하여 사업에 투자하였으나 실패한 결과 치매에 걸린 어머니를 부득불 어려운 녀동생의 집으로 보내야 했다. 소설에서 남자의 시점은 과거를 회상하는 방식으로 진행되는데 이는 그가 지나온 삶을 돌이켜보면서 드러나는 참회와 고통 및 절망을 절실하게 표현한다.

안해는 남편을 묵묵히 견뎌내면서 가정을 지키려고 했다. 지긋지긋한 현실 앞에서도 가족이라는 울타리가 안전감과 행복감을 안겨준다고 굳게 믿고 있지만 어느 순간부터 주방에만 들어서면 구토를 시작했다. 그것은 그동안 참아왔던 남편에 대한 분노가 잉태되여 맺혀진 한이자 억압되여 살아온 자신에 대한 혐오와 반항이였다.

> 언젠가 남편이 방바닥에 머리를 처박고 죽은 것처럼 쓰러져있는 걸 보았을 때 그는 남편을 내버려둔 채 도망 가버렸다. 왜 그랬는지는 그도 모른다. 굳이 헤아리자면 놀랐을 때 손으로 입을 가리는 것과 같은 습관적인 행동일 뿐이였다. 사태를 파악하고 재빠르게 대응하는 재주는 원래부터 없었다. …달려가서 남편을 일으키든지 신고를 하든지 뭔가 해야 했는데 아무 것도 할 수 없었어. 뭘 해야 한다는 생각은 들었지만 자꾸만 몸과 마음이 남편에게서 멀어지려고 했으니까.[4]

> 안방 문이 비긋이 열렸고 안해가 멈칫하는 게 느껴졌다. 여보…. 그는 대답하지 않았다. 여보…. 안해의 목소리에 약간의 두려움이 실려있었지만 그는 대답하지 않았다… 안해가 다가와 그를 부축해 똑바로 뉘여주기를 바라면서…[5]

이렇게 자기 립장에서만 서술하는 가변적 초점화는 각자의 시점에서

---

4 손홍규, ≪꿈을 꾸었다고 말했다(2018 제42회 리상문학상 작품집)≫, 서울: 문학사상, 2018, 96페지.

5 손홍규, ≪꿈을 꾸었다고 말했다(2018 제42회 리상문학상 작품집)≫, 서울: 문학사상, 2018, 81페지.

담는 의미가 또 따로 있다. 안해의 시선은 폭력이 한 가정의 붕괴를 이끌어가고 남편의 폭력과 무능함을 지적하는 장치로 활용되면서 서민들의 삶의 고단함과 삶을 파괴하는 폭력의 문제를 끌어낸다. 한편 남편의 시점은 과거에 대한 회상과 반성을 통해 후회와 용서의 가능성을 탐색한다. 작가는 폭력의 종결을 제도적 해결에 두지 않고, 인간 내면의 변화와 타자에 대한 공감의 회복을 통해 서사의 의미를 확장한다.

윤이형의 <그들의 첫번째와 두번째 고양이>는 이야기의 서두부터 결말에 이르는 동안 안해 희은과 남편 정민이가 번갈아 가면서 초점자로 등장한다. 가변적 초점화는 소설 내적 상황을 바라보는 방식을 달리함으로써 인물의 내면세계를 구체적으로 드러내고 단일 초점자에 의한 서술의 한계를 극복하는 기능을 발휘한다. 소설에서도 결혼을 위해 자신을 희생시키는 정민과 희은의 립장을 각기 다른 두겹의 시점으로 결혼에서부터 출산, 육아, 생계에 이르기까지의 복합적인 현실을 바라보게 해주고 있다.

그들이 키우는 첫번째 고양이가 죽었을 때 희은은 정민에게 문자를 보냈지만 정민은 한동안 대답이 없었고 평소처럼 똑같이 아이를 데려오고 씻기고 먹였다. 처음 죽음을 맞이하는 희은은 슬픔을 받아들일 수 없어 고양이를 화장시키고 유골을 갈아 가루가 된 것을 스톤으로 만들어 기념으로 남기고 저녁 여덟시 반에야 집으로 돌아가는 택시를 불렀다. 희은은 누구도 고양이의 죽음을 함께 슬퍼해주지 않는 데 화가 나고 외로웠다.

그러나 초점이 정민에게로 전환되면서 그 날에 대한 기억은 다른 방식으로 서술된다. 삶이 '생존을 위한 행동뿐'인 정민에게 고양이에 대한 극심한 슬픔이나 분노는 허락되지 않았다. '건더기가 없는 묽은 된장국'과 김치만 있는 점심을 먹으면서 사진 속에 담긴 고양이의 마지막 모습을 본 정민은 관리팀장에게 반차를 내려고 생각했지만 거절을 당한다. 어쩔 수 없이 지친 몸을 끌고 아이를 데려와서 먹이고 설겆이를 하고 택시를 타고 고양이 장례

식장에 갔지만 피로 때문에 도착한 다음부터는 기억도 잘 나지 않았다. 모든 것이 끝나고 집으로 돌아가 아이를 씻겨주고 재운 뒤 까무러치듯 잠이 들었지만 여섯시간 뒤 다시 일터로 나가야 했다.

이처럼 정민과 희은은 나름의 노력으로 가정과 자식을 위해 자신을 헌신하지만 결국 서로에 대한 리해가 한계에 이르면서 폭발한다.

> 거기에 정민이 적어놓았다. 죽고 싶다고, 꿈도, 사랑도 미래도, 아무 것도 없다고, 의무뿐이라고, 죽고 싶은데 죽을 수도 없으니 자신을 못 죽게 하는 모두를 없애고 자신도 죽고 싶다고.
>
> 정민은… 언제나 말로는 힘들지 않다고, 괜찮다고 했지만 가끔씩 주먹을 꽉 쥐고 조금씩 떨면서 이를 악물기도 했다. 그럴 때 그는 완전히 낯선 사람 같았는데 희은은 그 모습이 무서워서, 또한 자신이 정민을 그렇게 만들었다는 생각을 하고 싶지 않아서 늘 모른 척만 했었다.
>
> 희은은 몸이 덜덜 떨렸다. 자신과 초록이 위험하다고 느꼈다. 다른 누구도 아닌 그런 사건을 겪은 나에게, 어떻게 이럴 수가 있을가, 희은은 생각했다.[6]

> 정민은 기억이 나지 않았다. 정말로, 기억이 나지 않았다. 그래서 그런 자신이 아니라고, 그저 스트레스일 뿐이라고 다시는 그런 일이 없을 것이니 제발 용서해달라고 엎드려 빌었다.
>
> 정민은 희은의 폭언과 욕설을 들었고, 던져지는 물건들을 묵묵히 맞았다. 용서를 구했으나 굴욕감이 온몸을 가득 채웠고, 희은이 너무 심한 말들을 했기 때문에 마음에 상처가 났다.[7]

---

6 윤이형, ≪그들의 첫번째와 두번째 고양이(2019 제43회 리상문학상 작품집)≫, 서울: 문학사상, 2019, 64페지.

7 윤이형, ≪그들의 첫번째와 두번째 고양이(2019 제43회 리상문학상 작품집)≫, 서울: 문학

우의 단락은 힘들 때 정민이가 몇줄 적었던 일기를 우울증에 걸린 희은이 보게 되면서 희은과 정민의 시점에서 각기 서술된 이야기로 그들의 결혼이 철저히 깨져버리게 된 리유를 밝혀준다. 작가는 결혼의 파국은 누구의 잘못도 아닌 생계와 육아의 피로에 의한 것임을 두 부부의 초점에서 교차시켜 서사를 이어가면서 드러낸다.

과거 리얼리즘 소설은 정면에서 현실을 치열하고 랭혹하게 비판해야 그 가치를 인정받았다. 그러나 2000년 이후 한국문학상 수상 소설들은 시점에 의한 가변적 초점화를 활용하여 인물의 내면 공간을 확장하고 현실의 다면성을 구현한다. 이들 작품은 동일한 사건과 인물을 서로 다른 시점에서 재현함으로써 사건의 복잡성을 립체적으로 드러내며 독자로 하여금 보다 객관적이고 다차원적인 해석을 시도하게 한다. 이러한 서사 방식은 단일한 가치 판단을 류보하고 타인의 립장에서 사고하고 공감하도록 유도한다.

또한 동일한 사건에 대한 부동한 서술 각도는 모든 경험이 다층적 의미를 내포하고 있음을 환기하며, '진실' 그 자체보다 진실이 생성되는 서술의 과정을 더욱 중요하게 만든다. 나아가 서술 시점의 자유로운 전환은 작품의 긴장감과 궁금증을 증폭시키고 독자의 독서 경험을 확장시키는 예술적 효과를 발휘한다. 결국 한국문학상 수상 작품들에 나타난 가변적 초점화는 현실 인식의 새로운 방법론으로서, 사물과 인간 존재의 다양성을 인정하고 현대인이 직면한 변화의 양상을 간접적으로 조명하는 문학적 전략이라 할 수 있다.

2. 고정 초점화를 통한 현실적 효과 창조

서사 문학의 본질적 미학은 바로 서술자와 이야기의 관계를 어떻게 적절

사상, 2019, 65페지.

하게 처리하는가에 나타난다. 러보크는 <소설의 기법>에서 소설의 복잡한 표현 방법은 결국 시점 문제라고 하였는데 이 '시점의 문제'가 바로 서술 시각이며 '이야기를 관찰하는 각도'를 가리킨다.[8] 서사문학에서 가장 의미 있는 문제중 하나로서 시각은 주제의 의미를 전달하는 매우 중요한 도구이다. 앞서 말했듯이 즈네뜨는 '서사담론'에서 무초점화, 내적 초점화, 외적 초점화로 나누었다. 내적 초점화는 모든 일이 한 사람 또는 몇 사람의 감수와 의식에 따라 나타난다. 그것은 온전히 한 사람 또는 몇 사람의 감각기관으로 보고, 듣고, 이 인물들이 외부에서 받은 정보와 발생 가능한 내면 활동만 전달하고, 다른 인물에 대해서는 방관자처럼 접촉만으로 그 사상 감정을 추측한다.[9] 특히 '1인칭 소설'이나 '3인칭 소설'로 이루어진 고정적인 내적 초점화는 한 인물의 시각에서 보고 들은 것을 보여주기 때문에 인물의 내면 모순과 충돌을 생동하게 드러내고 인물과 독자의 거리를 단축시켜 독자로 하여금 일종의 친근감과 현실감을 얻게 한다. 1인칭이든 3인칭이든 서술자의 시각은 시종 인물의 내면에서 비롯되고 이야기는 인물의 의식 흐름과 세계에 대한 주관적인 경험에 따라 진행된다.

한국문학상 수상 작품들도 고정된 내적 초점화의 방법을 여전히 자주 사용하고 있다. 그것은 일상을 바탕으로 해서 일어나는 미시적인 이야기들을 다루는 데 있어 인물의 내면세계를 탐색하고 주체적 의식을 심층적으로 드러낼 수 있으며 인물의 감정과 사고의 흐름을 통해 인간 존재의 상태와 삶의 방식을 형상화할 수 있다. 따라서 내적 초점화는 내면의 자아를 선명히 부각시키는 동시에 현대인의 보편적 정신 구조를 탐구하게 하며, 더 나아가 자아와 외적 세계의 상호 관계를 조망함으로써 현대 사회에서 인간이 직면한

---

8 申丹、王丽亚：≪西方叙事学：经典与后经典≫，北京：北京大学出版社，2010年，第88页。

9 胡亚敏：≪叙事学≫，武汉：华中师范大学出版社，2004年，第27页。

생존의 곤경과 정신적 비극의 근원을 성찰하게 하는 현실적 의미를 지닌다.

한국문학상 수상작품들은 흔히 1인칭 '나'의 말투를 통해 이야기를 관찰하고 이야기하는데 '나'는 사건의 서술자이자 사건의 초점자이다. 독자는 읽는 과정에서 인물 내면에 깊이 침투하여 그들의 사고와 감정을 리해하고 공감하며 서술자가 암묵적으로 제시한 도덕적 립장과 가치 판단을 내면화하며 현실적으로 체험하는 경험을 느낀다. 김이설의 <부고>에서 1인칭 주인공 시점인 서술자 '나'는 어린시절부터 현재까지 겪었던 이야기를 이끌어 나가면서 독자들에게 직접 그 내면의 상처와 고통을 드러내여 동정을 불러일으킨다. 우선 주인공 '나'는 생모가 외도로 집을 가출하면서부터 체험했던 고독과 아버지의 권위로 억압이 넘쳐나는 암울한 시기를 회상하면서 가족에 대한 자신의 감정을 보여주는 데 치중한다. 주인공에게 가족은 혈연이 빚어준 관계외에 아무런 의미도 없었다. 가부장적이고 자존심이 강한 아버지는 가족의 치욕은 용납할 수 없었고 자식의 반항은 더우기 용서할 수 없었다. 따라서 엄마가 없다는 걸 표 내면 따돌림을 받으니까 함부로 가족 이야기를 하지 말고 말수가 적어야 귀여움을 받는 녀자애가 된다고 강조했다. 열일곱살 여름 '나'는 이복오빠한테 성폭행을 당하지만 아버지는 체면 때문에 신고를 반대했고 '나'의 존재는 집안의 비밀이 되였다. 이렇게 모든 것을 삭이고 조용하게 지내야 하는 주인공의 내적인 불만을 작자는 1인칭 시점으로 서슴없이 토로하며 인물의 고통과 수치를 드러냈다.

> 아버지가 바라는 대로 자라면 되는 줄 알았다. 그것이 아버지의 사랑을 받는 일이라고 여겼다. 그런데 아니였던 것이다. 차라리 못된 것을 해서 실컷 두들겨 맞기라도 했다면 아버지에게 조금 더 살가운 부정을 느꼈을지도 모르겠다. 그러나 나는 어떻게 나를 표현해야 하는지 몰랐다. 아버지가 침묵을 강요했기 때문이다.[10]

전반 소설에서 주인공의 독백으로 가장 강렬하게 표현한 것은 현실 앞에서 저항하지 못하고 스스로 폐쇄적인 행동을 선택하게 된 무력함과 고독이다. 결국 침묵을 강요하는 지배적인 아버지 앞에서 '나'는 감정 결핍과 주체성을 잃어버린 인물로 자신의 삶조차 지키기 힘든 인물로 성장한다. 이렇게 작가는 주인공 스스로 과거의 경험에 대한 제시를 통하여 오늘날 사랑을 추구하면서도 현실에 타협하고 도피하려는 모순된 심리를 가지게 된 리유를 보여준다. 길들여진 삶을 살아온 주인공은 현재의 남자친구와도 결혼을 약속받지 못한 채 비밀 련애를 하다가 임신 중절을 하고 버림을 받는다. 이처럼 소설은 고정된 내적 초점화를 통해 주인공이 경험한 과거의 불행과 현재의 공허함을 교차적으로 드러내며 그 과정에서 인물이 의식하지 못했던 내면의 상처를 자연스럽게 표면화한다.

고정 초점화에 기반한 내적 독백과 심리묘사는 자아의 내면세계를 심층적으로 탐색하고, 독자로 하여금 인물의 상황에 대한 련상을 감각적으로 환기하도록 하는 서사적 전략으로 기능한다. 즈네뜨는 다음과 같이 강조했다. "내적 독백은 틀림없이 내적 초점화이다. 왜냐하면 이 때의 중심 인물은 그의 유일한 초점 위치에 절대적으로 처해있으며 오로지 그 위치에서 연출되기 때문이다."[11] 서술자는 인물과 독자 사이에 개입하지 않고 인물이 소리없는 언어로 독자에게 내면의 은밀하거나 의식적인 활동을 직접 전달하도록 한다. 손홍규의 <소설이 오셨다>의 주인공은 자신의 내적 독백을 통하여 나중에 그가 소설을 쓰게 되는 동기를 제시하고 있다. 그는 자신이 속물스러운 부자 아버지와 가난하지만 랑만적인 령혼을 가진 소설가 어머니의 억지 교미하에 태여난 결과물이라고 생각한다. 따라서 어머니는 '나'의 존재를

---

10 윤성희 등, ≪2011 황순원문학상 수상작품집≫, 서울: 문예중앙, 2011년, 228페지.

11 热拉尔·热奈特：≪叙事话语新叙事话语≫, 王文融译, 北京：中国社会科学出版社, 1990年, 第132页。

평생 인정하기 싫어했고 누구보다 자신을 랭정하게 대하였으며 엄마라고 부르지조차 못하게 하였다. 그는 소설가의 어머니를 따라 문학 공부를 하면서 자신을 새로 쓰려고 하지만 여전히 어머니의 반가움을 사지 못했다.

> 그러나 헌사를 쓰고 그에게 책을 부치는 순간까지도 나는 정체를 알 수 없는 불길한 예감에 사로잡혔다. 이런 예감은 늘 편두통처럼 찾아왔다. 조만간 사라질 불안감이라는 사실을 안다 해서 그 순간이 견딜 만한 건 아니였다. 책을 보낸 뒤에야 나는 깨달았다. 내 소설의 배후에 똬리를 튼 은밀한 욕망을 그가 찾아낼지도 모른다. 이게 바로 내 불안감의 정체였다.[12]

이 부분은 늘 어머니한테 인정받고 싶은 욕망을 가지면서도 또 거부당하는 불안감에 휩싸여있는 심리적 갈등을 겪는 부분이다. 작자는 1인칭 내적 초점화로 자신을 피줄로 여기지 않고 오직 아버지의 흔적만 찾아보면서 경계하는 어머니를 리해하지 못하고 화자의 지속되는 고통과 소설 쓰기를 통해서 자신의 존재감을 되찾으려 하는 결심을 보여준다.

한편 아버지는 문학과 예술을 웃음거리로 치부하는 사람이다. 범속한 아버지는 억지로 가로챈 엄마를 '아들을 시기하고 질투하는 녀자'로 정의하는 볼품 없는 사람이다. 주인공은 강제적으로 자신을 만든 아버지에 대한 원망으로 가득차있기에 아버지를 거부하면서 자신의 존재가 정당화되기를 원한다.

> 그는 밑줄을 그을 필요가 없었다. 부러 가로수를 들이받은 그는 상상하지 않아도 우주가 어떤 방식으로 존재하는지 알았을 것이다. 비렬하게 존재한다.

---

12 한국현대소설학회, ≪2010년 올해의 문제소설≫, 파주: 푸른사상사, 2010년, 229페지.

> 이것이 바로 그와 무관한 세계의 의지다. 그가 물려준 더러운 유전자가 내게 그렇게 속삭였다. 엄마를 믿지 말라고. 어리석은 유전자. 언젠가 너도 버림받으리라. 모든 사라진 것들을 상상의 가치가 있는 법이라는 걸 모르면서 내가 소설을 쓰는 게 아니라는 걸 영영 아버지는 모를 테지만.[13]

이 부분은 주인공이 아버지에 대한 감정을 드러낸 부분이다. 아버지가 물려준 유전자는 '더럽'고 '어리석'다고 생각한 그는 소설 쓰기를 통해 자신의 정체성에 대하여 반성하고 인정을 받으며 과거를 새롭게 고치고저 하는 욕망을 토로한다. 그는 자신의 생애를 다시 쓰고저 하지만 자기 정체성에 대한 질문과 타자와의 관계에서 비롯되는 불안감을 드러낸다. 이러한 내적 불안은 작품 전체를 관통하는 심리적 핵심으로 작용하며 고정된 내적 초점화를 통해 구체화된다. 작가는 1인칭 내적 시점을 사용하여 화자와 부모 사이의 간극, 소외감, 그리고 그로 인한 실존적 회의를 단계적으로 드러낸다. 이를 통해 서사는 화자의 내면 세계의 경계를 확장하고, 끊임없이 변주되는 정신의 흐름을 정교하게 포착한다.

한국문학상 수상 작가들은 1인칭 내적 초점화로 모든 걸 혼자 감당해야 하는 현대인들의 상처를 가족 구도에서 보여줄 뿐만 아니라 사회 생활에서도 보여준다. 시점은 서술 주체가 세계를 인식하는 관찰의 각도를 결정할 뿐만 아니라 세계 속의 그 자신의 위치도 함께 파악시킨다. 따라서 내적 초점화는 현대인이 겪는 소외와 정신적 고통을 선명하게 드러내는 서사적 장치로도 기능한다. 박민규의 <근처>는 성실하면서도 무미건조하게 바쁜 직장생활을 하다 뜻밖에 암 선고를 받고 퇴직한 마흔살의 독신 남자 '나'의 시점에서 지나온 과거와 일상을 틈틈이 서술하면서 인생에 대한 허무함을 드러낸다.

---

13 한국현대소설학회, ≪2010년 올해의 문제소설≫, 파주: 푸른사상사, 2010년, 248페지.

'나'는 규칙적으로 바쁘게 산 나머지 결혼도 하지 못하고 순식간에 언제 죽을지 모르는 시한폭탄을 끌어안고 살아가는 인간이 되였다. 작가는 고정된 내적 초점화로 얼마 남지 않은 삶을 부둥켜안고 끝없이 깊은 체념에 이른 주인공의 주된 정서를 소설 속에 관통시킨다. 그러다 어릴 적 친구 순임과 련인 사이처럼 지내면서 잠시 가정을 이룬 듯한 느낌을 경험하지만 돈을 빌려달라는 그녀의 요구에 덤덤해진다.

> 나는 혼자다. 혼자인 것이다. 찾아 나설 안해도 없다. 설사 네명의 자식이 있다 해도 나는 혼자일 것이다. 이 얼마나 다행한 일인가... 문득 혼자서, 혼자를 위로하는 순간이다. 삶도 죽음도 간단하고 식상하다. 이 삶이 아무 것도 아니란 걸, 스스로가 아무 것도 아니란 걸, 이 세계가 누구의 것도 아니란 걸, 나는 그저 떠돌며 시간을 보냈을 뿐이란 사실을 나는 혼자 느끼고 또 느낀다. 나는 무엇인가? 이쪽은 삶, 이쪽은 죽음... 나는 비로소 흔들림을 멈춘 라침판이다. 나는 누구인가? 나는 평생을
>
> '나'의 근처를 배회한 인간일 뿐이다.[14]

화자는 지금까지 자신의 생이 그저 삶의 근처를 방황하는 것에 불과하고 그런 삶도 거의다 끝났음을 감지한다. '나'는 마치 대화를 나누듯 자신의 경험과 내면의 감정을 세밀하면서도 절제된 어조로 서술함으로써 독자와의 정서적 거리를 좁히고 자연스러운 공감을 유도한다. 이러한 진정성 있는 감정 표현은 독자의 신뢰를 형성하며, 독자가 서술자의 립장에 동참하도록 함으로써 작품 내부의 세계로 깊이 진입하게 한다. 독자는 현실 속 자신의

14 박민규 등, ≪제9회 황순원문학상 수상작품집≫, 서울: 중앙북스, 2009년, 39페지.

생활 경험이나 정서를 서사 속 허구적 '나'와 동일시하는 경향을 보이는데 이 때 고정된 내적 초점화는 독자의 감정적 몰입을 심화시키고 자아 성찰을 촉발하는 효과를 발휘한다.

고정적 초점화를 통하여 상황을 확대시켜 보여주는 방법은 '3인칭 소설'에도 똑같이 나타난다. 황정은의 <누가>는 도시 하층민의 고달픈 삶과 그 감정적 결을 '그녀'라는 인물의 시선을 통해 생생하게 재현한다. 우선 '그녀'가 원래 살던 '월촌'이라는 동네는 오르막에 분식집에서 대여점으로, 가게로, 부동산업자로 끊임없이 누군가를 쫓아내고 대체하던 공간이다. 그 곳에서 '그녀'는 친절함으로 무장한 가식적이고 인위적인 인간의 얼굴들을 목격하게 된다. 그것마저 안되는 장사에 가게는 결국 핸드폰 가게로 대체되였지만 그녀는 핸드폰 가게에서 밤낮없이 틀어대는 시끄러운 음악에 견디지 못할 정도로 로출되다가 결국 마을을 떠나게 된다. 소음을 피해 새로운 집으로 이사 간 '그녀'는 시끄러운 웃층집과 아무런 소리도 없이 죽은듯이 지냈던 로인이 살던 집에 대한 진실한 감각을 더욱 상세히 그려낸다.

작자는 '그녀'의 시선을 통하여 그녀가 속한 계급사회를 객관적으로 펼쳐보인다. 무엇보다 이 작품은 고정된 내적 초점화를 통해 한국 사회 현실에 대한 개인의 절망을 생동하게 그려나간다. 작자는 월촌의 오르막길, 지하철 풍경, 인터폰 구멍으로 보이는 이웃 주민들 등 그녀의 시선에 펼쳐지는 여러가지 광경과 거기서 느껴지는 피로와 인간에 대한 실망, 그리고 자신이 처한 계급에 대한 절망과 그것을 벗어날 길이 없는 무력감을 절실하게 보여주었다. 특히 '이제 사람이 싫어졌다'는 그녀의 고백에서 참고 있는 그 울분과 정신적 피로함이 잘 전달되여있다. 끊임없이 대체되는 세상에서 껍데기뿐인 현대인의 모습이 암울하면서도 사실적으로 전달된다.

편혜영의 <토끼의 묘> 역시 고정된 내적 초점화로 주인공의 시선에 담긴 근무지는 소통도 진심도 보이지 않는 기계적인 업무를 반복하는 공간이고 회사원들은 서류더미 우에 쌓여진 서류와 같이 쓸모 없는 위치임이 드러난다.

> 어느 틈에 말없이 홀로 지내는 데 익숙해져있었다. 도시로 온 후 그가 나눈 가장 긴 말은, 담당자와의 대화를 제외하면 상점 주인에게 가격표가 붙어있지 않은 정미된 쌀의 가격을 물은 게 다였다. 그는 사실 자신이 오래동안 누군가와 얘기를 나누지 않았다는 것도 별로 의식하지 못했다. 그러다가 문득 동영상 속 남자에 대한 두려움에 사로잡혀 무차별적으로 휘두르는 칼의 피해자가 자신이 될지도 모른다는 생각이 들어 자신이 이 도시에서 아무와도 친교를 나누지 않았다는 것을 깨달았다.[15]

그는 매일 소통이 부족한 생활에 마비되였지만 무차별 폭행 사건이 일어나자 공포감이 다시 나타난다. 그러다 스스로의 역할을 확인하지 못해 사라진 상사의 립장을 공감하면서 무단결근을 하고 파견 종료 기한이 되자 떠난다.

소설은 인물의 주관적 정신 세계를 통해 기계화된 일상 속에서 주체의 내면이 점차 붕괴되여 가는 과정을 드러낸다. 작품 전반에는 현실을 변혁하려는 적극적 의지보다 내적 초점화를 통한 랭정한 관찰의 시선이 두드러지고 현실의 잔혹한 단면을 응시하면서 인간의 무력함에 대한 풍자를 보여준다.

이 밖에도 <옥수수와 나>는 '나'의 시점을 통해 자아의 무용함을 직시하고 그로 인한 공허와 혼란한 심정을 드러낸다. 작품의 서술은 리상과 현실 사이의 간극 속에서 방황하는 내면의 독백으로 이어지며, 시대의 변두리에 위치한 잉여적 존재의 초상을 형상화한다. <최미진은 어디로>의 '나'는 생활의 곤궁 속에서 스스로를 책망하며, 자신의 주관적인 느낌에서 사회의 잔혹

15 편혜영, ≪저녁의 구애≫, 서울: 문학과 지성사, 2011년, 23페지.

함을 고발한다. 또한 <양의 미래>의 '나' 역시 내적 초점화를 통해 현실 세계를 포착하고 개인의 무능력과 우울, 그리고 분노의 정서를 표현한다. 이처럼 고정된 내적 초점화는 화자 '나'의 의식을 서사의 중심 축으로 삼아 내면의 갈등과 정서의 변화를 점진적으로 고조시키며 전개하고 독자로 하여금 공감과 현실 인식의 감각을 환기시키는 효과를 발휘한다.

제2절 서사 속도의 변화를 통한 주제의 암시적 의미 전달

1. 서사 시간의 가속화를 통한 생명존중 의식 부각

즈네뜨는 <서사담론>에서 서사 시간을 사건이 겪은 시간과 이 사건을 서사한 시간,[16] 즉 '이야기 시간'과 '서사 시간'으로 나눈다. '이야기 시간'은 '이야기에서 사건이 련속적으로 발생하는 과정이 나타나는 시간 순서'를 말하고 '서사 시간'은 '이야기 사건이 서사에서의 가짜 시간 순서'(伪时序, pseudo-temporal order)를 말한다.[17] 또한 이야기 시간은 '이야기 내용에서 허구 사건 사이의 전후 관계'[18]로 "독서 과정에서 일상생활의 론리에 따라 그것을 재건"해야 하지만 서사 시간은 "작가가 이야기 내용을 창작하고 가공하여 독자에게 제공하는 텍스트 질서"[19]이다. 서사의 시간은 일종의 선형적 구조를 지니지만, 이야기가 발생하는 시간은 립체적인 성격을 띤다. 이야기에서 여러 사건이 동시에 발생할 수 있으나, 언어 특성상 그것들을 하나하나 서술

16 热拉尔·热奈特：≪叙事话语新叙事话语≫, 王文融译, 北京：中国社会科学出版社, 1990年, 第13页。

17 热拉尔·热奈特：≪叙事话语新叙事话语≫, 王文融译, 北京：中国社会科学出版社, 1990年, 第36页。

18 童庆炳:≪文学理论教程≫, 北京：高等教育出版社, 2004年, 第252页。

19 童庆炳:≪文学理论教程≫, 北京：高等教育出版社, 2004年, 第252页。

할 수밖에 없다. 따라서 작가가 어떤 방식으로 시간의 흐름을 배치하고 조정하느냐에 따라 텍스트의 미적 효과와 의미 구조는 달라진다. 서사 시간은 이야기 시간을 단순히 반영한 것이 아니라, 서술자가 그것을 재구성하고 편집한 결과로서 서사적 장치에 해당한다. 독자는 이러한 재구성된 시간 배열 속에서 일상적 시간 감각과 인과 론리에 근거하여 이야기의 원래 시간적 순서를 복원하게 된다.

시간은 또한 사건의 배렬과 관련된 상황으로 순서(时序), 지속(时距), 빈도(时频) 등 세가지 범주에서 고찰할 수 있다. 그중 지속은 서사 시간과 이야기 시간의 길이 관계, 즉 속도 관계[20]를 가리키며 이를 통해 서사 속도와 리듬을 확정한다. 지속은 생략, 요약, 장면, 연장, 휴지로 나눌 수 있다. 서사 시간이 이야기 시간보다 짧게 나타나는 요약은 텍스트에서 한 단락의 이야기 시간을 짧은 편폭으로 압축하는 것을 말한다. 이는 대부분 이야기의 배경이나 인물 소개와 같은 대략적인 서사에 사용되는데 중요한 서술을 두드러지게 나타내기 위해 서사의 리듬을 가속화시킨다. 생략이란 서사 시간이 0으로 존재하지 않는다. 즉 서술 과정에서 이야기를 할 필요가 없거나 문자로 드러내기 어려운 사건을 생략함으로써 서사의 리듬을 가속화시키는 것을 가리킨다. 생략이 조성한 '공백' 부분은 독자의 상상력과 창조력을 자극할 수 있다. 간단히 말해서 요약과 생략은 '상대적으로 짧은 언어로 비교적 긴 시간 동안 발생한 사건을 서술'[21]하는 것으로 사건이 지속되는 물리적 시간이 비교적 길고 텍스트의 편폭이 비교적 짧을 때 서사 시간이 가속화된다는 것을 의미한다.

문학이 사회의 거울로 기능한다는 점에서, 소설 속에서 력사적 혹은 사회적 사건이 전개되는 것은 자연스러운 서사적 귀결이라 할 수 있다. 그러

---

20 热拉尔·热奈特：≪叙事话语新叙事话语≫, 王文融译, 北京：中国社会科学出版社, 1990年, 第13页。

21 童庆炳:≪文学理论教程≫, 北京：高等教育出版社, 2004年, 第255页。

나 21세기 한국문학상 수상 작가들은 이러한 사건을 직접적이고 사실적으로 재현하기보다, 서사적 밀도를 조절하여 사건의 구체적 전개를 최소화한다. 그들은 제한된 언어와 압축된 표현을 통해 실제 사건의 물리적 시간을 단축시키며, 서사 속에서는 사건의 외형적 재현보다 내면적 울림에 집중한다. 이로 인해 이야기의 시대적 배경이나 현실적 맥락은 희미해지지만, 오히려 력사적 사실에 대응하는 인물의 륜리적 각성, 생명에 대한 존중, 인간 존재의 존엄성과 같은 주제가 더욱 두드러지게 부각된다.

6.25전쟁과 분단, 광주 항쟁 등은 한국현대사는 물론이고 한국현대문학사에서도 핵심적인 대사건으로 오늘날까지 깊은 상처와 통증을 유발한다. 그 잔혹한 비극이 초래한 고통은 집단적 트라우마를 조성하였고 현재까지 작자들은 력사적 사건들을 계속해서 다루고 있다. 그러나 이러한 사건들을 소재로 한 문학 창작에서 작자들은 전쟁의 가혹한 과정 자체를 묘사하는 데 심혈을 기울이지 않고 오히려 이야기를 하는 과정에서 랭정하고 개괄적인 서술 방식으로 력사 사건을 간소화하여 배경으로 설정하고 그것을 견뎌내는 인간을 표현하는 데 중심을 두었다.

김연수의 <뿌넝쒀>는 주인공이 수십년전에 인민지원군으로 6.25전쟁에 참여한 과정을 회상하는 이야기다. 그러나 작자는 구체적인 전쟁 과정을 묘사하지 않고 1950년 10월 19일 인민지원군이 압록강을 건너서부터 1951년 4월 12일까지 발생한 력사적 상황을 요약해서 서술하면서 서사 시간을 가속화 처리시킨다. 여기서 이야기 시간은 반년이지만 서술 시간은 소설 앞부분에서 간혹 날자별로 한줄씩 개괄되다가 마지막 부분에서 아래와 같이 한 단락으로 압축해 버리고 상세한 전쟁 과정은 생략되여있다.

2월말까지 인민지원군과 조선인민군은 주력을 38도 선까지 퇴각시켰다네. 3월 7일, 미군과 괴뢰군은 5개 군단의 도합 14개 사단, 3개 려단, 2개 련대의 병력을 집중시켜 모든 전선에서 전반적인 공세에 나섰다네. 3월 14일, 인민지원군과 조선인민군은 서울에서 철수했으며 이튿날 미군 제3사단과 괴뢰군 제1사단이 서울을 점령했다네. 3월 23일, 적들은 고양, 의정부, 가평, 춘천 일선을 점령하고 미군 187공수려단을 문산에 투입해 인민군 제1군단의 퇴로를 막았다네, 4월 10일, 전선은 한강 입구에서 림진강을 따라 38도 선 이북 부근 지구를 거쳐 양양 일선까지 올라왔다네. 그리고 4월 12일, 적들은 진공의 주력을 철원, 평강, 금화지구, 즉 철의 삼각지대에 집중시켰다네.[22]

또한 김연수는 전쟁의 참혹함에 대한 서술도 최대한 생략하고 소설 속에 나오는 인물들이 읊조리는 시를 통해서 비참한 현장을 형용한다. "묻노라, 매화꽃이 어디에 떨어졌기에 / 하루밤 사이에 바람에 불려 관산에 가득히 펴졌단 말인가"[23]라는 구절은 매화의 락화를 통해 전쟁터에 널린 병사들의 주검을 암시하며, 짧지만 압축적인 시적 이미지로 생명 상실의 비극과 전쟁의 잔혹성을 환기한다.

작자는 력사는 '책이나 기념비에 기록되는 게 아니라 인간의 몸에 기록되는' 것을 보여주기 위해 전쟁에 대한 서사 시간은 가속화로 처리시키고 주인공이 경험한 죽음과 사랑, 그리고 그것이 남긴 신체적, 정신적 상처를 중심에 두어, 거대한 력사 속에서 한 개인이 감당해야 했던 고통과 흔적을 보여준다. 이러한 서사 전략은 '성공적인 격퇴'라는 력사적 문장 뒤에 감춰진 수많은 희생과 감정을 환기하며, 기록되지 않은 개인의 생애가 력사 서사의 공백 속에서 어떻게 존재하는지를 탐색하려는 시도로 읽힌다.

정이현의 <삼풍백화점> 역시 한국의 대형사고인 삼풍백화점이 무너진

---

22 김연수, ≪나는 유령작가입니다≫, 파주: 문학동네, 2016, 75페지.

23 김연수, ≪나는 유령작가입니다≫, 파주: 문학동네, 2016, 75페지.

사건을 다룬 자전적 소설이지만 백화점이 무너진 사실에 대한 서사는 가속으로 진행되면서 고딕체로 간단하게 압축시켜 보여준다. 소설은 모두 26페지로 구성되였지만 도입에 삼풍백화점이 붕괴되였다는 것을 2줄로 서술하고 그 뒤로 사건 당일 브랜드 매장에서 R이 보이지 않아 삐삐 메시지를 남기는 일, 팬시코너에서 일기장을 산 일을 간략하게 삽입하였으며 마지막으로 주인공이 삼풍백화점을 빠져나온 경과를 이야기 가운데 간간이 보여준다. 작자는 오히려 주인공과 R라는 사회 계층의 량극화를 대표하는 인물이 백화점이라는 공간에서의 소비와 써비스라는 현실적 차이를 상세하게 서술하면서 서로 다른 계층의 확연히 차이나는 인생을 보여준다. 특히 그동안 생계를 위해 매일 백화점에서 수모와 고단함을 겪던 R이 사고후 빠져나오지 못했다는 것을 서술하면서 열심히 살아가던 수많은 백성들의 죽음을 요약하여 보여주고 오백여명이라는 집단화된 죽음에 평범하면서도 무고한 인간이 소리없이 파묻히고 누구도 기억하지 못한다는 랭정한 사실로 생명에 대한 안타까움을 강조한다.

리기호의 <나정만씨의 살짝 아래로 굽은 붐>은 룡산 사건을 배경으로 하지만 사건을 다루는 과정에서 사실에 대해 지나치게 세부적인 묘사와 화재의 장면을 보여주지 않고 이를 인물 이야기의 큰 배경으로 사회 하층민의 어려움을 보여준다. 소설에서 작자는 사건에 대한 잔혹함이나 경찰과 철거민들의 치렬한 충돌 장면을 전개하여 쓰지 않고 비교적 간단하게 사건이 발생한 과정을 요약하여 설명하였다. 그리고 사건 당일 사장의 지시를 받고 현장에 출동하려고 했지만 과적 단속에 걸려 나가지 못한 주인공의 서술로 이 사건이 경찰과 련루되여있음을 압축하여 보여주는데 여기에 대한 서술은 비록 수량과 편폭에서 인물의 먹고살기 어려운 상황을 보여주는 것보다 현저히 작지만 소설에서 없어서는 안될 부분이다. 그것은 주인공이 어렵게 구한 현재의 일자리와 가족을 먹여살려야 하는 상황과 공권력의 폭력 앞에서 침묵을 지켜야 할 수밖에 없는 륜리적 곤경을 전개하는 전제적 조건이기 때문이다. 또한 사건에 대한 속도의 가속화 처리는 텍스트의 서사 리듬을 효과적으로 조정하여 변화무쌍한 사회 변화 속에서 보잘것없는 하층민의 삶과 일상이 수시로 파괴되고 빼앗길 수 있고 그러한 인간들의 무력함을 보여주는 데 일조한다.

이상에서 살펴본 바와 같이 서사 시간의 길이와 이야기 시간이 차지하는 길이의 비례에 따라 작가의 창작의도와 핵심 주제를 추측할 수 있다. 요즘 사람들의 사회 공동 경험의 폭이 좁아지면서 한국전쟁과 같은 력사적 사건의 서사화는 회의적이거나 불가능에 가까운 일이다.[24] 민족 재난에 대한 서술이든 사회의 사건 사고에 대한 묘사든 한국문학상 수상 작가들은 과거를 돌아보는 서사에서 모두 력사적 사실을 간소화하여 처리하였다. 서사 과정에서 그들은 요약적인 방식으로 재난과 력사 사건에 대해 가속화 서술하거나 아예 서술 과정에서 력사의 일부분을 생략하였다. 이러한 전략은 개인의 삶을 거대한 력사와 사회의 틈 속에 위치시키며, 인간 존재가 마주한 생명, 죽음, 운명 등의 근원적 문제를 심층적으로 사유하도록 한다. 다시 말해, 력사적 사실의 세부 복원 대신 인간의 내면적 응답과 생명 의식을 중심에 두는 서사 방식은, 한국 현대문학이 추구해온 인간 중심적 성찰과 보편적 가치 지향의 미학을 효과적으로 구현하는 장치로 리해될 수 있다.

2. 서사 시간의 지연을 통한 일상 경험의 진정성 추구

작가는 이야기를 구성하는 과정에서 사건의 실제 발생 순서나 자연적 시간의 흐름을 그대로 따르지 않는다. 대신 자신의 체험과 세계에 대한 인식

---

24 리경재, <전쟁과 분단의 증언자>, ≪실천문학≫, 실천문학사, 2011.

에 따라 사건을 재조합하며, 현실의 시간과는 다른 고유한 '서사의 시간'을 형성한다. 전통 소설의 경우, 일반적으로 물리적 시간의 련속성을 유지하며 '발생-전개-고조-결말'의 인과적 구조 속에서 일차적인 선형 시간의 서사를 전개한다. 그러나 2000년대 이후의 한국문학상 수상 소설에서는 이러한 시간의 질서가 해체되였다. 작가들은 전통적 서사구조가 지닌 물리적 시간의 제약을 넘어, 주체의 의식과 심리적 시간, 혹은 비선형적 시간 구성을 적극적으로 실천하였다. 이 시기의 많은 작품에서 서사 시간은 사건의 론리적 순서를 따르지 않고 다양한 장치를 통해 임의적으로 재조정된다.

서사학적으로 볼 때, 서사 시간과 이야기 시간이 기본적으로 일치한 구간은 이야기의 리듬이 서술 속도와 동일하게 유지되는 '장면'이다. 이 경우 대화나 세부 묘사를 통해 사건이 직접적으로 제시된다. 반면 '휴지'는 이야기의 시간은 정지되여있지만 서술이 지속되는 구간으로, 사건은 정체되여있으나 서술이 충분히 전개되면서 서사 시간이 길어진다. 이는 주로 세부적인 묘사를 진행하여 정서적 분위기를 고조시키거나 인물의 내면을 조명하는 데 사용된다.

'연장'은 서사 시간이 이야기 시간보다 길게 늘어난 경우를 가리키며, 서술자는 시간의 흐름 속에서 인물의 심리, 행동 등을 세밀하게 포착한다. 이는 중요한 순간이나 인물의 의식 활동을 표현하는 데 많이 쓰인다. 간단히 말해 연장과 휴지는 '비교적 긴 문장으로 아주 짧은 시간 동안 발생한 이야기를 서술'[25]하는데 서사 시간을 늘여 감정을 부각시키고 분위기를 과장하는 데 사용된다. 작가는 서사의 긴장을 최고조로 끌어올린 뒤 사건의 진행을 의도적으로 늦추거나 정지시키며, 내면의 의식과 감정의 흐름을 부각함으로써 예술적 효과에 도달한다.

---

25 童庆炳: ≪文学理论教程≫, 北京 : 高等教育出版社, 2004年, 第255页。

한국문학상 수상 소설들은 인물 묘사, 장면 묘사, 또는 련상이나 의식의 흐름 등 주제를 돋보일 수 있는 부분에서 서사 속도를 늦춘다. 서사 시간의 지연은 작가들이 일상의 세밀화와 생의 미세한 결을 포착하려는 서사적 의지를 반영한다고 할 수 있다. 강화길의 <음복>은 시할아버지의 제사를 지내기 위해 하루밤의 제사날을 풍경으로 그린 가족 서사인데 제사상을 차리는 과정, 제사를 올리는 과정, 그리고 제사를 끝내고 가족들이 모여서 식사를 하는 과정에 각자 인물들의 대화나 장면 묘사를 삽입하여 이야기의 시간을 정지시킨다. 우선 첫번째 장면 묘사는 제사상 음식인 '도마도고기찜'에 대한 묘사이다.

> 그 음식, 제수(祭需), 제찬(祭饌), 제물(祭物). 새빨간 양념에 버무려진 뼈가 붙은 큼지막한 고기덩어리. 제사상 한가운데 그 료리가 놓여있었다. 그걸 왜 그 때야 발견했을가? 다진 셀러리와 싱싱한 고수가 양념 우에 듬뿍 얹혀있고, 덕분에 주홍빛 양념 색갈이 더욱 강렬하게 두드러지는 그 료리를. 고추장이라고 하기에는 양념 색이 좀 묽고 옅었다. 그럼 도마도인가? 어디 료리인지는 알 수 없었다. 동남아? 중국? 아니면 유럽? 하지만 무엇보다 내 눈길을 끌었던 건, 그 이국적인 료리가 딱 봐도 지름이 삼십센치메터는 되여보이는 검은색 르크루제 무쇠 남비에 담겨있다는 사실이였다. 제기에 얌전히 담긴 나물 반찬과 생선졸임, 깎은 생밤과 삶은 닭알, 사과와 배 같은 음식들 사이에 말이다.[26]

제사상을 준비하는 과정에 삽입된 '도마도고기찜'에 대한 장면 묘사는 이야기를 잠시 정지시키지만 소설의 불가결한 구성 부분으로 중요한 의미를 가지고 있기 때문이다. 그것은 시할아버지가 자신이 겪었던 전쟁의 트라우마를 약자인 마누라와 며느리한테 떠넘기면서 가장의 패권을 행사하고 은밀한

---

26 강화길 등, ≪음복, 제11회 젊은 작가상 수상작품집(2020)≫, 파주: 문학동네, 2020, 16페지.

폭력을 가하던 음식이다. 이는 현재 편하게 남자의 우세를 누리는 남편의 입맛에 딱 어울리는 음식으로 가부장제의 되물림을 상징한다. 따라서 작자는 도마도고기찜에 대한 묘사를 상세히 진행하면서 서사 시간을 연장시켜 도마도고기찜의 의미와 나중에 전개하게 될 회상에 대하여 미리 복선을 깔아준다. 또한 도마도고기찜에 대한 묘사는 그 뒤에 펼쳐질 시할머니의 억울하고 고단했던 인생 이야기를 풀어나가는 실마리 역할도 하였다.

한편 소설에는 고모가 주변 인물들과 나누는 대화가 서사의 중요한 비중을 차지한다. 조카며느리에 대한 무례한 질문, 치매를 앓는 시할머니를 위로하는 애잔한 말투, 그리고 조카를 에둘러 비꼬는 대화 등은 고모의 내면에 잠재된 질투와 울분, 그리고 오랜 차별로 인한 슬픔을 드러낸다. 이러한 언어 묘사는 딸로서 평생 차별받으며 살아온 인물의 복합적 정서를 구체화하며, 가족 구성원들에 대한 애정과 원망이 교차하는 모순적 감정 구조를 형상화한다. 또한 남편이 세상 편하게 국제정치를 보거나 도마도고기찜을 게걸스레 먹는 장면에 대한 묘사, 자신을 미워하는 고모의 에둘러 공격하는 질문에도 알아듣지 못한 채 쾌활하게 웃으며 대화하는 장면묘사를 통해 가족내의 진정한 악역은 타인의 고통과 울분을 모르는 남편이라는 것을 풍자적으로 보여준다. 작자는 이러한 장면과 대화의 전개로 이야기 시간을 정지시키고 서사의 폭과 밀도를 증가시켜 서사의 시간을 연장시킨다. 이야기 시간의 짧은 정체를 통해 진행되는 환경, 심리 활동과 행위 묘사는 인간관계의 복잡성을 표현하였을 뿐만 아니라 일상 속에 아직 유지되고 있는 가부장제가 초래한 고통을 강조하고 있다.

소설에는 환경 묘사나 인물의 초상에 대한 묘사라는 전형적인 정지 패턴이 존재한다. 이러한 정지는 시간이 서사에 대한 통제성을 크게 약화시키고 환경과 인물의 공간화 특징을 두드러지게 한다. 김애란의 <립동>에서 아이가 살아있을 때 새 아빠트에 입주하면서 집을 장식하는 묘사와 아이를 잃은 뒤 상처를 지우기 위해 도배를 다시 하는 장면 묘사는 희망과 절망이라는 대비되는 이미지를 구축하기 위해 줄거리에서 매우 중요한 부분이 된다. 소설은 안해와 함께 도배를 다시 하기 위해 준비하는 과정으로부터 시작된다. 그러다 다시 추억으로 이야기를 끌어들여 도배를 하게 된 리유로부터 처음 어렵게 아빠트를 장만했을 때 안해가 직접 집을 장식하던 과정, 그리고 아이랑 함께 새집에서 지내던 장면, 아이를 잃어버린 유치원 통근 빠스 사고, 그 뒤로 타락한 안해의 모습 등에 집중하여 서술한다. 작자가 이야기 시간을 정지시키고 서사 시간을 연장하여 과거를 련상하는 이 부분은 한 가족이 행복으로부터 고통의 나락으로 빠지게 되는 과정을 보여주기 위한 전략이다. 그러다가 아이가 다니던 유치원에서 선물로 준 복분자액이 터진 시점에서 벽에 대한 장면 묘사를 더욱 구체적으로 진행한다.

> 부엌 벽면에 밴 물은 웬만해서 잘 빠지지 않았다. 젖은 행주로 닦고, 매직블록으로 문지르고, 화장솜에 아세톤을 묻혀 조심스레 두드려도 소용없었다. 행주질을 여러번 한 곳은 비교적 열어졌지만 얼룩이 완전히 사라지는 일은 없었다. 오히려 흔적을 지우려 하면 할수록 우둘투둘 종이만 더 해졌다. 어찌됐든 도배를 새로 하는 수밖에 없었다.[27]

복분자액이 튄 벽면에 대한 묘사는 시간이 흘러도, 아무리 노력해도 아이를 잃은 상처를 지울 수 없는 피해자 가족의 마음을 상징한다. 작자가 이야기 시간을 정지시켜 벽면에 대한 클로즈업을 진행한 것은 서사의 시간을 확대하여 인물의 내면 고통과 상처를 집중적이고 생동하게 표현하고 소설의 주제를 더욱 부각시키기 위한 수단이다. 그렇게 이야기는 계속 이어지고

---

27 김애란, ≪바깥은 여름≫, 파주: 문학동네, 2017년, 25페지.

서로 위로하며 새로운 시작을 다짐하던 부부가 도배를 하다가 안해가 갑자기 멈추면서 삽입되는 대화 장면으로 다시 정지된다.

-여보?

-...

-영우 엄마?

-...

-미진아, 왜 그래? 무슨 일 있어?

도배지 든 량손을 벽에서 떼지 못한 채 안해를 내려다봤다.

-여기...

-응?

-여기... 영우가 뭐 써놨어...

-...뭐라고?

-영우가 자기 이름... 써놨어.

안해가 떨리는 손으로 벽 아래를 가리켰다.

-근데 다... 못 썼어...

안해의 어깨가 희미하게 떨렸다.

-아직 성하고...

-...

-이응하고...

-...

-이응하고, 아니 이응밖에 못 썼어...[28]

---

28 김애란, ≪바깥은 여름≫, 파주: 문학동네, 2017년, 35페지.

도배를 하다 아이가 쓰다만 이름을 만져보며 다시 무너지는 부부의 대화는 생활 곳곳에 베여있는 슬픔을 보여주면서 더욱 안타까움을 유발한다. 작자는 부부의 슬픔을 담은 대화를 구체적으로 전개하면서 서사 시간을 연장시키다가 계속 이야기를 이어나가는데 이 부분의 정지는 아이를 잃은 뒤 전혀 다른 삶을 살아야 하는 부부의 미래를 암시하기 위한 장치이다.

연장은 영화 속의 슬로 모션처럼 정상적인 운동 속도보다 낮은 속도로 인물의 어떤 행동이나 어떤 화면을 천천히 나타낸다. <립동>은 인물이 사건이 발생하기 전과 그 뒤의 일련의 사건들을 련상하여 잊을 수 없는 과거의 행복과 현재 곳곳에 베여있는 상처를 확대하여 서술의 진도를 늦추었다. 이는 슬픔과 안타까운 분위기를 조성하고 자식을 잃은 아픔을 특별히 환기시키는 역할을 발휘하면서 다시는 돌아갈 수 없는 과거에 대한 슬픔을 강조하기도 한다.

<가리는 손>의 이야기 시간은 화자가 아들 재이의 생일상을 차려 아들의 생일을 축하해 주고 케익의 초불을 불면서 소원을 비는 저녁 시간이다. 화자는 음식을 준비하는 과정에 과거의 일들을 삽입시켜 음식 준비를 하는 물리적 시간을 여러쪽의 편폭으로 나누었다. 우선 낮에 문제의 동영상을 수군거리면서 다문화 신분을 가진 재이를 의심하는 이웃 녀자들의 대화 장면을 확대시켜 재이에 대한 안타까움과 동영상에 대한 궁금증을 유발한다. 또한 동남아 남자친구를 만나 싱글맘이 된 일, 그로 인해 피부색이 다른 아들 재이를 낳게 된 일, 그런 재이가 친구들에게 차별을 받던 일, 공부와 육아와 일을 병행하던 생활의 고달픔과 직장에서 역시 리혼녀라는 소리를 들어야 하는 괴로움 등을 끄집어내면서 서술을 크게 확장시켜 서사 속도의 지연을 형성한다. 지지고 볶는 주방의 시끄러운 분위기와 달리 그녀의 사유는 정지되였고 마음속 재이에 대한 미안함이 다 표현된 이후에야 이야기는 다시 저녁상을 준비하는 순간으로 돌아온다. 서사의 연장과 정지는 소수자로

살아가는 재이의 자비감과 그것을 지켜보는 화자의 아픔, 그리고 소설에서 또 하나의 에피소드인 로인 폭행 사건을 부각시켰다. 그러다 재이가 집으로 돌아와서 저녁을 같이 먹으면서 이야기는 계속 진행되지만 재이가 로인 폭행 동영상에서 폭행자들이 했던 말들을 엄마에게 말하면서 얼굴에 슬쩍 비낀 미소가 다시 화자의 사유를 끌어낸다.

> 불현듯 저 손, 동영상에 나온 손, 뼈마디가 굵어진 손으로 재이가 황급히 가린 게 비명이 아니라 웃음이였을지도 모른다는 생각에. 정말 그렇다면 그동안 내가 재이에게 준 것은 무엇이였을가.[29]

이렇게 이야기는 다시 중단되고 그녀의 머리속을 스치는 단편적인 생각과 화면이 교차되면서 정신적 폭력의 피해자인 재이도 폭력의 조력자가 될 수도 있다는 섬뜩한 반전을 형성한다. 이처럼 소설은 생일상을 차리는 평범한 일상의 장면을 배경으로 하되, 그에 비해 상대적으로 긴 편폭을 사용하여 화자와 재이의 비일상적인 삶을 서술한다. 이야기 시간이 서사 시간으로 전환되는 과정에서 재이가 '타자'의 위치에서 감내해야 하는 고독과, 싱글맘으로서의 고단한 생존이 주관적 서술을 통해 심화되고 확장된다.

특정 사건이나 상태에 대한 작가의 대량적인 묘사는 그 장면이 작품 전체에서 갖는 의미적 비중과 작가의 주체의식을 반영하는 장치로 리해될 수 있다. 윤이형의 <마흔셋>은 화자와 성전환 수술을 받은 동생이 함께 려행을 떠나 서로의 마음속 대화를 나누는 기본 줄거리로 그 배후의 서사 시간은 복잡하게 직조된 인물의 감정과 소통의 어려움이라는 난제를 풀어가기 위해 지연된다. 소설의 이야기 시간은 하루에 불과하지만 화자는 과거에 대한

---

29 김애란, ≪바깥은 여름≫, 파주: 문학동네, 2017년, 220페지.

여러가지 회상과 감수를 현재로 가져오면서 서사 시간을 확대한다.

소설은 수영장에 이른 재경이 옷을 갈아입으면서 재윤과 휴가를 떠나게 된 리유에 대하여 설명하는 데서부터 시작된다. 소설의 전반 과정에서 작자는 자신의 몸 자체에 대한 이물감과 그것을 견디기 어려워하는 동생에 대하여 대량의 서사 시간을 투여하면서 성소수자의 고통과 공감의 가능성을 모색한다. 또한 과거 해외 려행을 자유로이 다니고 새로운 공부를 도전하면서 자신이 우선이였던 젊은 시절, 그리고 자식들의 삶을 위해 헌신했지만 결국 미래를 계획하지 않는 큰딸과 수술까지 계획하며 성을 전환하겠다는 작을 딸 때문에 마음고생하다가 암으로 돌아간 엄마, 성전환 수술을 반대하는 엄마와 평생 보지 말자고 결단을 내린 재윤에 대하여 서술한다. 그러다 다시 현실로 돌아와 재윤과 재경의 대화 장면으로 이야기 시간을 정지시켜 엄마가 재윤이 수술할 때 남모르게 수술날에 다녀간 일과 재윤 역시 엄마가 암 수술 받는 날에 다녀간 일을 밝히면서 서로에 대한 사랑을 확인시킨다. 이 부분의 서사 시간은 평범하지 않은 가족의 이야기로 타자와의 관계 맺기 그리고 서로에 대한 리해와 소통을 시도하기 위해 정지된다. 그러다 다시 서사 시간을 확대하여 나이가 들면서 식물과 동물도 키우려고 했던 과거의 노력, 그리고 세상의 빠른 속도에 따라가기 힘든 자신의 막막한 심정을 서술하면서 나이 듦과 진정한 성장에 대하여 사색을 일으키며 인생의 무상함을 보여준다.

이처럼 소설은 대화와 장면 묘사로 균일하게 흐르고 굳어지는 일상의 시간 속에서 때로는 어떤 '정점'이나 '절정'이 나타나 일상 생활의 주체를 커다란 고통의 체험 속으로 끌어들이기도 함을 보여준다. 또한 과거에 대한 회상으로 서사 시간을 연장하여 가족에 대한 오해와 사랑 등 굴곡적인 심리의 변화를 펼쳐보이며 성 정체성과 나이 듦이라는 복잡한 삶에 대한 감수를 드러낸다.

서사의 본질은 너무 평범하여 잊혀지기 쉬운 시간에 대하여 의미를 부여하는 데 있다. 한국문학상 수상 작가들은 일상 속에 발생하는 사소한 이야기를 서사 시간의 지연을 통해 상세하게 서술하는데 이는 개인의 세밀화된 감정에 중점을 두면서 삶의 곳곳에 스며든 고통과 아픔들을 부각시켜 독자들의 경험을 확대시킨다.

제3절 서사 전략의 확대

1. 서사의 불확정성을 통한 독자와의 커뮤니케이션

문학작품에 있어서의 독자의 역할을 강조하는 수용미학의 립장에서 커뮤니케이션을 고찰하면 문학은 발신자가 보내는 내용을 수신자가 단순히 수동적으로 받아들이는 커뮤니케이션이 아니고 수신자가 능동적으로 보완하고 해석하는 특수한 커뮤니케이션이다.[30] 볼프강 이저에 의하면 작품에는 반드시 '빈 곳'이 있고 이 빈 곳은 독자에 의하여 계속 채워지는데 문학작품이 확정성을 많이 잃으면 잃을수록 작품 의도를 공동으로 구현하는 데 독자의 역할은 커진다. 문학작품의 '빈 곳'은 흔히 생각하듯이 결함이 아니라 문학작품의 효과를 발생시키는 기본적 출발점이다.[31]

포스트모더니즘 시대의 문학은 인간 존재와 삶의 다양성을 긍정하며, 고정된 관점에서 벗어나 다층적 현실을 존중하는 방향으로 사유의 전환을 이끈다. 이 시기의 인식론은 하나의 현상에 대해 절대적 해석을 허용하지 않고, 각기 다른 시점에서 관찰된 다수의 의미가 공존할 수 있음을 인정한다. 다시 말해, 어떤 판단도 대상 전체를 완전히 포착하지 못하며, 모든 해석은

30 김천혜, ≪소설구조의 리론≫, 서울: 한국학술정보, 2010년, 264페지.

31 김천혜, ≪소설구조의 리론≫, 서울: 한국학술정보, 2010년, 279페지.

그 일면에 불과하다는 상대주의적 인식이 지배한다. 이러한 사유 방식은 일상의 복잡한 질서를 단순화하거나 획일화하던 과거의 거대 담론 중심적 사고와 뚜렷이 구별된다.

이와 같은 시대적 전환 속에서 표준화된 가치관과 일률적 도덕 규범은 설득력을 잃고, 독자들의 감수성은 개별적이고 류동적인 인식으로 확장된다. 동일한 대상이라 할지라도 리해의 방식은 독자의 경험과 립장에 따라 달라지며, 의미는 고정되지 않고 끊임없이 재구성된다. 이러한 불확정적 상황 속에서 한국문학상 수상 작가들은 자신이 경험한 현실과 감정을 '열린 서사'의 형태로 제시한다. 그 결과, 작품 속에서 무엇이 진실이며 어떤 의미 체계가 정당한가 하는 문제는 작가가 아닌 독자에게 위임된다.

이러한 변화는 1987년 민주화 운동과 1988년 서울올림픽 이후 형성된 사회적 경험의 축적과 깊은 관련을 가진다. 국제화와 사회 변동의 과정을 통과한 2000년대 작가들은 기존의 도덕 질서와 륜리 규범을 절대적인 것으로 받아들이지 않았으며, 오히려 현실의 복합적 진실을 있는 그대로 드러내는 것이 문학적 성실성이라고 보았다.

그 결과, 2000년대 한국문학상 수상작들은 대체로 미시적 시선에서 개인의 삶을 탐색하면서도, 그 서사 구조는 의미의 분렬과 모호성을 특징으로 한다. 작가들은 이야기 속에 '빈자리'를 남겨두고 독자의 참여를 통해 서사를 완성시키는 전략을 취한다. 다시 말해, 그들은 일상에서 마주하는 다양한 삶의 양상을 세밀하게 포착하면서, 가치 판단의 중립성을 유지하기 위해 서사적 불확정성을 적극적으로 드러낸다.

이러한 작품을 읽는 독자는 단순히 의미를 수용하는 존재가 아니라, 옳고 그름, 진실과 허구를 스스로 판단하는 해석의 주체가 된다. 이는 독자의 사유 능력과 감수성을 자극하며, 문학이 지닌 반성적 기능을 새롭게 각성시키는 효과를 낳는다. 따라서 서사의 불확실성은 포스트모던 서사의 핵심

미학으로, 언어가 재현할 수 있는 세계의 한계를 드러내는 동시에, 그 틈을 통해 새로운 의미의 가능성을 열어젖히는 기제로 작동한다. 작가가 언어로 표현하지 못한 여백은 독자의 상상력에 의해 채워지며, 이 상호작용 속에서 텍스트는 비로소 완성된다.

소설 <카메라>에서 관주는 새로운 카메라로 찍는 련습을 한다고 샤타를 마구 눌러댄다. 그러나 그것을 불법체류자가 자신을 찍어 신고한다고 오해하면서 몸싸움을 벌이는 것이 사건의 발단이 된다. 카메라를 보호하기 위해 관주는 그대로 넘어지면서 돌에 머리가 부딪쳐 죽게 된다. 작가는 불법체류자를 등장시켜 독자들의 시선을 끌지만 사건이 발생한 순간에만 등장시킨다. 대신 우수하고 성실했던 관주에 대하여 상세하게 서술하면서 죽음에 대한 안타까움을 드러내고 사건의 옳고 그름에 대한 판단의 기준은 독자들에게 맡긴다. 소설에서 카메라를 갖고 싶다는 녀자친구 문정, 생존의 절박함을 안고 있는 불법체류자, 불법체류자와 관주의 같은 시공간 배치, 10년전 지자체가 깐 돌길 등 사건 발생의 원인들은 구체적이지만 매우 불확정적이다. 우연들이 조합되여 사건을 조성하였지만 결국 누구의 잘못과 과오를 확정지어 설명할 수 없다. 작가는 서사의 불확정성으로 억울하고 원통하지만 책임질 주체를 확인할 길이 없다는 사실을 잔인하게 드러낸다. 관주의 죽음은 부당하고 비극적이지만 작가는 죽음을 몰아간 주체를 애매하게 설정하는 방법으로 삶의 우연성에 대하여 사고하는 몫을 독자들에게 돌려주면서 복잡하고 다양한 속성을 가진 운명에 대하여 한마디로 해석할 수 없음을 보여준다.

<칼>의 주요 소재인 '칼'의 의미 역시 다양한 각도에서 해석 가능하면서 그 기능이 해체된다. 우선 '칼'을 쥔 사람과 그것을 상대로 마주한 사람에게 '칼'은 보호와 위협이라는 두가지 상반된 의미를 갖고 있는데 작가는'칼'에 대한 부동한 리해로 부자 사이의 대립구도를 보여준다. 로인에게 칼은 아들이 자신을 해치려고 품고 다니는 위협적인 존재이다. 그것은 자신의 평생

노력을 무능한 아들의 손에 맡기는 것을 허용하지 않은 데 대한 아들의 불만과 자신의 권위를 빼앗으려는 아들의 욕심 때문이라고 생각한다. 그러나 남자는 오히려 아버지가 자신을 죽일 거라는 두려움에 빠져 칼을 품어야만 아버지를 만날 용기가 생기는데 그것은 과거 형의 죽음에 대한 의심과 재산에 대하여 전전긍긍하는 아버지의 모습에 대한 실망으로 칼은 아들을 위로하고 강하게 만들어주는 보호의 무기였다. 근본적으로 칼은 권위와 주도권의 상징이지만, 보호와 위협이라는 이중적 의미를 지니며 바라보는 시각에 따라 그 함의가 달라질 수 있다. 따라서 소설 속에서 공격적이면서도 날카로운 칼이 생존을 지탱하는 도구로 선택되는 합리성은 불확정적인 것으로 의미되면서 인간의 복잡한 심리와 다양한 관계를 보여준다.

한편 독자들에게 여러가지 결말을 제공해주는 개방적 결말도 불확정적 서사의 한가지 특징으로 독자들은 상상력을 발휘해 결말 이후의 여러 상황을 상상할 수 있다. 소설 <건너편>에서 함께 미래를 바라보았던 커플 이수와 도화는 현재 로량진을 경계선으로 서로의 건너편에 위치해있다. 도화처럼 공무원 시험에 합격된 자에게 로량진은 미래의 행복과 안정을 도모하기 위하여 노력했던 과거의 공간이다. 그러나 몇년 련속 락방한 리수에게 로량진은 현재에도 머물러있는 곳으로 여전히 고통과 희생이 반복되고 유예되는 공간이다. 작자는 합격 여부에 따라 성공과 실패가 뒤섞여있고 기쁨과 고통이 교체되는 해체된 의미의 공간으로 어떠한 확정적인 것이나 고정된 것이 없는 로량진을 설정하여 젊은 세대들의 생존과 취직의 불안을 보여준다. 이수는 확실성을 향해 생존하려고 하지만 오래된 련인까지 떠나면서 더 큰 불확실성에 빠진다. 소설의 결말에서 "리수는 이제 어디로 갈 것인가?"라는 의문은 국가가 인증하고 보증하는 시민으로 거듭난 도화와 달리 학생도 직장인도 아닌 애매한 성인이자 사회 구성원이지만 아직 시민은 아닌 불확실성에 휩싸여있는 리수의 미래에 대한 상상을 이끌어내면서 계속 어딘가 돌고 정처하고 이동중인 젊은이들의 현실을 보여준다.

박민정의 <세실, 주희>에서 가난했던 세실에게 이마이 사쿠라코 할머니의 후손이라는 것은 자부심이였지만 한국인 주희에게는 다른 의미였다. 특히 전쟁 피해자들을 위한 시위대와 동시에 부딪쳤을 때 세실은 눈빛을 반짝이며 자신도 할머니가 전화에 돌아가 중학교 때부터 반전 집회에 참여했다면서 공감을 찾으려고 한다. 하지만 주희는 세실의 할머니와 여기서 말하는 피해자 할머니들이 다르다는 것을 밝히지 못한다. 두 청년 앞에 소녀의 동상도 등장하지만 세실은 그 의미를 모르고 주희는 그것을 해석하지 않는 행동을 취한다. 부동한 력사와 경험을 가진 타문화에서 완벽한 공유는 불가능하고 심지어 치욕으로 치달을 수 있는 위험이 깃들어있기 때문에 작자는 력사에 대하여 인간적이면서도 불확정적인 태도를 취한다. 결국 두 사람은 민족과 국가라는 거대한 담론이 끼여지면서 다소 위험한 구도 속에 처해지게 되지만 그 의미와 실체를 드러내지 못한 채 계속 앞으로 걷게 된다. 작가는 전체 서사에 걸쳐 타문화에 대한 요소를 전면에 드러내고 개방적인 결말로 우리가 지녀야 할 태도에 대한 질문을 독자들에게 남겨준다. 력사와 문화가 생성한 간극 앞에서 인간을 배려하여 옳고 그름을 가리지 않고 독자들에게 선택의 기회를 제공하여 력사에 대한 새로운 사고를 불러일으키는 의도가 돋보이는데 이는 부동한 각도에서 결말을 해석하는 포스트모더니즘의 기본적인 미학 원칙에 부합된다.

이외에도 <가리는 손>에서 편견과 비난의 폭력적 피해를 입어온 아이는 폭행에 쓰러지는 할아버지를 보고 손으로 얼굴을 가린다. 작자는 그 손이 비명을 막기 위한 것인지 터져 나오는 웃음을 가리기 위한 것인지에 대한 판단을 독자들의 몫으로 남겨준다. '가리는 손'의 용도를 명확하게 구분 짓지도 않고 어떠한 선택이 인간적인지 평판하지도 않으며 불확실성의 태도를 보여주면서 그 진실이 벗겨지는 섬뜩함의 효과를 일으킨다. <아이를 찾습니

다>의 윤석은 아들 성민을 잃어버리면서 삶이 송두리채 뒤바뀌지만 11년만에 다시 찾은 아들은 반가워하지 않고 가출해버린다. 그러다 2년후 '성민의 아이'라는 쪽지와 함께 갓난아이가 윤석 앞에 나타나는 모호한 결말로 끝난다. 작자는 감정의 개입이 없이 아들을 잃고 풍비박산된 윤석의 가정에 대하여 시종 담담한 어조로 서술을 이어가면서 불확실성의 태도를 보이다가 세 부자의 앞날에 대한 상상을 불러일으키는 개방된 결말로 끝을 맺으면서 다시 만난 상봉이 희극인지 비극인지의 판단을 독자들에게 맡긴다. <밀수록 가까워지는> 역시 성실하고 착한 삼촌이 사랑하는 녀인을 위해 루명을 뒤집어쓰다가 끝내 사라지며 여백을 남기는 개방된 결말로 독자들의 사고를 불러일으킨다. 결국 의미 확정은 독자에게 있는 것으로 이야기를 미래로 흐르게 하는 결말 설정은 전통적 질서와 규격화됐던 사회 의미에 대한 반항의 활력으로 보아야 한다.

이처럼 서사의 불확실성으로 한국문학상 수상 작품들에서 인물들은 시종 혼돈 상태에 처해있거나 사건은 일관성이 없이 파편화되여있으며 작품의 의의는 작자가 명확히 제시하지 않고 독자 나름의 리해와 해석에 맡긴다. 왜냐하면 현대적 차원에서 볼 때 세계는 다양화된 것으로 확정된 의미는 인류 자신이 세계에 강요하는 주관적인 의향에 불과하기 때문이다. 결국 어떤 것도 확정적이거나 고정적일 수 없고 경계의 설정이 합리적인가 하는 여부는 립장에 따라 달라지면서 여러가지 맥락을 감안해야 한다. 따라서 작자들은 변화무쌍한 현실에 대하여 방관적인 태도로 관찰하거나 모호한 자세로 독자들과 커뮤니케이션을 진행하면서 독자들의 수요를 만족시킨다.

2. 현현(epiphany)을 통한 발견과 깨달음

현현(epiphany)은 그리스어에서 유래한 것으로 본래 종교 용어로 '돌연한 정신적 현시'(suddenspiritualmanifestation)를 가리킨다. 그리스 신화에서 신의 갑작스러운 출현을 가리키는 현현은 평범하고 일상적인 대상 속에서 갑자기 경험하는 영원한 것에 대한 감각 혹은 통찰을 뜻하는 말이다. 미국 미학자 크리스핀. 서트웰은 "사람들은 세상이 아름답다고 느끼지만, 생명이 짧지 않으면 이런 느낌을 가질 수 없다. 아름다움이 사물의 일시성(temporality)으로 인해 가능해지는 것은 상실감이 사물의 일시성으로 인해 불가피해지는 것과 같다."[32]고 하였다. 그의 견해에 따르면, 아름다움은 영원불변의 속성이 아니라 시간성과 덧없음 속에서 비로소 감지되는 정서적 체험이며, 이러한 인식 구조는 현현이 인간에게 주는 심리적 충격과 류사한 층위를 형성한다. 짧은 찰나에 드러나는 깨달음의 순간은 인간이 존재의 본질과 마주하는 미학적 '진동'의 순간인 것이다.

이와 같이 현현은 단순한 직관이나 정서적 반응이 아니라, 인간이 세계와 자신을 새롭게 인식하는 심미적 각성의 과정으로 리해된다. 그것은 주체가 외부 세계의 사소한 현상 속에서 갑작스러운 깨달음을 얻는 '정신적 현시'로, 한 개인의 내면적 변화를 통해 보편적 진리에 접근하게 하는 통로 역할을 한다.

현현에는 '인생의 경험에 대한 깨달음', '인물 성격에 대한 갑작스러운 깨달음', '전통적인 가치관에 대한 깨달음' 등이 있는가 하면 '개체 경험과 국부적인 인생을 초월하여 전반 인생의 참뜻으로 상승하는 깨달음'[33] 등 높은 차원의 깨달음이 있다. 한국문학상 수상 작가들은 이러한 현현의 순간을 통해 인간 존재의 진실에 다가가려 한다. 그들은 특정 순간의 감각적, 정신적 충격을 통해 인물의 인식이 급격히 전환되는 구조를 선호한다. 주인공은

32 克里斯平·萨特韦尔: ≪美的六种命名≫, 郑从容译, 南京：南京大学出版社, 2017年, 第161页。

33 殷企平：≪说"顿悟"≫, ≪外国文学≫, 1996年第3期, 1996年5月28日。

서사적 사건을 경험하는 과정에서 내적 변화를 겪으며 자아를 발견하고 그 깨달음을 통해 한층 성숙한 존재로 거듭난다. 이러한 현현의 서사는 교훈적 설교나 직접적인 설명 없이도 강력한 계몽적 힘을 지닌다. 작가들은 인물의 내면적 각성을 섬세하게 드러내기 위해 상징적 이미지거나 다양한 서술 기법을 복합적으로 활용한다. 현현이 발생하는 순간, 서사는 단순한 사건의 서술을 넘어 의미의 확장을 이룩하며, 평범한 일상 속에 잠재된 가치와 진리를 드러낸다. 독자는 이러한 서사적 구조를 통해 텍스트에 숨어있는 다층적 의미를 발견하며, 이를 해석하는 과정에서 심미적 체험과 인식의 전환을 경험하게 된다.

정지아의 <풍경>은 평생을 궁벽한 산촌의 외딴 집에서 로모와 함께 한줄기 신작로를 바라보며 살아온 인물의 이야기를 서술한다. 작자는 과거의 기억과 현실에 대한 교차적인 서술방식으로 외로운 인생을 버텨오고 현재의 시간을 잃어가는 주인공의 허무함을 드러낸다. 또한 집앞에 마을을 향하는 길이라는 메타포를 던져 주인공의 인생을 응축해서 보여준다. 그 길은 주인공과 바깥세상을 차단시키는 경계선이자 그들 모자를 외롭고 씁쓸하게 선 밖으로 몰아낸 금이였다. 아버지는 사냥을 하다 메돼지가 받아 세상을 떠났고 큰형과 작은형은 집에 밥 먹으러 온 군복을 입은 자들의 행렬을 따라 떠나서 소식이 없고 막내형은 공무원과 싸우다 사라졌다. 하여 주인공은 평생 그 길을 다니면서 어머니에게 발목이 잡힌 원망과 형제들에 대한 미움과 그리움을 흩뿌린다. 이제 예순이 된 주인공에게 젊은 날 손짓해 부르던 그 길은 그저 굽이진 길로 밖에 보이지 않는다. 평생 밥을 짓고 먹고 곡식을 심고 거두고 잠을 자면서 삶을 보냈듯 그는 죽음 같은 시간의 강을 건너고 있다. 그렇게 교차되던 시점이 현재로 돌아오는 순간 주인공은 결말 부분에서 현현이 일어난다.

내 새끼, 그래 한시상 재미났는가?

그의 귀에 와 닿은 것은 분명 어머니의 음성이였는데, 순간 놀랄 시간도 없이 묵은 기억 하나가 기억의 어두운 심해에서 전기뱀장어처럼 하얀 불빛을 반짝이며 의식의 표면으로 꿈틀꿈틀 솟아났다.[34]

어둠 속에 잠든 어머니의 얼굴을 보며 환청처럼 들리는 목소리는 순간 서사의 흐름을 정지시키고 주인공을 과거로 다시 데려가서 어렸을 적 똑같은 물음에 팔짝파짝 뛰면서 긍정적으로 선뜻 대답했던 모습을 압축하여 보여준다. 로망이 든 어머니의 고요한 얼굴은 어렸을 적 윤기 흐르는 얼굴로 자신을 사랑스럽게 쳐다보던 어머니의 모습을 련상시켰고 그 순간 주인공에게 어머니에 대한 사랑과 련민을 일깨우는 역할을 한다. 사랑하는 어머니의 존재에 대한 감사와 신뢰를 통해 현실과의 치유할 수 없는 상처와 외로움이 해소되는 순간이다. 어머니의 얼굴에서 찾아온 현현의 순간이 힘들었던 과거와 현실과 화해하는 작용을 일으킨다. 이 찰나적 현현은 주인공이 돌연한 깨달음의 순간인 동시에 과거와 현실을 하나로 결합시키면서 의미를 생성하는 순간이라 할 수 있다. 작자는 이렇게 체념과 깨달음의 순간으로 자신과 어머니, 그리고 인생에 대한 긍정으로 이끌어가면서 잔잔한 감동을 안긴다.

하성란의 <알파의 시간>은 서술의 겹구조로 이루어진 소설이다. 겉이야기는 치매 어머니를 모시고 사는 주인공의 막막한 현실과 아버지의 행적을 찾는 과정이 서술되여있고 속이야기는 아버지의 실종과 어머니가 힘들게 세 자식을 키우던 과거를 담고 있다. 소설의 도입부 또한 전형적인 회고형 소설처럼 현재 아버지의 간판을 찾는 시점으로 설정되여있는데 도로를 따라 나가다가 벼랑 끝의 풍경을 응시한다. 이 부분은 '내'가 소중하게 간직하고

34 정지아 등, ≪풍경(2006 제7회 리효석문학상 수상작품집)≫, 서울: 해토, 2006, 26페지.

있는 아버지에 대한 일부분을 독립시켜 장면화하고 소설 초반부터 서정적 분위기를 조성하는 역할을 한다. 더우기 결말에서 회상을 끝내고 풍경을 바라보면서 깨달음이 일어나는 부분과 맞물리면서 현현의 구조를 보완하는 효과를 달성한다.

작자는 성인이 된 서술자가 과거에 리해하지 못했던 어머니의 마음을 현재에 리해하도록 속이야기에 많은 정보를 흘려준다. 과거 사업의 길에 들어섰다가 빚만 남기고 사라진 아버지, 남겨진 세 자식을 키우기 위해 밤 늦게까지 고생했던 어머니, 그리고 고달프고 외로운 어머니 앞에 나타난 얼음집 사내, 그렇게 '불륜'이라는 떳떳치 못한 사랑에 시장에서 뭇매를 맞고 가게를 그만둔 어머니의 과거를 뚜렷하게 재생시킴으로써 결말 부분에서 발견의 미석 효과를 극대화시키기 위해 복선을 깔아둔다.

한편 현재의 주인공은 목욕탕에서 넘어져 두번의 수술을 한 어머니를 모시고 사는 중년이 되여버렸다. 그녀는 침대에 누운 채 꼼짝하지 못하는 어머니의 엉덩이를 씻겨주는 고통스러우면서도 무기력한 시간을 보내고 있다.

결국 화자는 "여기로 알아달라구"라고 울부짖으며 자신의 가슴을 쾅쾅 치는 어머니의 지난 시절을 회상하면서 엄마의 삶을 리해하게 하는 지표를 가지게 된다. 또한 동생의 전화를 받고 허름한 야립간판 우에 딸의 이름을 이니셜로 적어놓은 아버지의 간판을 발견하는 순간 현현이 일어나면서 그 간판들이 낡아가는 시간 만큼 부대꼈을 아버지의 시간들을 리해한다. 어느새 도로의 흉물이 되여버린 야립간판 만큼 아버지와 어머니의 삶도 황폐해졌음을 감지하면서 마음속에 거대한 변화를 일으킨다. 현현의 순간 화자는 깊고 오랜 상처가 고통스러웠지만 회상의 여로를 통하여 이윽고 도달한 각성은 아름답다. 특히 과거 어머니의 '불륜'과 현재 치매에 걸린 어머니를 모셔야 하는 모녀의 대립구도는 결말에서 화해되며 현현의 순간은 '나'에게 '알파의 시간'이 좀 길었을 뿐 '내 앞에 펼쳐지는 풍경을 응시'하면서 반성과 도약의 순간으로 된다. 이는 도입부와 함께 이야기 전체를 감싸면서 어머니의 불행한 삶과 '나'의 갈등을 자연스럽게 포용하는 완벽한 구조로 인생에 대한 새로운 통찰력을 얻는 경지에 이른다.

은희경의 <금성녀> 역시 언니 유리의 자살을 계기로 과거를 회상하는 형식으로 서술되는데 잃어버린 시간을 찾아가던 동생 마리가 어느 순간 인생의 진리를 발견하면서 과거와 화해하고 세상과 화해하는 이야기다. 작자는 마리의 인생에서 조금은 특별했던 순간과 자신과 가치관이 달랐던 언니와의 추억을 장황하게 정리하지만 결말에서 현현을 일으키면서 모든 것을 끌어안아 내면화시키는 독특한 미학으로 주제를 끌어낸다.

마리의 언니 유리는 이쁜 영화배우를 꿈꾸던 녀자였다. 그러나 장래가 보장된 의대생을 유혹해 결혼에 성공한 것으로 연기를 끝낸다. 도도하고 자존심이 강한 언니는 가족의 불화 때문에 스스로 목을 매는 것으로 인생을 마감시켰다.

마리는 남편의 사업 실패로 야반도주하며 살았었다. 남편은 취하면 화를 잘 내고 성질도 급해졌다. 특히 바람을 피거나 속을 썩이면 마리는 언니에게 호되게 야단을 맞았다. 언니 결혼식에서 만나 별 기대없이 한 선택이였기 때문이다. 몇년 동안 남편의 병석을 지키며 성심껏 간호하고 그의 죽음과 함께 결혼 생활이 끝났을 때 느꼈던 행복도 떳떳했다. 모두 마리의 삶을 오해했고 그것이 마리를 자신의 삶과 한발작씩 거리를 떨어뜨려놓고 다시 돌아보게 하였다.

장례식을 마치고 돌아오는 길에 마리는 타들어가는 담배를 손가락에 끼운 채로 잎을 다 떨군 텅 빈 나무가지를 바라본다. 그 순간 지난봄 언니와 마지막으로 가로수 아래를 걷던 일을 떠올리는데 그는 자신이야말로 자기 인생의 이방인인지도 모른다고 생각한다. 이 현현의 순간은 마리의 직관적인 발견을 이끌어내고 독자는 소설의 의미가 돌연히 현현하는 것을 경험하게 된다. 자신의 목표를 향해 정략적으로 다가갔던 언니와 부정함과 일탈을 선택한 마리는 실은 모두 견뎌내야 하는 삶의 다른 면모였음을 한순간에 발견하는 것이다. 이 소설의 이야기 자체는 서로 상반된 인생을 살아온 두 자매의 불우한 삶과 고통으로 읽혀지지만 현현의 효과 때문에 모든 것을 승화시키면서 인생에서 시간을 이기는 것이 없다는 만고불변의 진리를 보여준다. 작자는 이러한 주제를 직접 명시하지 않고 독자들이 서술을 따라가다 자연적으로 터득하도록 한다.

윤성희의 <부메랑>은 한 녀자가 과거에 대한 회상과 현재 자서전을 기록하는 내용을 병치시켜 서술하는데 사소한 일상에서 진행되는 이야기 도중에 인물의 심리 변화를 보여주다가 한순간에 현현이 일어나면서 계시를 얻는 과정으로 이루어졌다.

소설은 녀자가 십여년전에 찾아왔던 동창에게 전화를 하기 위해 전화번호를 저장해두었던 오래전 휴대폰을 찾는 데서부터 시작된다. 그 과정에 여러가지 소지품들이 발견되고 그에 련관되는 추억들이 꼬리를 물고 나타나며 그녀는 내용과 순서를 일정하게 변경시키면서 자서전을 써내려간다.휴대폰 스티커에서 조카의 다정한 얼굴과 랭랭한 녀동생을, 고장난 손목시계로부터 첫사랑을, 영화표에서 단출했던 생일들, 외투에서 남동생의 아이를 임신한 녀자를, 가죽 장갑에서 세상을 떠난 남편 등 슬픈 일들은 기억만 할 뿐 기록을 하지 않는다. 과거에 늘 부엌에서 일을 했던 그녀는 아버지가 소리를 지를 때마다, 남동생이 정강이를 걷어찰 때마다, 어머니가 음식으로 핀잔을 줄 때마다 행주를 삶으며 종종 울었다. 그러나 주인공은 피곤했던 일상 대신 봄이면 사과나무 아래 돗자리를 펴고 누워 하늘을 보았다는 아름다운 상상을 꾸며 쓰고 사과농장을 했던 부모님이 있어 부엌일을 했던 언니가 있었다고 거짓말로 자서전을 꾸며간다.

주인공이 자서전 쓰기라는 특수한 장치로 미흡했던 과거를 미화하면서 각인시키는 과정은 현현을 위한 준비의 과정이다. 결국 소설의 무게중심은 주인공이 경험했던 과거의 이야기에 있는 것이 아니라 그것을 통한 내면적 체험에 있다. 과거의 내용은 완벽한 인생은 어디에도 존재하지 않는다는 진실을 암시하는데 이 같은 전언은 살아버린 삶을 통해 살고 싶었던 삶을 확인시키면서 다음에 일어날 깨달음의 순간을 부각시키는 효과를 나타낸다.

> ...꽃집 녀자가 그녀에게 꽃다발을 건네주었다. 백합이였다. 그녀는 숨을 깊게 들이마셨다. 향이 심장까지 전해지는 것 같았다. "왜 울어요?" 꽃집 녀자가 말했다. 그제야 그녀는 자신이 울고 있다는 것을 알았다. 눈물은 닦을수록 자꾸 흘렀다. 우는 동안 그녀는 온몸이 뿔뿔이 흩어지는 느김을 받았다. 어깨가, 허벅지가, 눈동자가, 귀가, 종아리가 그리고 손가락과 발가락이 공중에 떠다녔다. ...그렇게 빈정거리던 자신이 부끄러워졌다. 그제야 그녀는 자서전의 시작이 잘못되였다는 것을 깨달았다.[35]

오래된 휴대폰을 충전하기 위하여 대리점에 가는 길에 꽃집에서 현현이 일어난다. 산만하게 흩어져있었던 서술은 이 순간에 집합하여 의미를 만들어 낸다. 결국 꽃집 녀자조차도 자신을 꾸미면서 생활을 견디고 있음을 느낀 주인공은 거짓은 숨길 수 없음을 느끼며 자서전을 처음부터 다시 쓰기로 결심한다. 즉 삶은 포장된 허위가 아닌 진실된 형태로 존재하는 것임을 느끼고 그것을 받아들이고 견뎌낸다는 것을 느꼈기 때문이다. 작자는 자서전을 꾸며내는 의도된 서술로 현실과 상상의 대비를 보여주다가 현현을 일으켜 평범한 일상을 비범의 순간으로 만들면서 깨달음을 완성시킨다. 그녀는 이

---

35 윤성희 등, ≪부메랑(2011 황순원문학상 수상작품집)≫, 서울: 문예중앙, 2011, 56페지.

깨달음의 순간에 과거의 억압적이고 외곡된 생활에서 벗어나기로 결정하고 짧은 정신적 승화와 회귀를 얻게 된다. 이렇게 소설은 좌절과 죄책감으로 점철된 인생에 대한 동경과 후회를 돌이켜보게 한다.

이 밖에도 <아침의 문>에서 자살을 시도하던 주인공은 맞은편 옥상에서 태여나는 새 생명을 목격하는 순간 자신이 삶을 버린 진짜 리유를 터득하게 되고 <이모>의 평생 가족들을 위해 헌신하다 암에 걸린 주인공은 손바닥에 담배불을 지지는 순간 그 고약한 상처가 자신을 구원시켰음을 인지한다. 미래가 불안하고 안해의 외도에 절망을 하던 <틈새>의 주인공은 친구 가게 맞은편의 포스터에서 '언땅에서 돋아나는 새 순'을 보는 순간 그 틈새로 빨려 들어가는 느낌을 받고 새 순으로 되여 새롭게 태여날 것임을 다짐한다. 노력했지만 대기업에서 고립된 <너무 한낮의 련애>의 필용 역시 무대에서 타인을 응시하는 옛사랑 양희를 먼발치서 바라보다 갑자기 그 눈길이 힐링이고 구원이였음을 깨닫는다. 이러한 작품들은 대부분 인물들이 의식하지 못한 일상의 상황 속에서 우연히 발생한 현현의 순간을 계기로 현실을 바라보는 시각을 새롭게 전환하고, 그로부터 삶의 방향을 재조정함으로써 존재적 의미를 확인하는 과정을 보여준다.

이처럼 한국문학상 수상 소설의 주인공들은 예기치 않은 찰나의 체험을 통해 삶의 본질에 도달하는데, 이러한 '깨달음의 순간'은 단순한 사건의 전환점이 아니라 주제의식이 응축되는 결정적 시점으로 기능한다. 작가들은 인물의 내면에서 일어나는 자각의 순간을 중심으로 서사적 고조를 형성하여 작품의 주제를 심화시키며, 이를 통해 인간 존재의 근원적 문제를 드러낸다. 표면적으로는 회상이나 의식의 흐름을 따라 서사가 분산된듯 보이지만, 현현의 순간은 흩어진 이야기의 흐름을 수렴시켜 인물의 '결정적 체험'을 중심으로 의미의 초점을 형성한다.

결국 이러한 서사적 자극점은 시간의 층위를 통합하는 기능을 한다.

과거와 현재, 미래의 단편적 기억과 사건들이 현현의 순간에 교차하면서, 일상의 사소한 경험들이 새로운 의미를 획득하고 무의미한 삶의 반복이 상징적 차원으로 승화된다. 따라서 이러한 구조는 인물로 하여금 자신의 삶을 성찰하게 하고, 동시에 독자로 하여금 생활의 본질을 재인식하고 진리를 사유하게 만드는 서사적 장치로 작용한다.

3. 감각기관 표현에 의한 상상력 자극

소설의 서술은 간결하고 정밀한 표현 과정을 통해서 독자의 상상력을 자극시킬 것을 목표로 한다. 이 때의 상상력은 지적인 반응에서 한걸음 더 나아간 생생한 추체험을 의미한다. 독자의 상상력을 자극시키려면 작가들은 무엇보다도 독자들의 감각기관에 직접 호소할 수 있는 표현 방법에 치중해야 한다. 원칙적으로 오관에 호소한 표현이야말로 소설 속의 작중인물과 배경을 현실적이면서 신뢰감이 가도록 만들어 준다. 오관에 호소하라는 말은 그만큼 구체적인 표현 방법을 사용하라는 의미이다.[36] 감각기관으로 포착해낸 내용을 지각이나 인식의 차원으로 이행시킬 줄 아는 능력도 작가에게 없어서는 안될 것중의 하나다. 이러한 서술방법은 지성, 인식 등의 통제와 지휘보다 독자를 오래 붙들어 둔다. 감각기관을 표현하는 방법은 시점의 활용, 청각의 활용, 미각과 후각의 동시적 활용, 후각의 활용, 미각의 활용[37] 등으로 나뉠 수 있는데 작자들은 이러한 활용에 의인화, 상징, 대비, 알레고리 등 수법을 리용하여 치밀하고 생동하게 표현한다.

앞서 살펴보았듯이 <뿌리 이야기>는 사회 폭력에 의한 철거민, 입양아,

36 조남현, ≪소설원론≫, 서울: 고려원, 1993, 208페지.

37 조남현, ≪소설원론≫, 서울: 고려원, 1993, 209페지.

위안부 할머니의 상처를 다루었다. 진부한 이야기인 듯하지만 작자가 이러한 아픔을 절절하면서도 새롭게 펼쳐보이는 리유는 '뿌리 뽑힌' 인간들의 삶들에 대해서 묘사하지 않고 의인화 수법으로 '뿌리'라는 대상에 생명을 불어넣어 가혹한 현실에 렬패한 사람들의 삶의 뿌리가 인간에게 뽑혔을 때 느꼈을 공포감에 공감을 느끼는 형식에 초점을 맞춘다. 이러한 공감은 시점, 후각, 청각을 활용하는 표현 방법으로 독자들의 자극을 일으키는 형식인데 구체적으로 '뿌리의 표정', '뿌리의 냄새', '뿌리의 절규'에 각도를 맞춰 그 고통을 전달한다.

소설은 화자의 남자친구가 뿌리의 냄새를 표현한 데서부터 시작된다. 그는 뿌리마다 특유의 냄새가 있다고 한다. '겨드랑이처럼 습진 땅에 내려 물기를 흠씬 머금은 짙고 깊'은 냄새가 있는가 하면 '웨이퍼처럼 외피가 쉽게 바스라지는' 냄새가 있고 '아카시아 뿌리처럼 톡 쏘는 냄새'도 있다고 한다. 이러한 묘사는 후각을 리용하여 나무 뿌리들의 개성적인 냄새를 표현한 것인데 인간의 정체성을 나무의 고유하고 짙은 냄새로 전달하면서 입양아인 남자친구가 자신의 정체성에 대한 강렬한 집착을 드러내는 효과가 나타난다.

다음은 뿌리의 표정을 통해 시점적 자극을 활용하여 뿌리 뽑힌 자들의 표정을 상상하도록 유도하면서 그 아픔을 마음속으로 끌어모으는 힘을 산생시킨다. 화자의 련인은 인간보다 나무뿌리의 표정이 풍부한 것 같다고 말하면서 나무 표정을 행복, 놀라움, 분노, 혐오, 슬픔으로 나누는데 실은 역설적이게도 인간의 표정이다. 뿌리의 표정이 풍부하고 절묘한 것은 겉으로 드러난 외관의 형태나 색감이 아니라 그 껍데기 속에 숨겨진 뿌리가 뽑힐 당시의 공포, 원치 않은 이주로 인한 슬픔이며 이러한 감정은 뿌리가 겪은 고통의 력사로 환원된다.

복숭아나무 뿌리가 그리는 표정을 보라니까.

저 표정을 좀. 뿌리가 사방으로 뻗치고 엉기면서 그리는 형상이 마치 인간의 얼굴이 짓는 표정 같지 않아? 땅속에 파묻혀있을 때는 저 표정과는 사뭇 다른 표정이였을 거야. 흙이 켜켜로 쌓여 잉어 비늘 만한 빛 한점 떠돌지 않는 땅속에 파묻혀있을 때는… 다른 표정을 짓고 있었을 거야.

지구상에 존재하는 것들 중 가장 풍부하고 절묘한 표정을 짓는 것은 인간의 얼굴이 아니라 나무뿌리가 아닐가.

저 복숭아나무 뿌리가 땅속에서 수분을 빨아올리기 위해 안깐힘을 쓸 때 지었을 표정을 상상해봐, 줄기와 가지들이 휘청 흔들릴 때 지었을 표정을, 진분홍 꽃이 다투듯 피여날 때 뿌리가 지었을 표정을. 원뿌리가 새로 곁뿌리를 칠 때마다, 곁뿌리에서 실뿌리가 한가닥 한가닥 돋을 때마다 미묘하게 달라졌을 뿌리의 표정을 상상해봐.[38]

우의 내용은 화자의 련인이 묘사하는 뿌리의 표정이다. 그가 말하는 대로 시점을 리용하여 뿌리의 표정을 자세히 관찰하다 보면 복숭아나무 뿌리를 직접 서술하는 것보다 그 느낌이 훨씬 강렬하게 다가오고 배후에 숨겨져 있는 인간의 표정을 보여주려는 작가의 의도도 실현된다. 특히 경기도 안산 과수원에서 구해왔다는 복숭아나무 뿌리를 가리키며 "땅속에서 수분을 빨아올리기 위해 안깐힘을 쓸 때 지었을 표정을 상상해"보라고 하는데 이는 생존을 위해 악착같이 노력하는 인간상을 의미한다. 또한 태풍에 의해 뽑힌 뿌리는 깨진 보도블록 곁에 누워서 허공을 향해 '절규'하고 비명을 지르고 있었고 곁뿌리가 하수구 철망 구멍에 빨대처럼 꽂혀있는 것 역시 그 하수구 바닥이

---

38 김숨, ≪뿌리 이야기(2015 제39회 리상문학상 작품집)≫, 서울: 문학사상, 2015, 제21페지.

라도 '움켜잡고' 버티고 싶은 간절한 마음 때문이였다고 한다. 작자는 이처럼 뿌리를 인간으로 의인화하여 뿌리 뽑힘을 당하는 자의 발악과 저항을 의인화 수법으로 표현하면서 감정이입을 다양하게 전개시킨다.

작자는 철거민의 삶이 파괴당하는 모습을 상세하게 묘사하지 않는다.또한 위안부가 모욕을 당하는 구체적인 력사 원인도 분석하지 않는다. 그저 리성 대신 감성을 리용하고 인간 대신 나무를 내세워 모호한 감상에 빠지도록 유도한다. 그 과정에 상상력의 자유로운 발산을 통해 뿌리 뽑힌 자들을 대면하도록 한다. 이렇게 소설은 전통적인 리얼리즘 소설과 달리 뿌리에 대한 의인화 수법으로 지루하고 긴긴 중편을 이끌어가는 힘을 발휘한다. 그것은 독자들의 섬세한 감각을 자극하여 뿌리의 고통과 절망을 상상시키고 거기에 감정을 이입시켜 뿌리가 흔들린 자들의 아픔을 더욱 실감하게 하는 효과를 나타낸다.

전경린의 <강변마을> 역시 감각을 활용한 묘사수법으로 소녀가 락원 같은 시골에서 지내던 달콤한 시간을 펼쳐보이는데 여기서 특히 소녀의 '집'과 '사촌 외가집'이라는 극과 극의 공간을 소녀가 두곳에서 느끼는 상반된 오감으로 대비시키면서 락원에서 현실로 돌아오는 허무함과 잔인함을 체현한다. 소설에서 소녀가 시골 외사촌할머니 댁에서 보내는 여름방학은 그야말로 동화 같은 아름다운 락원이였다. 낮에는 '총총한 잎사귀 속 붉은 열매들이 조롱조롱 달려있는' 사철 나무에 매달리거나 '장대를 얼기설기 엮어 넝쿨을 올린 오이밭에'서 뛰놀기도 하고 밤이 되면 "서로 모여 꽃다발처럼 뭉쳐서 웃기도 했고 띄염띄염 떨어져 망망대해를 지나는 조각배처럼 까딱까딱 외롭고 불안한 신호를 보내'는 별들을 바라보며 자연이 주는 아름다움과 신선함을 시각적으로 만끽한다. 또한 달고 싱싱한 붉은색 수박즙, 달콤한 즙이 가득 찬 포도, 차고 단 미시가루 등 색갈, 냄새와 맛에 대한 표현으로 시점, 미각과 후각을 자극하는 음식들을 묘사하여 풍부한 자연의 맛을 그대로 드러낸다.

작자는 락원 체험을 풍부한 감성과 아름다운 문체로 령혼이 부풀린 주인공의 심리를 그대로 반영하면서 그동안 집에서 받았던 '가시' 같은 상처들이 점차 아물어감을 드러낸다.

> 아침을 먹은 후 외할머니를 뒤따라서 동네를 한바퀴 돌았다. 골목들은 깊고 집들도 많았다. 한사람이 지은 것처럼 비슷비슷한 집들이였다. 집집마다 탱자나무 울타리였고 길가에 키 큰 까마중이 자라고 변소가 대문 앞에 있었고 터밭이 있었고 구리빛 얼굴의 사람들도 분간하기 어려울 만큼 비슷했다. 어떤 집에서는 찐 햇감자를 내놓았고 어떤 집에서는 덕과 사탕을, 어떤 집에서는 사이다를 내놓았다. 어떤 집에서는 첫 수확한 포도를 내놓았는데, 우리에게 각자 한송이씩을 주었다. 포도송이마다 크고 탱탱한 포도알들이 서로 밀듯이 비좁게 붙어있어 떼여내기도 어려울 정도였다. 검은 보라빛 포도껍질을 그냥 버렸고 나는 껍질까지 씹다싶이 먹었다. 달콤한 즙이 가득한 흑보라빛 포도도 맛 있지만, 끝에 붙은 아주 작은 풋포도도 통째로 아삭 씹으면 그 시고 단 맛에 정신이 아찔했다.[39]

시점과 미각으로 농촌의 후한 인심과 아늑함을 묘사한 이 대목 역시 낯선 사람들이 불안한 눈빛으로 문을 열고 들어서는 공포스런 문방구와 밀가루 냄새가 떠다니는 소녀의 집과 선명한 대비를 이루면서 소녀의 행복감을 확대시킨다. 그러나 아버지의 아이를 낳은 처녀가 떠나버리면서 집으로 돌아온 소녀는 다시 현실의 나락으로 떨어진다. 사람의 속을 긁어내는 밤낮 없는 아우성 소리는 서로 부대끼며 사는 식구들과 계집애라는 자체로 질타를 받던

39 전경린, ≪강변마을(2011년 제56회 현대문학상 수상소설집)≫, 서울: 현대문학, 2010년, 1페지.

생활로 돌아왔음을 알리는 상징이다. '잔뜩 날이 선' 목소리로 서로에게 욕을 퍼붓는 할머니와 어머니, '그릇을 내던지는 것 같은' 엄마의 악다구니, '땅땅 두드리는' 할머니의 담배대 소리, 거기에 환영받지 못하는 아기의 '매미처럼 악을 쓰는 울음소리'는 이 가정의 미래를 암시적으로 보여준다. 이처럼 작자는 집과 사촌외가집이라는 두 공간에서 느끼는 서로 상반되는 소리를 활용하여 대비적인 수법으로 소녀가 느끼는 기쁨과 슬픔, 쾌락과 불안, 희열과 공포 등 기분을 은유한다. 작자는 시점, 청각, 후각이 혼재되여있는 시공간을 뛰여넘는 묘사로 상반된 환경 속에 모순된 소녀의 모습을 성공적으로 형상화시켰다.

구효서의 <풍경소리> 역시 가을 산사의 풍경과 소리, 냄새와 사찰을 찾아온 주인공의 내면세계를 절묘하게 결합시키면서 자연스럽게 사찰의 법도와 중생의 삶의 차이를 드러낸다. 이 작품의 서사 자체는 미와가 사찰에서 지내면서 보고 듣고 느끼는 데 기대지만 이야기의 핵심은 오감의 자극을 통한 상처의 치유이다.

작자는 미와의 고통을 미국에서 살던 어머니의 죽음 소식을 들을 때 전화에서 들리던 길고 슬픈 고양이 울음소리로 설정하면서 '묘음'이라는 후각을 리용하여 어머니에 대한 아픈 기억을 감각적으로 되살린다. 따라서 성불사로 들어갈 때 미와는 휴대폰과 노트북을 챙기지 않고 고양이 소리를 포함한 인생의 모든 소음을 단절한다. 대신 성불사 안의 소리와 모양, 맛에 온몸을 집중시켜 느끼고 체험한다. '슥삭슥삭' 연필 지나는 소리, 주승의 '똑똑똑똑' 목탁소리, 수봉스님의 '오이오이' 념불소리, 공양간의 '탁탁탁탁' 도마질 소리, 쓰르라미가 내는 '쓰쓰쓰스' 소리, 이 밖에도 '스와와와', '뜩뜩뜩뜩' 등 낮에는 쓰르라미와 새의 소리에 섞인 풍경소리, 밤에는 솔바람에 섞인 풍경소리가 그녀의 후각을 파헤친다. 또한 슴슴한 소금물에 데친 풀뿌리, 김이 모락모락 나는 노란 콩고물, 떡푸른 사과와 포도, 예쁜 색을 빛내는 방울도마도와 귤 등 시점과 미각의 세계도 미와의 상처를 보듬어주고 비워진 삶을 채워준다. 미와 또한 마을 전체에 쌓아올린 돌담, 나무장작, 수많은 장독대 등 생존을 위해 끌어올리는 탑들을 보면서 끝없이 크림을 만들어내던 어머니 인생을 조금이나마 리해한다. 소설은 오감을 자극하는 세밀한 묘사들이 전반에 너울거리면서 신비한 분위기를 자아낸다. 특히 자연에서 얻은 소리와 냄새, 빛갈, 맛을 통해 상처를 치유해 가는 과정은 간결하고 무심하면서도 잔잔한 감동이 깔려있다.

결국 미와가 경험하는 오감들이 점차 그의 몸 전체에 깊숙이 스며들면서 미와의 마음을 녹여준다. 또한 소리, 냄새, 색갈을 통해 '성불사'의 스님과 객들의 모든 인생의 희로애락을 은유하는데 이러한 감각을 자극하는 서술을 따라서 가다 보면 인간은 과연 어디에서 와서 어디로 가는 것인가 라는 존재론적 질문을 끄집어내게 되면서 청량하고 가벼운 묘사로 무거운 주제를 상징적으로 담아내는 미학적 효과를 이루게 된다. 이러한 감동은 결말 장면에서 그려내는 풍경소리가 결국은 어머니의 소리임을 암시하는 대목에서 절정에 이르면서 치유의 효과를 나타낸다.

이 밖에도 편혜영의 작품들 역시 기괴하고 끔찍한 이미지로 오감을 자극시킨다. <맨홀>에 등장하는 과학관 실험대 우에서 해부되는 아이들의 시체, 쥐의 내장과 벌레와 피가 란무하는 저수지 근처의 방갈로에 갇혀있는 <저수지>의 아이들, 고양이를 삼키거나 개구리를 낳는 인간이 그려지는 <아오가이든> 등 작품들은 모두 몸이 썩어가고 구더기가 끓거나 사람의 내장이 쏟아지는 피와 죽음의 상상력으로 주변부로 밀려나 지옥 같은 매일을 살아가는 약자들의 현실을 충격적으로 안겨준다. 이는 현실에 익숙해져 그 잔인함을 감지하지 못하는 사회에 더욱 극단적인 감각효과를 안겨주면서 지독하고 잔인한 이미지로 독자들의 오감을 파고든다.

감각의 활약, 감각기관의 해방은 생동한 소설 세계를 구성해 가는 데 있어서 아주 큰 의의가 있다. 한국문학상 수상 작가들은 감각기관의 서사전략을 교묘하게 운용하여 인간의 본능과 희로애락을 생동하게 반영하였을 뿐만 아니라 작품의 분위기를 극대화하여 미적 승화를 이루면서 문학표현의 감성적 매력도 증가시켰다.

결론

2000년부터 2020년까지의 한국문학상 수상 소설은 한국 문학의 전체적인 풍경을 이루는 주축으로 그 전체적인 흐름과 방향을 드러낸다.

지난 20년간 글로벌 시대, 자본주의 시장환경, 격동적인 사회 현실 등 방면에서 한국의 사회문화 특징을 살펴보면 우선 빈부 량극화, 사회적 사건, 사고, 사회 구조적 모순 등 문제가 잇달아 발생하고 이는 사회의 분노와 절망의 감정으로 연장되면서 사회질서와 륜리의 문제까지 다다르게 된다. 다음 글로벌 시대 한국 문학은 문학적 지향성이 전환되는데 주로 민족적 특수성을 초월하여 인류의 보편적 정서를 구현하고 진정한 우주공동체를 실현해 나가기 위해 평등의 차원에서 문제를 대응하며 인간과 자연, 사회와 문화 등 관계망이 상생과 호혜의 균형적인 구조를 이루는 방향을 향해 작업해 나간다. 또한 한국 문학은 소비와 정보화 시대의 영향으로 문학 창작 방식에서 새로운 돌파를 보인다. 그중 미디어의 발전에 의한 인터넷 작가들의 대량 등장으로 창작 주체가 변화를 일으키고 창작 플랫폼이 확장되며 소비 시대의 영향하에 문학에서 작자의 권위가 해체되고 점차 독자 중심으로 전이되여 가는 경향을 나타내고 있다. 마지막으로 한국문학상의 발전 양상과 특징을 살펴보면 한국 문학의 전통적 가치를 계승하는 한편 현실에 대한 문제의식을 보여주고 젊은 작가와 녀성 작가들이 점차 활약하고 있음을 보여주면서 21세기 문학장의 외연을 확대하는 추세를 드러낸다.

인간은 시대의 통증을 가장 잘 표현하는 매개체이다. 오늘날 한국은 소득, 자산, 주거, 교육, 문화, 건강 등의 다양한 령역에서 격차가 벌어지는 '다중격차' 사회에 처해있다. 이러한 배경하에 한국문학상 수상 소설에 등장하는 인물들을 살펴보면 우선 어린이들은 가정의 경제적 빈곤과 기형적인 관계, 학교 폭력, 주변 이웃의 차별 등에 의하여 미시체계의 생태인자가 파괴되면서 다방면의 곤경에 부딪치게 된다. 다음 한국의 청년들 역시 고용위기, 실업, 치열한 경쟁 등에 의하여 소득, 주거, 교육 등의 격차를 겪으면서 분노와 자괴감에 륜리적 신분의 의무를 리행하지 못하는 경우가 비일비재하다. 한국문학상 수상 작품 속의 젊은이들은 노력하고 발버둥 치지만 경제 중심에서 소외되여 도덕과 현실, 륜리와 생존 사이에서 위태롭게 줄타기를 하고 젊음 고유의 랑만과 활력을 잃어가는 모습을 형상적으로 보여주었다. 한국 사회의 로인들도 건강, 소득의 격차로 경제적 가난과 사회적 권위에서 퇴출하면서 자기 방임의 태도를 취한다. 따라서 한국문학상 수상 작품에 등장하는 로인들은 빈곤에서 헤여나오지 못한 저소득층 로인들이거나 새로운 사회 시스템에 적응하기 어려워지면서 아래 세대들의 미래를 막는 걸림돌로 표상화되여 상대적인 박탈감에 불안을 겪고 삶의 희망을 버린다.

다음 한국문학상 수상 소설들에는 '공포'가 한국 사회의 새로운 이데올로기로 등극하고 삶을 지배하는 힘으로 작용하는 배경하에 이를 수용하기 위한 인물들이 등장한다. 이런 인물 류형들은 의지 상실로 인해 삶의 무의미함을 느끼고 소극적으로 살아가면서 각자 다른 형태로 세계에 응하는데 주로 아웃사이더의 모습으로 공포를 회피하거나 페르소나의 형태로 공포를 감추거나 전가시킨다. 이러한 인물들은 모두 공포를 극복하기 위한 노력보다는 당장 직면한 공포를 최소화하는 데 초점을 맞추고 있다.

마지막으로 한국문학상 수상작품들에는 현대 사회 질서의 순응자와 삶의 역행자들이 등장한다. 우선 한국문학상 수상 소설들의 인물들은 어려운 세상에 정면으로 도전하여 현실을 극복하려고 적극적인 행동을 취하여 살아남을 수 있는 방법을 탐구하지만 사회의 규격화된 시스템이거나 습관화된 패턴 등 체화된 아비투스에 의하여 극복이 실패되는 자기 부정형 인물이 나타난다. 다음 폭력과 부조리, 경쟁과 질투, 생존의 어려움과 질병 등 문제를 마주하면서도 아이덴티티를 확립하고 자아를 통합시키면서 꿋꿋하게 현실을 이겨나가는 능동적인 인물들도 존재한다.

2000년부터 2020년까지 한국문학상 수상 소설의 주제를 살펴보면 다방면으로 사회적 문제를 꼬집어내면서 현실을 성찰한다. 첫번째로 오늘날 한국의 신빈곤층의 대표층인 프레카리아트들이 아무리 노력해도 경제적으로 주류 세계에 편입하는 것이 불가능함을 보여주면서 현시대의 불평등과 무자비한 특징을 극명하게 보여준다. 다음 오늘날 사회에 은폐된 객관적인 폭력, 즉 비가시적인 사회 구조 폭력과 로골적이지만 교묘한 연폭력의 잔인함을 고발한다. 또한 반복되는 일상과 빠른 생활 리듬 등 균질화된 시스템에 존재의 의미를 상실하고 기계처럼 돌아가면서 점차 소외되여가는 인간상을 보여주면서 이러한 사회 환경이 인물의 주체성과 자아의식을 잠재적으로 개변시키는 현상을 폭로하였다.

두번째로 '인류세' 시대 문명 발전 추세에 대한 작가들의 우려를 보여주었다. 한국문학상 수상 작가들은 생태 위기와 재난은 사회에 그 해결의 실마리가 놓여있음을 인지하고 복합적인 정치 경제적 요소가 그 주된 원인이라는 것을 실감하면서 자연의 보복과 종말이라는 끔찍한 상상력으로 사람들에게 경종을 울려준다. 또한 현대문명과 기술의 발전이 인간의 탐욕에 오용되고 소수의 권력자에게 목적성 있게 리용당하는 현실을 풍자하면서 시대의 본질을 파헤친다. 마지막으로 약육강식, 적자생존 등 무한대의 경쟁 시대 질투,

불신, 랭정 등 감정으로 가득차있는 인간관계와 사회 전반의 핵심 령역으로 떠오르는 정신적 생태 위기를 들여다보았다.

세번째로 문화 인류학적 가치 구축과 휴머니즘에 대하여 탐구하였다.한국문학상 수상 작품들은 희망을 상실하고 미래가 불투명한 지친 생명들에 대하여 위로를 주면서 어둠 속에서 스스로 치유할 수 있는 방법을 찾고 생존의 진리를 탐구하도록 이끌어간다. 또한 스스로의 개성과 차이를 간직한 주체들의 타자에 대한 리해와 환대라는 문제에 천착하여 그 가능성을 보여주였다. 그뿐만 아니라 불안과 위기의 시대에 맞서 개인의 개별성을 존중하고 련대하면서 각자의 가치를 발현하고 차별과 억압을 배제하며 공동의 리익과 목표를 추구하는 미래 지향적인 공동체의 추구를 체현하였다.

2000년대 진입후 작자들은 사회의 다원적 형태를 고찰하며 개개인의 개성을 존중하는 독특한 서사적 장치로 독자들을 설득한다. 첫번째로 한국문학상 작가들은 내적 초점화를 통하여 상황에 대한 객관성을 추구한다. 즉 가변적 초점화를 통해 사건의 다양성을 인정하고 인생의 의미도 다층적이라고 가정하면서 생활의 우연성, 가변성과 개인 체험을 강조하며 사물의 의미와 본질은 인간의 주관적인 인식에 불과함을 인정한다. 다음 고정 초점화를 통해 인물들의 내면 심리를 객관적으로 반영하고 현실에 대한 작가 나름의 태도를 표출한다. 다시 말해 현대인들의 각종 소외와 이질적인 관계에 처했을 때 생기는 복잡한 내면과 정신을 표현할 뿐만 아니라 현실의 잔인한 측면을 랭철하게 응시하고 통찰하는 역할을 한다.

다음 서사 속도의 변화를 통하여 주제의 암시적 의미를 전달한다. 우선 서사 시간의 가속화를 통하여 생명을 존중하는 의식을 부각한다. 즉 력사거나 실제 사건을 간략하게 서술하고 오히려 력사적 사실에 대응하는 인물을 부각하여 약소한 개인의 삶을 한국 현대사의 굴곡 우에 풀어놓으면서 인간의 생명에 대한 의미를 진지하게 고민한다. 다음 한국문학상 수상 소설들은 인물 묘사, 장면 묘사, 또는 련상이나 의식의 흐름을 통해 이야기 시간을 잠시 멈추고 일상 속에 발생하는 사소한 이야기를 상세하게 서술하는데 이는 개인의 감정에 중점을 두면서 삶의 곳곳에 스며든 고통과 아픔들을 세밀하게 부각시키는 역할을 한다.

이 밖에도 한국문학상 수상 작가들은 서사의 불확정성을 념두에 두고 '빈 곳'을 만들어 불완전한 곳을 보완하는 작업을 독자에게 맡긴다. 또한 일상의 상황에서 돌연히 현현을 일으켜 현실을 바라보는 시점을 개변하고 사물의 본질을 인식하는 전략을 즐겨 사용한다. 이러한 자극점은 사소하고 무미건조한 일상에서 벗어나 의미를 갖게 하고 생활을 개선하는 중요한 수단이자 효과적인 경로이다. 그리고 감각기관의 서사전략을 교묘하게 운용하여 인간의 본능과 희로애락을 생동하게 반영하였을 뿐만 아니라 작품의 분위기를 극대화하여 미적 승화를 이루었다.

2000년부터 2020년까지 한국문학상 수상 소설들은 한국 사회의 문제와 감정 움직임을 예리하게 포착하고 시대의 변화와 주류 의식을 체현하면서 사회에 대한 민감성과 독보적인 미감을 갖추었다. 한국문학상 수상 작가들은 시대의 한복판에 서있는 개인의 실제 체험을 통해 한국 문학의 전형성을 띠면서도 고정된 사고방식을 타파하여 복잡다단한 세계의 틈새에서 자아를 찾기 위해 노력한다. 이러한 과정은 타인과 공감하고 대화하며 현재 실존 상황에 대해 의문을 제기하면서 끊임없이 반성하는 과정에서 이루어진다. 형식적인 방면에서도 더욱 진실된 모습을 형상화하기 위해 개인의 감정을 배제한 다원적이고 객관적이며 세밀한 태도를 보여준다. 결국 이 모든 것은 인간 중심주의 태도에서 출발한 것인데 포스트모더니즘 시대의 인간을 관찰하고 진단하며 인류를 더욱 우수한 인문가치 체계로 인도하기 위한 노력으로 볼 수 있다. 이는 진정 개인의 개성을 존중하고 다원화된 세계의 발전 법칙에 부합되며 한국 문학장의 외연을 확대하여 세계 문학으로 나아가는 저력을 가진다.

모두어 말하면 2000년부터 2020년까지 한국문학상 수상작품들은 현대 문학사인 동시에 사회사이자 인간학이다. 현실 재현에 대한 신념을 기반으로 개체에 대한 따뜻한 위로는 물론이고, 생명과 인생에 대한 총체적인 인식 체계를 구축하면서 보편적인 가치 추구가 자연스럽게 표출되였다. 이는 한국문학상 수상 소설들이 한국문학의 위상을 변화시키고 세계 문학의 일원으로서 공동체를 하나로 묶어줄 방향을 제시하는 문화적 역할을 수행하고 있음을 의미한다.

참고문헌

1. 기본 자료

은희경, ≪아름다움이 나를 멸시한다≫, 파주: 창비, 2007.
조경란, ≪풍선을 샀어≫, 서울: 문학과 지성사, 2008.
김인숙, ≪안녕, 엘레나≫, 파주: 창비, 2009.
편혜영, ≪저녁의 구애≫, 서울: 문학과 지성사, 2011.
구효서, ≪별명의 달인≫, 파주: 문학동네, 2013.
김중혁, ≪가짜 팔로 하는 포옹≫, 파주: 문학동네, 2015.
권여선, ≪안녕 주정뱅이≫, 파주: 창비, 2016.
김애란, ≪바깥은 여름≫, 파주: 문학동네, 2017.
리기호, ≪누구에게나 친절한 교회 오빠 강민호≫, 파주: 문학동네, 2018.
한강, ≪몽고반점(2005 제29회 리상문학상 작품집)≫, 서울: 문학사상, 2005.
정미경, ≪밤이여, 나뉘어라(2006 제30회 리상문학상 작품집)≫, 서울: 문학사상, 2006.
전경린, ≪천사는 여기 머문다(2007 제31회 리상문학상 작품집)≫, 서울: 문학사상, 2007.
권여선, ≪사랑을 믿다(2008 제32회 리상문학상 작품집)≫, 서울: 문학사상, 2008.
김연수, ≪산책하는 이들의 다섯가지 즐거움(2009 제33회 리상문학상 작품집)≫, 서울: 문학사상, 2009.
박민규, ≪아침의 문(2010 제34회 리상문학상 작품집)≫, 서울: 문학사상, 2010.
공지영, ≪맨발로 글목을 돌다(2011 제35회 리상문학상 작품집)≫, 서울: 문학사상, 2011.
김영하, ≪옥수수와 나(2012 제36회 리상문학상 작품집)≫, 서울: 문학사상, 2012.
김애란, ≪침묵의 미래(2013 제37회 리상문학상 작품집)≫, 서울: 문학사상, 2013.
편혜영, ≪몬순(2014 제38회 리상문학상 작품집)≫, 서울: 문학사상, 2014.
김숨, ≪뿌리 이야기(2015 제39회 리상문학상 작품집)≫, 서울: 문학사상, 2015.
김경욱, ≪천국의 문(2016 제40회 리상문학상 작품집)≫, 서울: 문학사상, 2016.

구효서, ≪풍경소리(2017 제41회 리상문학상 작품집)≫, 서울: 문학사상, 2017.
손홍규, ≪꿈을 꾸었다고 말했다(2018 제42회 리상문학상 작품집)≫, 서울: 문학사상, 2018.
윤이형, ≪그들의 첫번째와 두번째 고양이(2019 제43회 리상문학상 작품집)≫, 서울: 문학사상, 2019.
윤성희, ≪유턴지점에 보물지도를 묻다(2005년 제50회 현대문학상 수상소설집)≫, 서울: 현대문학, 2004.
정이현, ≪삼풍백화점(2006년 제51회 현대문학상 수상소설집)≫, 서울: 현대문학, 2005.
리승우, ≪전기수 이야기(2007년 제52회 현대문학상 수상소설집)≫, 서울: 현대문학, 2006.
김경욱, ≪99%(2008년 제52회 현대문학상 수상소설집)≫, 서울: 현대문학, 2007.
하성란, ≪알파의 시간(2009년 제54회 현대문학상 수상소설집)≫, 서울: 현대문학, 2008.
박성원, ≪얼룩(2010년 제55회 현대문학상 수상소설집)≫, 서울: 현대문학, 2009.
전경린, ≪강변마을(2011년 제56회 현대문학상 수상소설집)≫, 서울: 현대문학, 2010.
전성태, ≪낚시하는 소녀(2012년 제57회 현대문학상 수상소설집)≫, 서울: 현대문학, 2011.
김숨, ≪그 밤의 경숙(2013년 제58회 현대문학상 수상소설집)≫, 서울: 현대문학, 2012.
황정은, ≪양의 미래(2014년 제59회 현대문학상 수상소설집)≫, 서울: 현대문학, 2013.
편혜영, ≪소년이로(2015년 제60회 현대문학상 수상소설집)≫, 서울: 현대문학, 2014.
김채원, ≪베를린 필(2016년 제61회 현대문학상 수상소설집)≫, 서울: 현대문학, 2015.
김금희, ≪체스의 모든 것(2017년 제62회 현대문학상 수상소설집)≫, 서울: 현대문학, 2016.
김성중, ≪상속(2018년 제63회 현대문학상 수상소설집)≫, 서울: 현대문학, 2017.
박민정, ≪모르그 디오라마(2019년 제64회 현대문학상 수상소설집)≫, 서울: 현대문학, 2018.
백수린, ≪아직 집에는 가지 않을래요(2020년 제65회 현대문학상 수상소설집)≫, 서울: 현대문학, 2019.
김연수, ≪달로 간 코미디언(2007 제7회 황순원문학상 수상작품집)≫, 서울: 중앙books, 2007.
박민규, ≪근처(2009 제9회 황순원문학상 수상작품집)≫, 서울: 중앙books, 2009.
김연수, ≪달로 간 코미디언(2007 제7회 황순원문학상 수상작품집)≫, 서울: 중앙books, 2007.
리승우, ≪칼(2010 제10회 황순원문학상 수상작품집)≫, 서울: 중앙일보, 2010.
윤성희, ≪부메랑(2011 제11회 황순원문학상 수상작품집)≫, 서울: 중앙일보, 2011.
김인숙, ≪빈집(2012 제12회 황순원문학상 수상작품집)≫, 서울: 중앙일보, 2012.
하성란, ≪카레 온 더 보더(2013 제13회 황순원문학상 수상작품집)≫, 서울: 중앙일보, 2013.
은희경, ≪금성녀(2014 제14회 황순원문학상 수상작품집)≫, 서울: 중앙일보, 2014.
한강, ≪눈 한송이가 녹는 동안(2015 제15회 황순원문학상 수상작품집)≫, 서울: 중앙일보, 2015.

정용준, ≪선릉 산책(2016 제16회 황순원문학상 수상작품집)≫, 서울: 중앙일보, 2016.

리기호, ≪한정희와 나(2017 제17회 황순원문학상 수상작품집)≫, 서울: 중앙일보, 2017.

윤대녕, 김중혁 외 3명, ≪김유정문학상 수상작 작품집(2007-2013)≫, 서울: 은행나무, 2014.

정지아, ≪풍경(리효석문학상 수상작품집 2006)≫, 서울: 해토, 2006.

리기호, ≪밀수록 다시 가까워지는(리효석문학상 수상작품집 2010)≫, 서울: 문학의 숲, 2010.

리기호, ≪밀수록 다시 가까워지는(리효석문학상 수상작품집 2010)≫, 서울: 문학의 숲, 2010.

윤고은, ≪해마, 날다(리효석문학상 수상작품집 2011)≫, 서울: 문학의 숲, 2011.

황정은, ≪누가(리효석문학상 수상작품집 2014)≫,서울: 문학의 숲, 2014.

권여선, ≪모르는 령역(리효석문학상 수상작품집 2018)≫, 서울: 문학의 숲, 2018.

장은진, ≪외진 곳(리효석문학상 수상작품집 2019)≫, 생각정거장, 2019.

최윤, ≪소유의 문법(리효석문학상 수상작품집 2020)≫, 생각정거장, 2020.

김중혁 등, ≪1F / B1, 제1회 젊은 작가상 수상작품집(2010)≫, 파주: 문학동네, 2010.

김애란 등, ≪물속 골리앗, 제2회 젊은 작가상 수상작품집(2011)≫, 파주: 문학동네, 2011.

손보미 등, ≪폭우, 제3회 젊은 작가상 수상작품집(2012)≫, 파주: 문학동네, 2012.

김종욱 등, ≪거리의 마술사, 제4회 젊은 작가상 수상작품집(2013)≫, 파주: 문학동네, 2013.

황정은 등, ≪상류엔 맹금류, 제5회 젊은 작가상 수상작품집(2014)≫, 파주: 문학동네, 2014.

박민정 등, ≪세실, 주희, 제9회 젊은 작가상 수상작품집(2018)≫, 파주: 문학동네, 2018.

강화길 등, ≪음복, 제11회 젊은 작가상 수상작품집(2020)≫, 파주: 문학동네, 2020.

한국현대소설학회, ≪2010 올해의 문제소설(현대 문학교수 350명이 뽑은)≫, 서울: 푸른사상, 2010.

한국현대소설학회, ≪2011 올해의 문제소설(현대 문학교수 350명이 뽑은)≫, 서울: 푸른사상, 2011.

한국현대소설학회, ≪2012 올해의 문제소설(현대 문학교수 350명이 뽑은)≫, 서울: 푸른사상, 2012.

한국현대소설학회, ≪2013 올해의 문제소설(현대 문학교수 350명이 뽑은)≫, 서울: 푸른사상, 2013.

한국현대소설학회, ≪2014 올해의 문제소설(현대 문학교수 350명이 뽑은)≫, 서울: 푸른사상, 2014.

한국현대소설학회, ≪2015 올해의 문제소설(현대 문학교수 350명이 뽑은)≫, 서울: 푸른사상, 2015.

한국현대소설학회, ≪2016 올해의 문제소설(현대 문학교수 350명이 뽑은)≫, 서울: 푸른사상, 2016.

한국현대소설학회, ≪2017 올해의 문제소설(현대 문학교수 350명이 뽑은)≫, 서울: 푸른사상, 2017.
한국현대소설학회, ≪2018 올해의 문제소설(현대 문학교수 350명이 뽑은)≫, 서울: 푸른사상, 2018.
한국현대소설학회, ≪2019 올해의 문제소설(현대 문학교수 350명이 뽑은)≫, 서울: 푸른사상, 2019.
한국현대소설학회, ≪2020 올해의 문제소설(현대 문학교수 350명이 뽑은)≫, 서울: 푸른사상, 2020.
조남주, ≪82년생 김지영≫, 서울: 민음사, 2016.

2. 단행본

C·S霍尔/V·J诺德贝：≪荣格心理学入门≫, 冯川译, 上海：三联书店, 1987年。
H.R.姚斯, R.C.霍拉勃著: ≪接受美学与接受理论≫, 周宁、金元浦译, 沈阳：辽宁人民出版社, 1987年。
阿诺德·盖伦：≪技术时代的人类心灵—工业社会的社会心理问题≫, 何兆武、何冰译, 上海：上海科技教育出版社, 2003年。
埃德加·莫兰: ≪复杂思想: 自觉的科学≫, 陈一壮译, 北京：北京大学出版社, 2001年。
安东尼·吉登斯：≪现代性的后果≫, 田禾译, 南京：译林出版社, 2011年。
恩格斯：≪自然辩证法≫, 于光远等译, 北京：人民出版社, 1984年。
高宣扬:≪布迪厄的社会理论≫, 上海：同济大学出版社, 2004年。
赫伯特·马尔库塞: ≪单向度的人——发达工业社会意识形态研究≫, 刘继译, 上海：上海译文出版社, 2008年。
胡亚敏：≪叙事学≫, 武汉：华中师范大学出版社, 2004年。
黄作:≪不思之说——拉康主体理论研究≫, 北京：人民出版社, 2005年。
雷蒙·威廉斯: ≪关键词：文化与社会的词汇≫, 刘建基译, 上海：三联书店, 2005年。
卢卡奇：≪小说理论≫, 燕宏远、李怀涛译, 北京：商务印书馆, 2012年。
鲁枢元:≪生态批评的空间≫, 上海：华东师范大学出版社, 2006年。
罗贝尔·埃斯卡尔皮：≪文学社会学≫, 符锦勇译, 上海：上海译文出版社, 1988年。
罗兰·罗伯森, ≪全球化：社会理论和全球文化≫, 梁光严译, 上海：上海人民出版社, 2000年。
马新颖:≪异化与解放:西方马克思主义的现代性批判理论研究≫, 北京：中央编译出版社, 2015年。
聂珍钊：≪文学伦理学批评导论≫, 北京：北京大学出版社, 2014年。
热拉尔·热奈特：≪叙事话语新叙事话语≫, 王文融译, 北京：中国社会科学出版社, 1990年。
申丹、王丽亚：≪西方叙事学：经典与后经典≫, 北京：北京大学出版社, 2010年。

童庆炳: ≪文学审美论的自觉：文学特征问题新探索≫, 北京：北京师范大学出版社, 2011年。
童庆炳:≪文学理论教程≫, 北京：高等教育出版社, 2004年。
瓦·叶·哈利泽夫：≪文学学导论≫, 周启超等译, 北京：北京大学出版社, 2006年。
王先霈, 王又平主编：≪文学理论批评术语汇释≫, 北京：高等教育出版社, 2006年。
杨金才、王守仁主编：≪战后世界进程与外国文学进程研究第四卷-新世纪外国文学发展趋势研究≫, 南京：译林出版社, 2019年。
叶舒宪：≪文学人类学教程≫, 北京：中国社会科学出版社, 2010年。
E.H.에릭슨, ≪아이덴티티≫, 조대경 역, 서울: 삼성출판사, 1982.
가이 스탠딩 저, ≪프레카리아트 새로운 위험한 계급≫, 김태호 역, 고양: 박종철출판사, 2014.
강영안, ≪타인의 얼굴-레비나스의 철학≫, 서울: 문학과 지성사, 2005.
구도완 등, ≪한국사회문제≫, 서울: 한국방송통신대학교출판문화원, 2017.
권영민, ≪한국 현대문학사 2(1945-2010)≫, 서울: 민음사, 2020.
권택영, ≪소설을 어떻게 볼 것인가≫, 서울: 문예출판사, 1996.
김연숙, ≪레비나스 타자 륜리학≫, 고양: 인간사랑, 2001.
김천혜, ≪소설구조의 리론≫, 서울: 한국학술정보, 2010.
김호웅, 우상렬, 류연산, ≪문학개론≫, 연길: 연변대학출판사, 2009.
나병철, ≪소설의 리해≫, 서울: 문예출판사, 2020.
라이너 촐, ≪오늘날 련대란 무엇인가≫, 최성환 역, 파주: 한울, 2008.
롤랑 바르트, ≪애도일기≫, 김진영 역, 이순, 2012.
르네 데카르트, ≪정념론≫, 김선영 역, 서울: 문예출판사, 2013.
박아청, ≪아이덴티티의 탐색≫, 서울: 정민사, 1984.
박완서, 김원우 등, ≪동인문학상 수상작품집 21회-25회(1990-1994)≫, 조선일보사, 2003.
박형신, 정수남, ≪감정은 사회를 어떻게 움직이는가≫, 파주: 한길사, 2015.
벤야민, ≪기술복제 시대의 예술작품≫, 최성만 역, 서울: 길도서출판, 2007.
슬라보예 지젝, ≪폭력이란 무엇인가≫, 리현우 외 공역, 서울: 난장이, 2011.
앤서니 기든스, 필립 W. 서튼, ≪사회학의 핵심 개념들≫, 김봉석 옮김, 파주: 동녘, 2018.
엄한진, ≪다문화 사회론≫, 서울: 도서출판 소화, 2011.
에리히 프롬, ≪에리히 프롬, 맑스를 말하다≫, 최재봉 역, 서울: 에코의 서재, 2007.
오드리 로드, ≪시스터 아웃사이더≫, 주해연, 박미선 옮김, 서울: 후마니타스, 2018.
리경재, ≪한국 현대문학의 공간과 장소≫, 서울: 소명출판, 2017.
리상섭, ≪문학비평용어사전≫, 서울: 민음사, 2018.
전병유, 신진욱, ≪다중격차, 한국 사회 불평등 구조≫, 서울: 페이퍼로드, 2016.
정문길, ≪소외론 연구≫, 서울: 고려원, 1982.

정문길, ≪소외론 연구≫, 서울: 문학과 지성사, 1983.
정한숙, ≪소설기술론≫, 서울: 고대출판부, 1973.
조남현, ≪소설신론≫, 서울: 서울대학교출판문화원, 2018.
조남현, ≪소설원론≫, 서울: 고려원, 1993.
조남현, ≪소설원론≫, 서울: 고려원, 1993.
존 C. 머터, ≪재난 불평등≫, 장상미 역, 파주: 동녘, 2016.
지그문트 프로이트, ≪정신분석입문≫, 최석진 편역, 서울: 돋을새김, 2011.
콜린 윌슨, ≪아웃사이더≫, 리성규 역, 파주: 범우사, 2015.
한병철, ≪폭력의 위상학≫, 김태환 옮김, 파주: 김영사, 2020.
한용환, ≪소설학 사전≫, 서울: 문예출판사, 2009.
홍문표, ≪현대문학비평리론≫, 서울: 창조문학사, 2003.

3. 론문과 평론

姜礼福: ≪人类世批评话语体系的建构≫, ≪当代外国文学≫, 2022年第3期, 2022年7月15日。
焦艳:≪李箱文学奖和韩国现代小说≫,≪东方文学概览≫, 2004年1月27日。
沈勇: ≪精神生态与伦理规范≫, ≪广西教育学院学报≫, 2005 年第2期, 200年3月30日。
姚建华:≪"不稳定无产者"是"新危险阶级"吗？≫, ≪中国图书评论≫, 2020年08期, 2020年8月10日。
王若水: ≪异化——这个译名≫, ≪读书≫, 2000年第7期, 2000年7月10日。
武艳华：≪困境儿童的福利需求、救助不足与保护机制研究≫, ≪社会工作与管理≫, 2018年第3期, 2018年5月15日。
肖伟山, ≪近年韩国文学动向-以获奖作家作品为中心≫, ≪国外文学≫, 2008年第 3 期, 2008年8月25日。
薛舟, ≪2011年韩国文学回顾≫, ≪外国文学动态研究≫, 2012年第5期, 2012年10月17日。
薛舟, ≪2014年韩国文坛概况≫, ≪外国文学动态研究≫, 2015年第3期, 2015年6月17日。
薛舟, ≪2015年韩国文坛概况≫, ≪外国文学动态研究≫, 2016年第6期, 2016年12月17日。
薛舟, ≪2016年韩国文坛概况≫, ≪外国文学动态研究≫, 2017年第5期, 2017年10月17日。
薛舟, ≪2017年韩国文坛概况≫, ≪外国文学动态研究≫, 2018年第4期, 2018年8月17日。
严泽胜：≪拉康与分裂的主体≫, ≪外国文学评论≫, 2001年第11期, 2001年11月18日。
殷企平：≪说"顿悟"≫, ≪外国文学≫, 1996年第3期, 1996年5月28日。
余祖伟：≪人格面具与心理防御机制探析≫, ≪广西社会科学≫, 2009年第6期, 2009年6月25日。
张玄平, ≪韩国的"李箱文学奖"与当代小说创作≫, ≪译林≫, 2006年第5期。
강정구, <2000년대 한국문학에 나타난 문화적 소수자의 재현 양상 연구>, ≪외국문학연구≫,

제38호, 2010. 5.

김미현, <2010년대 녀성소설에 나타난 '자기 돌봄'의 륜리>, ≪한국문예비평연구≫ 제63집, 2019, 9.

김미현, <21세기 한국소설에 나타난 감정 륜리의 동학-긍정의 정치학을 중심으로>, ≪우리말글≫ 제82집 우리말글학회, 2019. 9.

김수지, 리장범, 권은주, <도시와 농어촌 로인의 로화불안과 자기 방임>, ≪보건사회연구≫, 2019. 39(3).

김영란, <한국의 신빈곤의 발생구조와 탈빈곤정책>, ≪한국사회학회 사회학대회 론문집≫, 2004. 12.

낸시 프레이저, <자본과 돌봄의 모순>, ≪창작과 비평≫, 2017, 45권 1호.

로태훈, <녀성서사 재현의 확대와 심화-일련의 페미니즘 론쟁을 따라가며>, ≪문학과 사회≫, 문학과 지성사, 2018년 겨울호, 2018.

박철하, 신주백, 리준식, <한국 청년운동사(1920-1946)의 새로운 리해를 위하여>, ≪한국근현대 청년운동사≫, 한국력사연구회 근현대청년운동사 연구반, 1995, 20면.

백지은 <텍스트를 읽는 것과 삶을 읽는 것은 다르지 않다>, ≪문학과사회 하이픈≫, 2018년 여름호.

백지은, <2000년대 소설에서 '환상'을 사유하기>, 한국어문학국제학술포럼, 2015. 5.

백혜영, 강현아, <빈곤이 아동의 사회적 자본을 통해 행복감에 미치는 영향>, ≪한국아동복지학≫ 54호, 2016.

서세림, <재난 서사와 사랑 담론-2010년대 소설을 중심으로>, ≪사이(SAI)≫, 2020.

선우은실, <우리가 우리의 문제에 대해 말할 때 필요한 것-'당사자성'을 중심으로>, ≪문학들≫, 2015.

소영현, <목격하는 증인, 기록하는 증언>, ≪문예중앙≫, 2017년 봄호, 27페지.

양경언, <소설의 자기 수용감각: 문학 / 현실의 이분법을 넘어>, ≪문학 3≫, 2018년 1호.

연남경, <다문화소설의 탈경계적 주체 연구-'이방인'의 정체성을 중심으로>, ≪현대문학리론연구≫, 현대문학리론학회, 2012.

리광호, <혼종적 글쓰기 혹은 무중력 공간의 탄생-2000년대 문학의 다른 이름들>, ≪문학과 사회≫, 18권 2호, 2005. 5.

리기호, 임현 대담, <누구나 알지만 불가능한 리기호>, ≪문학동네≫, 2018년 여름호.

리찬규, <가스통 바슐라르와 펠릭스 가타리: 생태학적 상생의 문화를 위하여>, ≪한국프랑스학론집≫, 2008년, 62권.

리찬규, 리은지 <한강 작품 속에 나타난 에코페미니즘 연구: ≪채식주의자≫를 중심으로>, ≪인문과학≫, 2010, 46호.

정과리, <문학상의 력사와 기능>, ≪한국프랑스학론집≫, 1999, 17권.

정윤희, <'신빈곤'에 관한 문학적 서사-김애란의 소설집 ≪침이 고인다≫>, ≪세계문학비교연구≫ 제44집, 2013.
정혜경, <2010년대 소설에 나타나는 '불가능한 애도'의 양상과 륜리>, ≪녀성문학연구≫, 2015.
차선일, <문학상을 둘러싼 소문과 진상>, ≪오늘의 문예비평≫, 2018.
최상욱, <하이데거와 레비나스에 있어서 '이웃' 개념에 대하여>, ≪철학연구≫, 2003 제62호.
최성환, <철학적 문제로서의 련대>, ≪철학탐구≫, 2010년 27권.
홍단비, <리기호 소설에 나타난 환대의 불가능성과 륜리적 주체-≪누구에게나 친절한 교회오빠 강민호≫를 중심으로>, ≪어문론집≫, 2019년 77권.
황규성, <다중격차: 다차원적 불평등에 대한 개념화 시론>, ≪동향과 전망≫, 2016년 97호.

4. 학위론문

韩雪梅：≪论文学"文化人类学"的价值建构-以贾平凹、迟子建、阿来为中心≫, 博士学位论文, 辽宁师范大学, 2018年。
李文良：≪玛格丽特·阿特伍德小说叙事艺术研究≫, 博士学位论文, 上海外国语大学, 2012年。
潘从义：≪人类命运共同体视域下人类共同价值体系构建研究≫, 博士学位论文, 湖北大学, 2020年。
谢中山：≪全球化语境中当下中国文学的大众化问题研究-以新世纪为中心≫, 博士学位论文, 吉林大学, 2007年。
宇海金: ≪乔治·H·米德的自我理论研究≫, 博士学位论文, 复旦大学, 2008年。
张晏芳:≪空巢老人自我忽视及其影响因素研究≫, 硕士学位论文, 云南师范大学, 2017年。
김경숙, ≪<사상계≫의 문예 전략 연구>, 박사학위론문, 부산대학교, 2019.
김종열, <2000년대 한국소설의 환상성 연구-박성원, 박형서, 박민규를 중심으로>, 석사학위론문, 동국대학교, 2014.
박다래, <2020년대 단편소설에 나타난 웃음에 대한 연구-윤성희, 김애란, 리기호의 단편소설을 중심으로>, 석사학위론문, 명지대학교, 2020.
박혜상, <2000년대 희극적 소설의 기법연구-리기호, 박형서, 박민규 단편소설을 중심으로>, 석사학위론문, 고려대학교, 2010.
성가인, <2000년대 한국소설에 나타난 고립의 양상과 새로운 소통의 가능성>, 석사학위론문, 계명대학교, 2009.
리자화, <한국현대소설에 나타난 가난서사 연구-1990~2000년대의 소설을 중심으로>, 박사학위론문, 중앙대학교, 2018.

임동휘, <한국 현대소설의 감각적 형상화에 관한 연구-2000년대 소설을 중심으로>, 박사학위논문, 중앙대학교, 2009.
정예솔, <2000년 이후 단편소설에 나타난 가족해체 양상 연구-김숨, 서하진, 윤성희 작품을 중심으로>, 석사학위논문, 단국대학교, 2018.
최선호, <현대 로년소설 연구>, 박사학위논문, 아주대학교, 2017.

부록

강화길, <음복>, 2020년 젊은 작가상 대상 수상작
공지영, <맨발로 글목을 돌다>, 2011년 리상문학상 수상작
구효서, <풍경소리>, 2017년 리상문학상 수상작
구효서, ≪별명의 달인≫, 2014년 동인문학상 수상작품집
권여선, <모르는 령역>, 2018년 리효석문학상 수상작
권여선, <사랑을 믿다>, 2008년 리상문학상 수상작
권여선, ≪안녕 주정뱅이≫, 2016년 동인문학상 수상작품집
권지예, <뱀장어 스튜>, 2002년 리상문학상 수상작
권지예, ≪꽃게무덤≫, 2005년 동인문학상 수상작품집
김경욱, <99%>, 2008년 현대문학상 수상작
김경욱, <소년은 늙지 않는다>, 2011 올해의 문제소설
김경욱, <인생은 아름다워>, 2013 올해의 문제소설
김경욱, <천국의 문>, 2016년 리상문학상 수상작
김금희, <체스의 모든 것>, 2017년 현대문학상 수상작
김미월, <중국어 수업>, 2010년 젊은 작가상 우수상 수상작
김성중, <상속>, 2018년 현대문학상 수상작
김숨, <그 밤의 경숙>, 2013년 현대문학상 수상작
김숨, <뿌리 이야기>, 2015년 리상문학상 수상작
김애란, <물속 골리앗>, 2011년 젊은 작가상 대상 수상작
김애란, <침묵의 미래>, 2013년 리상문학상 수상작
김애란, ≪바깥은 여름≫, 2017년 동인문학상 수상작품집
김애란, ≪비행운≫, 2013년 한무숙문학상 수상작품집
김연수, <산책하는 이들의 다섯가지 즐거움>, 2009년 리상문학상 수상작
김연수, <달로 간 코미디언>, 2007년 황순원문학상 수상작

김연수, ≪나는 유령작가입니다≫, 2005년 대산문학상 수상작품집
김영하, <아이를 찾습니다>, 2015년 김유정문학상 수상작
김영하, <옥수수와 나>, 2012년 리상문학상 수상작
김이설, <부고>, 2012년 젊은 작가상 우수상 수상작
김인숙, <빈집>, 2012년 황순원문학상 수상작
김인숙, <바다와 나비>, 2003년 리상문학상 수상작
김종옥, <거리의 마술사>, 2013년 젊은 작가상 대상 수상작
김중혁, <F1 / B1>, 2010년 젊은 작가상 대상 수상작
김중혁, ≪가짜 팔로 하는 포옹≫, 2015년 동인문학상 수상작품집
김채원, <베를린 필>, 2016년 현대문학상 수상작
박금산, <안해를 창밖으로 던져버린 사내>, 2016년 오영수문학상 수상작
박민규, <근처>, 2009년 황순원문학상 수상작
박민규, <아침의 문>, 2010년 리상문학상 수상작
박민정, <모르그 디오라마>, 2019년 현대문학상 수상작
박민정, <세실, 주희>, 2018년 젊은 작가상 대상 수상작
박성원, <얼룩>, 2010년 현대문학상 수상작
박완서, <그리움을 위하여>, 2001년 황순원문학상 수상작
백수린, <아직 집에는 가지 않을래요>, 2020년 현대문학상 수상작
손보미, <폭우>, 2012년 젊은 작가상 대상 수상작
손홍규, <꿈을 꾸었다고 말했다>, 2018년 리상문학상 수상작
손홍규, <소설이 오셨다>, 2010년 올해의 문제소설
신경숙, <부석사>, 2001년 리상문학상 수상작
윤고은, <료리사의 손톱>, 2012년 올해의 문제소설
윤고은, <해마, 날다>, 2011년 리효석문학상 수상작
윤성희, <부메랑>, 2011년 황순원문학상 수상작
윤성희, <유턴지점에 보물지도를 묻다>, 2005년 현대문학상 수상작
윤이형, <그들의 첫번째와 두번째 고양이>, 2019년 리상문학상 수상작
윤이형, <마흔셋>, 2019년 올해의 문제소설
은희경, <금성녀>, 2014년 황순원문학상 수상작
은희경, ≪아름다움이 나를 멸시한다≫, 2007년 동인문학상 수상작품집
리기호, <밀수록 다시 가까워지는>, 2010년 리효석문학상 수상작
리기호, <한정희와 나>, 2017년 황순원문학상 수상작
리기호, ≪누구에게나 친절한 교회 오빠 강민호≫, 2018년 동인문학상 수상작품집
리승우, <전기수 이야기>, 2007년 현대문학상 수상작

리승우, <칼>, 2010년 황순원문학상 수상작
리승우, ≪지상의 노래≫, 2013년 동인문학상 수상작품집
리인화, <시인의 별>, 2000년 리상문학상 수상작
리혜경, ≪틈새≫, 2006년 동인문학상 수상작품집
장은진, <외진 곳>, 2019년 리효석문학상 수상작
전경린, <강변마을>, 2011년 현대문학상 수상작
전경린, <천사는 여기 머문다>, 2007년 리상문학상 수상작
전성태, <낚시하는 소녀>, 2012년 현대문학상 수상작
정미경, <밤이여, 나뉘어라>, 2006년 리상문학상 수상작
정미경, <호텔유로, 1203>, 2003년 리상문학상 우수상 수상작
정영문, ≪어떤 작위의 세계≫, 2012년 동인문학상 수상작품집
정용준, <선릉 산책>, 2016년 황순원문학상 수상작
정이현, <삼풍백화점>, 2006년 현대문학상 수상작
정지아, <풍경>, 2006년 리효석문학상 수상작
조경란, ≪풍선을 샀어≫, 2008년 동인문학상 수상작품집
조남주, ≪82년생 김지영≫, 2017년 오늘의 작가상 수상
조해진, ≪빛의 호위≫, 2018년 백신애문학상 수상작품집
최윤, <소유의 문법>, 2020년 리효석문학상 수상작
최은미, <근린>, 2015년 젊은 작가상 우수상 수상작
편혜영, <몬순>, 2014년 리상문학상 수상작
편혜영, <소년이로>, 2015년 현대문학상 수상작
편혜영, <호텔 창문>, 2019년 김유정문학상 수상작
편혜영, ≪저녁의 구애≫, 2011년 동인문학상 수상작품집
편혜영, <토끼의 묘>, 2009년 리효석문학상 수상작
하성란, <알파의 시간>, 2009년 현대문학상 수상작
하성란, <카레 온 더 보더>, 2013년 황순원문학상 수상작
한강, <눈 한송이가 녹는 동안>, 2015년 황순원문학상 수상작
한강, <몽고반점>, 2005년 리상문학상 수상작
한강, <작별>, 2018년 김유정문학상 수상작
황정은, <누가>, 2014년 리효석문학상 수상작
황정은, <상류엔 맹금류>, 2014년 젊은 작가상 대상 수상작
황정은, <양의 미래>, 2014년 현대문학상 수상작

지은이 I 석추영(石秋英)

중국 흑룡강성 팔면통 출생.
연변대학교 신문방송학과 졸업.
연변대학교 한국문학 석사.
중앙민족대학교 한국문학 박사.
현 상해외국어대학교 현달경제인문대학 한국어학과 재직.

2000년-2020년 한국소설문학연구

–문학상 수상 소설을 중심으로

초판 1쇄 인쇄 2025년 12월 5일
초판 1쇄 발행 2025년 12월 15일

지은이 석추영(石秋英)
펴낸이 이대현
편집 이태곤 권분옥 임애정 강윤경
디자인 안혜진 최선주 김다윤 | **마케팅** 박태훈
펴낸곳 도서출판 역락 | **등록** 1999년 4월 19일 제303-2002-000014호
주소 서울시 서초구 동광로46길 6-6 문창빌딩 2층(우06589)
전화 02-3409-2060(편집부), 2058(영업부) | **팩스** 02-3409-2059
전자우편 youkrack@hanmail.net | **홈페이지** www.youkrackbooks.com

字數 209,286字

ISBN 979-11-7396-440-4 93810

정가는 뒤표지에 있습니다.
파본은 교환해 드립니다.